刘志娟 等著

基于职业标准和成果导向的高职会计专业标准研究

Jiyu Zhiye Biaozhun He Chengguo Daoxiang De Gaozhi Kuaiji Zhuanye Biaozhun Yanjiu

立信会计出版社
LIXIN ACCOUNTING PUBLISHING HOUSE

图书在版编目(CIP)数据

基于职业标准和成果导向的高职会计专业标准研究 /
刘志娟等著. —上海：立信会计出版社，2019.1
ISBN 978 - 7 - 5429 - 6162 - 4

Ⅰ.①基… Ⅱ.①刘… Ⅲ.①会计学-课程标准-高
等职业教育-研究 Ⅳ.①F230-41

中国版本图书馆 CIP 数据核字(2019)第 094613 号

责任编辑　彭秋龙
封面设计　南房间

基于职业标准和成果导向的高职会计专业标准研究

出版发行	立信会计出版社			
地　　址	上海市中山西路 2230 号	邮政编码	200235	
电　　话	(021)64411389	传　　真	(021)64411325	
网　　址	www.lixinaph.com	电子邮箱	lixinaph2019@126.com	
网上书店	http://lixin.jd.com	http://lxkjcbs.tmall.com		
经　　销	各地新华书店			
印　　刷	江苏凤凰数码印务有限公司			
开　　本	710 毫米×1000 毫米	1/16		
印　　张	19.25			
字　　数	365 千字			
版　　次	2019 年 1 月第 1 版			
印　　次	2019 年 1 月第 1 次			
书　　号	ISBN 978 - 7 - 5429 - 6162 - 4/F			
定　　价	49.00 元			

前　　言

　　广东省特别是珠三角地区中小企业多，会计机构设置、人员配备、企业会计政策制定、内部控制制度体系和岗位工作流程设计参差不齐，没有统一的规范。

　　部分高职院校不重视教学标准建设，专业教学标准缺乏顶层设计，没有准确对接职业标准，与课程标准连接点不清晰，综合素质与人文素质培养方面存在不足，定量要求不够，资源建设缺乏针对性，教师日常授课随意性较大，检验学生学业达成度方法和手段单一，教学质量持续改进缺乏依据的现实严重制约了人才培养质量。

　　本书主要研究设计了中小企业会计工作职业标准、会计专业教学标准和课程标准三个部分。

　　中小企业会计职业标准包括范围、规范性文件应用、职业标准说明、会计部门工作职责和会计部门岗位标准等内容。研究制定了 11 个会计岗位标准，包括岗位名称、岗位工作任务、典型工作流程、任职资格和应知应会等，为中小企业会计机构设置、人员配备、企业会计政策制定、管理流程制定和内部控制体系构建等方面提供了指南。

　　本书借鉴了国际先进职教理念，参考了欧美国家和中国香港地区的学历资格框架，以专业预期学习成果为导向，对接中小企业会计工作职业标准，研究制定了高职会计专业特色专业标准、课程标准，突出了职业道德、职业能力、创新创业能力、综合素质与人文素质的培养，并以预期学习成果的形式落实到课程标准中，解决了专业标准与课程标准脱节的问题。本书有以下特点：

　　一是以 POC 为纽带，创新专业标准，加强综合素质与人文素质培养。围绕高职会计专业学历资格框架细则的 6 大学习领域及学业水平参照点，对接中小企业会计工作职业标准，知行合一，校企专家共同合作研究，构建了 17 个专业预期学习成果（profession outcom，简称 POC）。

　　首先，依据 POC，构建课程体系。POC 的每一个学习成果至少有一门或几门课程对应，每门课程至少完成一个或几个 POC 的内容，确保课程体系的每门课程是必要且充分的。POC 内容除专业知识和技能外，还融入了职业核心能力、创新创业能力、职业道德与人文素质要求，确保综合素质和人文素质培养落实到具体课程中。

其次,以 POC 为纽带,实现企业需求、培养目标、课程体系和教学内容有机衔接。

二是分解 POC,创新课程标准,解决专业标准难以落地问题。课程培养目标对接岗位任职资格和应知应会。

首先,设计课程地图,分解 POC 为课程预期学习成果(subject outcom,简称 SOC)。课程地图列出了每门课程的 SOC,以及 SOC 与 POC 的对应关系,使 POC 的内容落实到具体课程中,同时通过 SOC 对 POC 内容进一步细化和具体化。

其次,分解 SOC 及课程学分为单元预期学习成果(subject unit outcom,简称 SUOC)和单元学分。每门课程包含 2~7 个 SOC,每个 SOC 又分解为若干个 SUOC,同时,课程学分也分解到每个 SOC 和 SUOC,按每个 SOC 和 SUOC 在本课程中的权重分配学分。

再次,对接岗位任务,围绕 SOC 和 SUOC 设计教学内容。如,对接税务会计岗位办理税务登记,计算、申报、缴纳和核算各种税费,申购、登记、开据和保管发票等工作任务及流程,设计税费计算与申报课程教学内容。

最后,设计与 SOC 匹配的教学方法和手段,确保课程标准的有效实施。

本书由广东交通职业技术学院刘志娟教授担任主要著作者。

中小企业会计职业标准由广州市商业会计学会提出,由广州市商业会计学会归口,由犁人创意(广州)服饰设计有限公司、广州市禾藤服饰有限公司、广州同康药业有限公司、广东工贸职业技术学院和广东交通职业技术学院联合起草。主要起草人为关碧玉、官秀华、方莹、邹德军、刘志娟、赵红英等。

会计专业教学标准由广东交通职业技术学院赵红英教授负责制定。

课程标准由刘志娟教授指导,由广东交通职业技术学院会计专业教学团队研究制定,具体分工如下:成本核算与管理课程标准由刘志娟教授负责制定,会计职业入门与操作课程标准由贺胜军教授负责制定,管理会计、经济法基础和顶岗实习等课程标准由赵红英教授负责制定,会计综合模拟实训和审计实务等课程标准由丁金平副教授负责制定,财务会计实务和财务管理等课程标准由唐志贤副教授负责制定,税费计算与申报、财务会计专题和毕业论文与答辩等课程标准由黄志良副教授负责制定,会计信息化和 ERP 软件应用等课程标准由李伊泠老师负责制定,财务报表分析和 Excel 财务应用等课程标准由章雨晨老师负责制定,ERP 沙盘模拟对抗实训课程标准由刘祝兰老师负责制定,管理学基础、商务礼仪和应用文写作等课程标准由王龙副教授制定,市场营销课程标准由唐国华教授负责制定,会计分岗位模拟实训课程标准由夏俊芳老师负责制定。

目　　录

第一部分 中小企业会计工作职业标准

1. 范围

本标准规范了中小企业会计职业基本要求、会计部门职责和各岗位工作任务和流程。

本标准适用于中小企业会计部门的工作需要。

2. 规范性文件引用

下列文件对于本文件的应用是必不可少的。凡是注日期的引用文件,仅所注日期的版本适用于本文件。凡是不注日期的引用文件,其最新版本(包括所有的修改单)适用于本文件。具体包括:

《会计法》《企业会计准则》《小企业会计准则》《企业财务会计报告条例》《会计基础工作规范》和《会计档案管理办法》。

3. 术语和定义

3.1 中小企业

中小企业(small and medium sized enterprises)又称中小型企业,它是与所处行业的大企业相比在人员规模、资产规模与经营规模上都比较小的经济单位。此类企业通常可由单个人或少数人提供资金组成,其雇用人数与营业额都不大,因此在经营上多半是由业主直接管理,受外界干涉较少。中小企业是实施大众创业、万众创新的重要载体,在提高就业率促进经济增长、科技创新与社会和谐稳定等方面具有不可替代的作用,对国民经济和社会发展具有重要的战略意义。

3.2 会计工作

会计工作(accounting work)主要是反映和控制经济活动过程,保证会计信息合法、真实、准确和完整,为管理经济提供必要的会计数据和信息,并参与决策,谋求最佳的经济效益。会计工作领域涉及公司会计、鉴证、审计、税收、管理会计、财务管理、破产清算、法务会计、预算制定、商业咨询等。

3.3　职业标准

职业标准(professional standards)属于工作标准,是指对工作的责任、权利、范围、质量、程序、效果及检查方法和考核办法所制定的标准,一般包括部门工作职责和岗位(个人)工作标准。

4.　职业标准说明

4.1　职业名称

职业名称为会计。

4.2　职业定义

会计是以提高经济效益、实现价值最大化为主要目标,运用专门方法对企业、行政事业单位和其他组织的经济活动进行全面、综合、连续、系统的核算和监督,提供会计信息,从而对经济活动进行预测、决策、控制和分析的一种经济管理工作。

4.3　职业职称等级

本职业职称设四个等级,分别为助理会计师资格、中级会计师、高级会计师和正高级会计师。

4.4　职业执业资格、资质

职业执业资格、资质包括会计师、注册会计师(CPA)、英国特许公认会计师(ACCA)、加拿大注册会计师(CGA)等。

4.5　职业能力

(1)职业核心能力。

职业核心能力包括自主学习能力、信息技术应用能力、数字应用能力、人际交往和沟通能力、团队合作能力、分析问题和解决问题能力、外语应用能力和创新创业能力。

(2)职业通用能力。

职业通用能力包括逻辑思维与分析能力、财务会计分析能力、企业经营能力、商务沟通能力、口头表达和书面表达能力、沟通协调能力。

（3）专业职业能力。

款项收付与资金管理能力：能办理货币资金收付款业务，会登记货币资金日记账，能进行货币资金盘点与核对，妥善保管有价证券、票据资料和相关档案资料，会管理现金和银行账户。

企业日常经济业务核算能力：能填制和审核会计凭证，登记账簿，对账，结账，编制会计报告，整理、装订会计档案等。

成本核算与管理能力：能归集和分配各项要素费用，能选择合适的方法计算企业产品成本，会进行产品成本分析，会采取相关方法进行成本控制。

税费计算与纳税申报能力：会办理税务登记，领用和管理发票，会进行税费计算、申报、缴纳，会办理企业所得税汇算清缴、年检与税务变更等业务。

ERP系统操作与维护能力：能熟练操作和维护ERP系统，包括会计信息管理、生产控制和物流管理等子系统。

财务管理能力：能审核会计业务的合法、合规性，能开展资产监管、业务监督、费用监控、资金筹划、税务筹划、投资管理和收益分配等工作，能根据企业实际创建部门组织架构，配备会计人员，设计部门管理流程和制度，对外处理与工商、税务和银行等关系。

预测、决策能力：运用会计信息和相关信息编制企业全面预算，开展考核、评价的能力。

4.6　职业基本要求

（1）职业道德要求。

职业道德规范方面，应做到文明礼貌、爱岗敬业、诚实守信、办事公道、勤劳节俭、遵纪守法、团结互助、开拓创新。

职业守则方面，应做到廉洁自律：公私分明、不贪不占、遵纪守法、清正廉洁。客观公正：端正态度，依法办事、实事求是、不偏不倚、保持应有的独立性。坚持准则：熟悉国家法律、法规和国家会计准则，坚持按法律、法规和国家会计准则的要求进行会计核算、监督。提高技能：增强提高专业技能的自觉性和紧迫感，勤学苦练、刻苦钻研、不断进取、提高业务水平。参与管理：在做好本职工作的同时，努力钻研相关业务，全面熟悉本单位经营活动和业务流程，主动提出合理化建议，协助领导决策，积极参与管理。强化服务：树立服务意识，提高服务质量，努力维护和提升会计职业的社会形象。

（2）综合素质要求。

热爱祖国，拥护中国共产党的领导，坚持四项基本原则；热爱本职工作，遵纪守法，团结协作，爱岗敬业，具备服务质量意识、健康的体魄、美好的心灵和健康的审美观；能运用信息技术和数学知识解决专业中的实际问题，能阅读专业英语资料；具备从事出纳、会计核算、会计主管以及相关岗位工作的综合素质。

（3）专业工作要求。

日常工作要求：能熟练操作各类办公软件、常用工具软件和 ERP 系统，能制作多媒体课件，具备熟练的中英文输入能力。

专业知识要求：掌握会计基本原理和会计要素的核算方法，掌握货币资金管理方法，掌握各种结算方式的使用，掌握经济法和财经法规知识，掌握 ERP 的原理与应用，掌握成本费用核算和管理方法，掌握财务会计报告的编制和分析方法，掌握财务管理的基本原理和方法，掌握审计的基本原理和应用。

5. 中小企业会计部门工作职责

会计部门负责公司会计核算、预算管理、资金管理、财税管理、成本管理、报告管理、制度建设和其他综合管理，业务上向财务总监负责，具体职责如下。

5.1 会计核算

（1）按照《中华人民共和国会计法》（以下简称《会计法》）对公司的经济业务进行会计核算，实行会计监督。

（2）依照有关法律、行政法规的规定，及时向公司的管理层提供真实、完整、准确的会计信息。

（3）负责依法及时申报缴纳各项税金。

（4）负责公司内部审计，配合社会审计、政府部门的检查监督工作。

5.2 预算管理

（1）依据公司近期发展战略和年度经营计划，负责财务预算编制的组织工作。

（2）依据董事会审批的年度财务预算，定期（按月、季、年）报告预算的执行情况。

（3）负责提交财务预算的调整建议方案。

5.3 资金管理

（1）依据公司年度财务预算安排，制订融资计划和方案。

（2）负责公司年度现金流量预算执行情况的监控、反馈和调整。

（3）负责销售收入和应收、预收账款的管理。

（4）负责公司与按揭合作银行的联系，保持合作渠道畅通。

（5）负责公司资金的调配。

5.4　财税管理

（1）对企业财务状况、经营成果和现金流量进行纵向、横向对比分析，撰写财务分析报告，分析存在的主要问题及原因，提出改进对策及建议。

（2）根据市场调查结果，提出企业投资方向建议，撰写投资方案，制订具体投资计划。

（3）分析证券市场发展趋势与投资机会，分析证券内在价值和投资收益，控制资本市场投资风险。

（4）计算可供分配收益，提出利润分配方案。

5.5　成本管理

（1）根据企业生产特点和管理要求，创建成本管理机构，配备成本核算和管理人员。

（2）负责对产品合同、订单、通知书和售后服务通知书编号，并下达到生产部门，督促生产部门编制生产物资需求计划。

（3）负责企业产品成本的核算与分析工作。根据企业实际，选择合适的成本核算方法核算企业产品成本，定期组织召开成本分析会议，提交成本分析报告，如实反映成本计划或预算执行情况。

（4）根据企业实际情况，开展成本管理专项工作，如企业目标成本管理方案的制定和实施等。

5.6　报告管理

（1）负责公司年度、中期、月度会计报告的组织编制和分析工作。

（2）负责公司年度财务决算和合并会计报告的编制和分析工作。

（3）负责公司财务状况和经济效益的分析工作，并提交报告。

（4）负责按有关规定上报企业基础材料和办理国有资产产权登记工作。

5.7　制度建设

负责制订、修改、完善与公司财务会计工作相关的各项内部控制制度，包括会计核算制度、固定资产管理办法、销售收入管理规定、财务管理制度、预算管理制度、资金管理制度、成本核算与管理办法、会计信息化管理办法等。

5.8　其他综合管理

（1）负责公司会计信息系统管理工作，包括会计信息系统的安装、维护、升级和安全等工作。

（2）组织系统会计人员继续教育培训。

（3）负责会计档案管理、收发文工作。

5.9 完成领导交办的其他工作

略。

6. 中小企业会计部门岗位标准

6.1 财务总监岗位标准

标准编码：企业自定。

标准名称：财务总监岗位标准。

标准名称释义：根据企业定位，结合公司战略，制定并实施公司财务会计战略规划，组织、协调企业财务会计资源与财务战略规划的匹配运作，建立健全公司财务会计制度，制定财务会计部岗位工作流程，开展财务会计信息化建设、团队建设和对外关系管理的工作规范。

6.1.1 岗位职责与工作任务描述

财务总监岗位职责与会计工作任务描述见表1-1。

表1-1 财务总监岗位职责与工作任务描述

1. 职位概况			
职位名称	财务总监	职位编号	企业自定
隶属中心	财务部	隶属部门	财务部
2. 职位关系			
职务代理		直接上级（职位名称）	总经理
直接下级（职位名称）	财务经理		
岗位联系			

（续表）

3. 岗位职责描述	
在总经理的领导下,做好公司会计核算、预算管理、资金管理、财税管理、成本管理、报告管理和制度建设等工作。协助总经理或董事长协调与开户银行、税务机关、工商管理和财政部门的关系,维护公司利益和形象。 牵头制定和实施公司财务战略规划,参与公司经营管理与决策,建立健全公司会计控制体系,积极推进财务会计信息化,加强团队建设。 跟踪分析各项财务会计指标,揭示企业生产经营存在的问题,分析原因并提出改进措施,提交财务分析和管理工作报告。	

4. 具体岗位工作任务	权重
（1）建立健全会计机构。 设置财务会计机构,根据企业实际设置岗位并需要配备会计人员,制定部门、岗位职责和工作流程,并随着公司的发展,不断调整和完善。指导人员招聘、培训,指导员工制订成长计划,制定团队绩效评估考核机制,组织团队活动,培养团队合作精神。	20%
（2）牵头制定公司财务战略、参与公司经营管理与决策。 对公司经营目标进行财务描述,制定公司财务目标,为企业经营管理决策提供依据,评估企业经营风险,采用有效防范措施。参与公司年度经营计划的制订,编制并审核资金计划、投融资计划和税务筹划方案。参与重大投资项目、融资项目和合同的论证、评估和决策。熟悉政府补贴政策,牵头组织申报各项政府补贴。	20%
（3）制定并实施企业会计政策。 会计核算制度包括核算组织形式,会计科目名称、编号和使用说明,会计报表种类、格式和编制说明,企业会计政策,稽核、日常报销和成本费用核算制度等。 审批报告制度包括财务收支审批管理办法、重大财务事项报告制度、重大资本性支出和重大费用支出审批与授权制度等。	20%
（4）预算管理。 在公司总经理的指导下,牵头成立公司预算委员会,制定公司预算方案,召开预算编制、调整和审核会议,推动公司预算的执行和考核评价。	20%
（5）财务信息化建设。 分析信息化建设现状,提出企业信息化建设框架及内容,确定信息化供应商、合作细节,推动实施信息化,检验信息化成果。	10%
（6）对外关系管理及其他。 协助总经理或董事长协调与开户银行、税务机关、工商管理和财政部门的关系,维护公司利益和形象。完成上级领导交办的其他工作。	10%

5. 任职资格

内 容		基本任职资格
一般资格	教育背景 学历	大学本科或以上。
	教育背景 专业	会计、财务管理和审计专业。
	工作经验	5年以上企业财务、会计管理工作经验。
	专业知识、技能、素质	（1）掌握会计、财务管理、风险管理等专业知识,熟悉财税法规。 （2）具备较强的财务管理和会计职业判断能力。 （3）具有良好的职业道德。
	资格证书	具有会计师以上职称,高级会计师优先。
其他特殊要求		无。

（续表）

6. 应知应会		
相关工作文件	质量手册	熟悉企业文化、质量手册、质量方针、质量目标、经营理念和宗旨。
	程序文件	（1）信息系统管理与维护控制程序。 （2）财务管理控制程序。 （3）产品成本核算管理控制程序。
	工作文件	（1）熟悉本部门所有工作文件。 （2）熟悉与财务会计部门相关的其他部门工作文件。 （3）熟悉公司相关工作文件。

6.1.2 典型任务工作标准

6.1.2.1 企业会计政策设计工作标准

企业会计政策设计工作参与人员及所需资料见表1-2。

表1-2 企业会计政策设计工作参与人员及所需资料

工作目标	建立相关企业会计政策并颁布执行。
牵头人员和部门	（1）财务总监。 （2）会计部。
参与人员	（1）会计部门相关岗位工作人员。 （2）文件资料管理员。
准备文件	（1）提出问题的报告。 （2）确定企业会计政策名称。 （3）调研相关资料。
过程文件	会计政策草案。
结果文件	正式会计政策文件。
依据的法律法规或制度	（1）《企业会计准则》。 （2）《企业内部控制基本规范》。 （3）《企业内部控制应用指引》。

企业会计政策设计工作流程见图1-1。

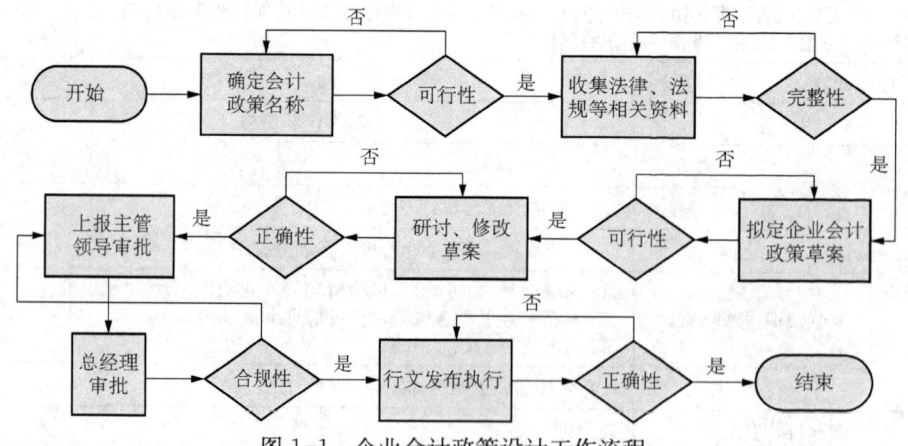

图1-1 企业会计政策设计工作流程

6.1.2.2　预算编制及下达工作标准

预算编制工作参与人员及所需资料见表1-3。

表1-3　预算编制工作参与人员及所需资料

工作目标	编制年度预算并发布执行。
牵头人员和部门	(1) 财务总监。 (2) 财务经理。 (3) 会计部。
参加人员	(1) 预算编制小组成员。 (2) 各部门负责人、预算员。 (3) 财务经理、计财主管以及预算控制和分析岗位工作人员。
准备文件	企业年度经营目标。
过程文件	(1) 成立公司预算委员会的文件。 (2) 企业编制年度预算文件。 (3) 经营指标分解表。 (4) 各部门编制年度预算。 (5) 各部门年度预算汇总表。
结果文件	董事会批准的企业年度预算。
所依据的法律、法规或制度	(1)《企业全面预算编制手册》。 (2)《企业内部控制制度》。

预算编制及下达工作流程见图1-2。

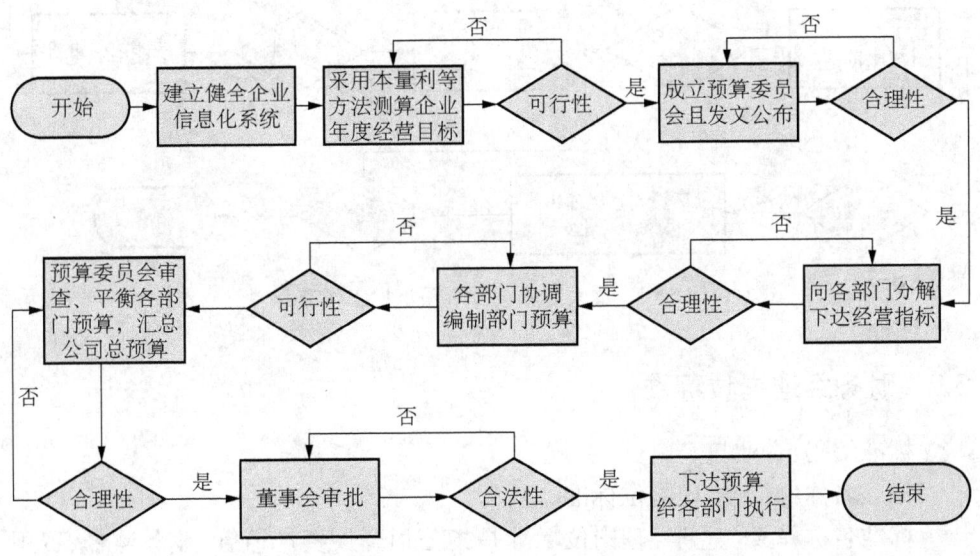

图1-2　预算编制及下达工作流程

6.1.2.3 重大财务会计事项审批工作标准

重大财务会计事项审批参与人员及所需资料见表1-4。

表1-4 重大财务会计事项审批参与人员及所需资料

工作目标	完成重大财务事项的审批。
牵头人员或部门	(1)财务总监。 (2)会计部门。
参与人员	(1)业务部门负责人。 (2)职能部门负责人。 (3)财务经理、会计主管。
准备文件	需审批的原始单据。
过程文件	审批过程中产生原始单据,如固定资产入库单等。
结果文件	审批后的重大财务事项资料,如资产购入发票、费用报销单等。
依据的法律 法规或制度	(1)《企业财务管理制度》。 (2)《企业内部控制制度》。

重大财务会计事项审批工作流程见图1-3。

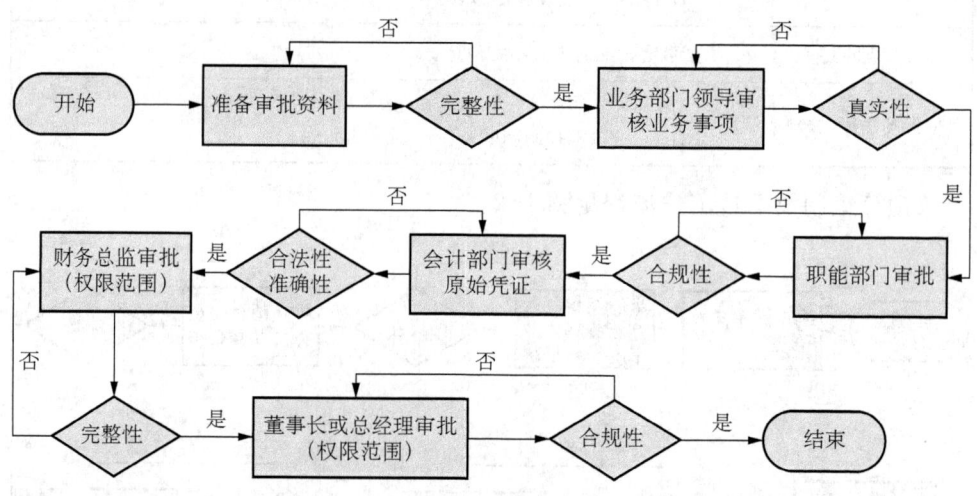

图1-3 重大财务会计事项审批工作流程

6.2 财务经理岗位标准

标准编码:企业自定。

标准名称:财务经理岗位标准。

标准名称释义:财务经理岗位标准是指公司开展资产监管、业务监督、费用监控、预算管理、财务分析,筹资管理,投资管理和收益分配等工作的规范。

6.2.1　岗位职责与工作任务描述

财务经理岗位职责与工作任务描述见表1-5。

表1-5　财务经理岗位职责与工作任务描述

1. 职位概况			
职位名称	财务经理	职位编号	企业自定
隶属中心	财务部	隶属部门	财务部

2. 职位关系			
职务代理		直接上级（职位名称）	财务总监
直接下级（职位名称）	主管会计、计财主管。		
岗位联系			

3. 岗位职责描述

协助财务总监做好公司资产监管、业务监督、费用监控、财务分析、筹资管理和投资管理等工作。

在财务总监的指导下，成立利润分配小组，牵头制定公司利润分配方案，召开利润分配研讨、调整和审核会议，推动利润分配方案的执行。

4. 具体岗位工作任务	权重
（1）审核、监督 负责公司资产监管：参与资产采购询价，审核购买合同、采购订单，监督、审核、跟踪资产出入库，进行账务处理，指导定期资产盘点，参与资产处置。 监督各项制度和业务流程的执行，参与合同签署、执行的监督等工作。 负责原始凭证审核：包括外来原始凭证和自制原始凭证审核，审核原始凭证是否符合会计法、会计准则、税法及内部会计控制制度的要求。 负责公司内部职工借款的审核：在部门负责人审批的基础上，依据企业内部借款制度，审核借款的合理性和合规性，包括借款用途、额度、借款期、偿还能力和偿还方式等内容，为后续审批工作提出建议。	25%
（2）制定财务管理制度 牵头制定财务管理制度，包括企业财务管理体制，资产管理、销售收入管理、利润分配管理、预算管理、内部牵制、财务分析、会计档案、信息化管理、成本控制、成本分析和考核评价等制度和管理办法。	15%
（3）财务分析 收集宏观经济数据和企业负债、盈利、资产营运等信息，研究行业标杆企业的相关数据，对企业财务状况、经营成果和现金流量进行纵向、横向对比分析，撰写财务分析报告，分析存在的主要问题及原因，提出改进对策及建议。	15%

（续表）

（4）筹资管理。 收集企业内外部资金信息,研究行业信息,计算分析企业资本结构及各种杠杆效应,对企业所处资本市场和政策环境进行全面评估,协助财务总监计算确定企业资金需要量,提出企业资金需求计划和筹资方案,分析比较筹资方案的风险、成本,选择并实施筹资方案。		15%
（5）投资管理。 根据市场调查结果,提出企业投资方向建议,计算投资项目、投资收益指标及风险指标,分析可行性和优劣性,撰写投资方案,制订具体投资计划。分析证券市场发展趋势与投资机会,分析证券内在价值和投资收益,控制资本市场投资风险。		15%
（6）收益分配管理。 成立利润分配小组,计算可供分配收益,提出利润分配方案。协助财务总监组织会计工作会议,处理财务公文。 完成上级领导交办的其他工作事项。		15%

5. 任职资格

内　容		基本任职资格
一般资格	教育背景　学历	大学专科或以上。
	教育背景　专业	会计、财务管理和审计专业。
	工作经验	3年以上企业财务会计管理工作经验。
	专业知识、技能、素质	（1）掌握会计、财务管理和财务分析等专业知识。 （2）熟悉财税法规,具备较强的财务管理和会计职业判断能力。 （3）具有良好的职业道德和沟通协调能力。
	资格证书	持有中级会计师以上资格证书。
其他特殊要求		无。

6. 应知应会

相关工作文件	质量手册	熟悉企业文化、质量手册、质量方针、质量目标、经营理念和宗旨。
	程序文件	（1）会计信息系统管理与维护控制程序。 （2）企业内部控制程序。 （3）利润分配与管理程序。
	工作文件	（1）熟悉本部门所有工作文件。 （2）熟悉与财务会计部门相关的其他部门工作文件。 （3）熟悉公司相关工作文件。

6.2.2　典型任务工作标准

6.2.2.1　原始凭证及附件审核工作标准

原始凭证及附件审核工作参与人员及所需资料见表1-6。

表1-6　原始凭证及附件审核工作参与人员及所需资料

工作目标	完成原始凭证的审核工作。
牵头人员和部门	（1）财务经理。 （2）财务会计部。

（续表）

参与人员	（1）财务总监、财务经理。 （2）相关业务经办人。
准备文件	（1）需审核的原始凭证及附件。 （2）其他相关资料。
过程文件	原始凭证审核记录。
结果文件	签字盖章的原始凭证。
依据的法律 法规或制度	（1）《会计法》。 （2）《会计基础工作规范》。 （3）《企业财务管理制度》。

原始凭证审核工作流程见图 1-4。

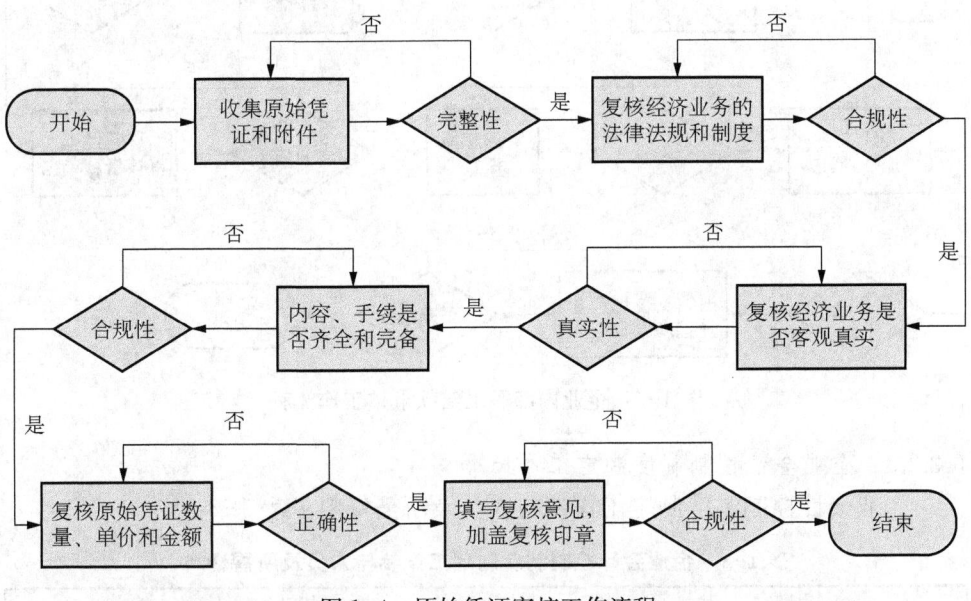

图 1-4 原始凭证审核工作流程

6.2.2.2 企业内部职工借款审核工作标准

企业内部职工借款审核工作参与人员及所需资料见表 1-7。

表 1-7 企业内部职工借款审核工作参与人员及所需资料

工作目标	完成企业内部职工借款的审核工作。
牵头人员或部门	财务经理。
参与人员	（1）借款人。 （2）借款部门主管。 （3）财务总监。

准备文件	涉及借款业务的原始凭证。
过程文件	原始凭证审核记录。
结果文件	签字盖章后的借款单据。
依据的法律法规或制度	（1）《会计基础工作规范》。 （2）《企业财务管理制度》。

企业内部职工借款审核工作流程见图 1-5。

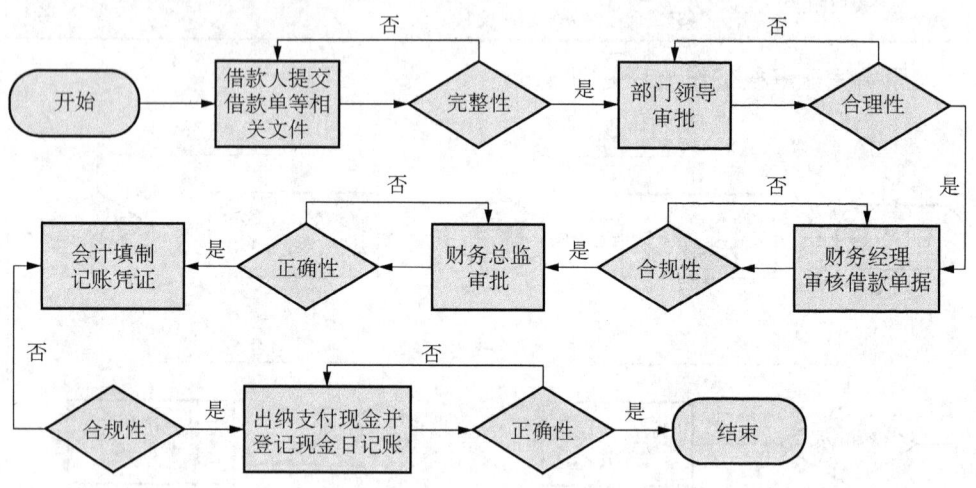

图 1-5　企业内部职工借款审核工作流程

6.2.2.3　企业会计控制制度制定工作标准

企业会计控制制度制定工作参与人员及所需资料见表 1-8。

表 1-8　企业会计控制制度制定工作参与人员及所需资料

工作目标	完成企业某项会计控制制度的制订。
牵头人员或部门	（1）财务经理。 （2）财务会计部。
参与人员	（1）会计机构负责人。 （2）董事会和监事会相关人员。 （3）内部审计人员。 （4）外部审计机构。 （5）公司员工。
准备文件	（1）公司内设机构图。 （2）部门和岗位职责。 （3）人力资源政策。 （4）企业文化。

（续表）

过程文件	（1）公司治理结构。 （2）当期现金流量表。 （3）会计报表附注。
结果文件	（1）专项内部控制绩效评估报告。 （2）专项内部控制总结报告。
依据的法律 法规或制度	（1）《企业内部控制基本规范》。 （2）《企业内部控制规范配套指引》。

企业会计内部控制制度制定工作流程见图1-6。

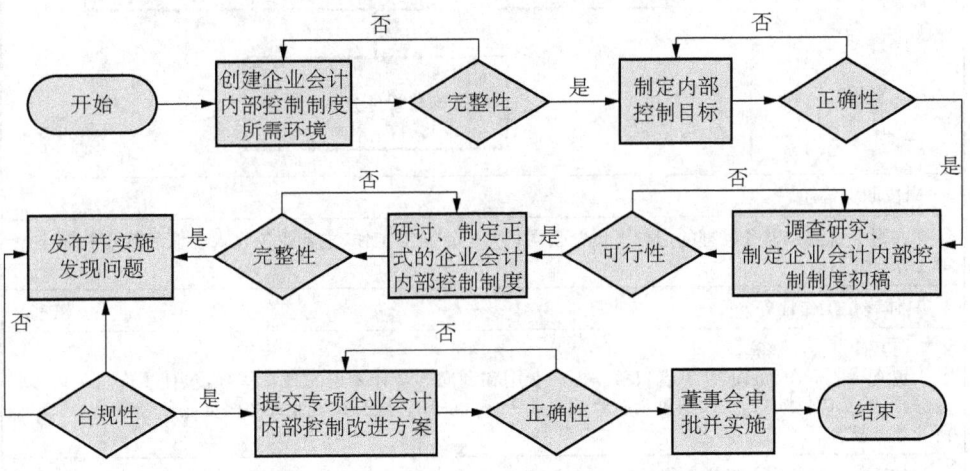

图1-6　企业会计控制制度制定工作流程

6.3　主管会计岗位标准

标准编码：企业自定。

标准名称：主管会计岗位标准。

标准名称释义：主管会计岗位标准是指处理公司日常会计核算工作，原始凭证和内部借款审核、主营业务收入确认、政府补贴申请等工作的规范。

6.3.1　岗位职责与工作任务描述

主管会计岗位职责与工作任务描述见表1-9。

表1-9　主管会计岗位职责与工作任务描述

1. 职位概况职位关系			
职位名称	主管会计	职位编号	企业自定
隶属中心	会计部	隶属部门	会计部

（续表）

2. 职位关系			
职务代理		直接上级（职位名称）	财务经理
直接下级（职位名称）	总账会计、助理会计、成本费用会计、税务会计、会计信息系统维护、出纳。		

岗位联系	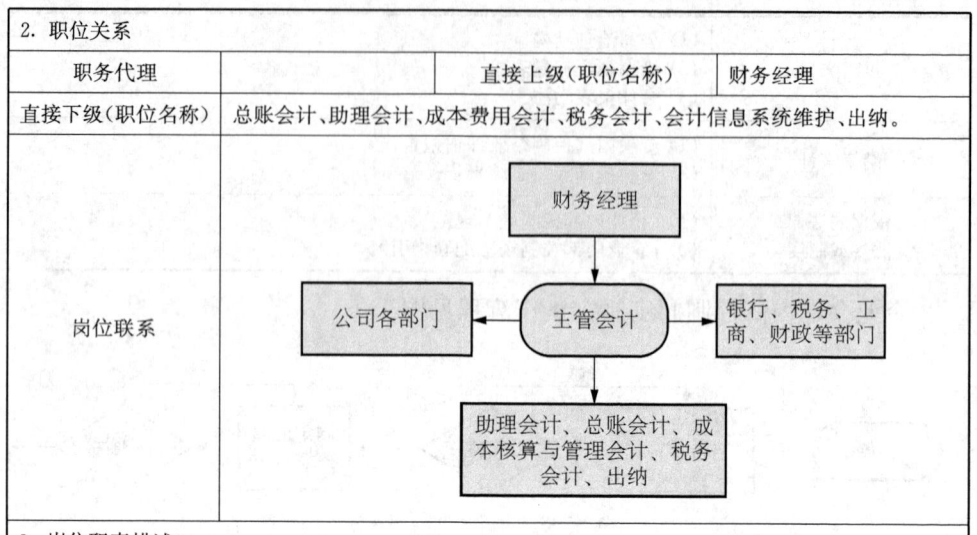

3. 岗位职责描述

在财务总监和财务经理的指导下负责公司日常会计核算工作、主营业务收入确认和政府补贴申请等工作。

4. 具体岗位工作任务	权重
（1）日常会计核算。 负责企业资产、负债、所有者权益、收入、费用和利润等会计要素的日常核算，包括生产业务、采购及应付款项业务、销售及应收款项业务、利润及其分配、投资业务和融资业务等经济业务的核算。	30%
（2）主营业务收入确认工作。 负责审核已销商品是否符合收入确认的5个条件，汇总当期已销商品的销售收入，报企业营销总监和财务总监审批。审批后，安排助理会计做主营业务收入确认的账务处理。	20%
（3）政府补贴申请及确认。 负责选定补贴项目，在线提交资金拨付申请、项目计划和资金拨付反馈表等，安排助理会计做政府补贴确认的账务处理。	10%
（4）其他工作。	40%

5. 任职资格具体岗位工作任务、岗位职责描述

内 容			基本任职资格
一般资格	教育背景	学历	大学专科或以上。
		专业	会计、财务管理和审计专业。
	工作经验		3年以上企业会计核算与管理工作经验。
	专业知识技能、素质		（1）掌握会计基本原理与方法，具备较强的会计核算能力，能熟练操作会计信息系统。 （2）熟悉财税法规，具备一定的会计职业判断能力。 （3）具有良好的会计职业道德和沟通协调能力。
	资格证书		持有助理会计师以上资格证书。

(续表)

特殊要求		无。
6. 应知应会		
相关工作文件	质量手册	熟悉企业文化、质量手册、质量方针、质量目标、经营理念和宗旨。
	程序文件	(1) 信息系统管理与维护文件。 (2) 会计核算与管理文件。 (3) 产品成本核算与管理文件。
	工作文件	(1) 熟悉本部门与会计核算、原始凭证审核有关的工作文件。 (2) 熟悉与会计部门相关的其他部门工作文件。 (3) 熟悉公司相关工作文件。

6.3.2 典型工作任务工作标准

6.3.2.3 主营业务收入确认工作标准

主营业务收入确认工作参与人员及所需资料见表1-10。

表1-10 主营业务收入确认工作参与人员及所需资料

工作目标	完成主营业务收入的确认。
牵头人员或部门	(1) 会计主管。 (2) 财务会计部。
参与人员	(1) 财务总监、财务经理。 (2) 销售人员。 (3) 仓储部门发货人员。 (4) 经销商单位经办人员。 (5) 主营业务收入核算与管理人员。
准备文件	(1) 销售订单。 (2) 销售合同。 (3) 商品出货单、销售发票。 (4) 销售折让、退回协议、入库单。 (5) 销售货款银行结算凭证。
过程文件	(1) 主营业务收入汇总表。 (2) 主营业务收入确认申请。
结果文件	确认主营业务收入的相关账务处理。
依据的法律法规或制度	(1)《企业会计准则——收入》。 (2)《会计法》。 (3)《会计基础工作规范》。

主营业务收入确认工作流程见图 1-7。

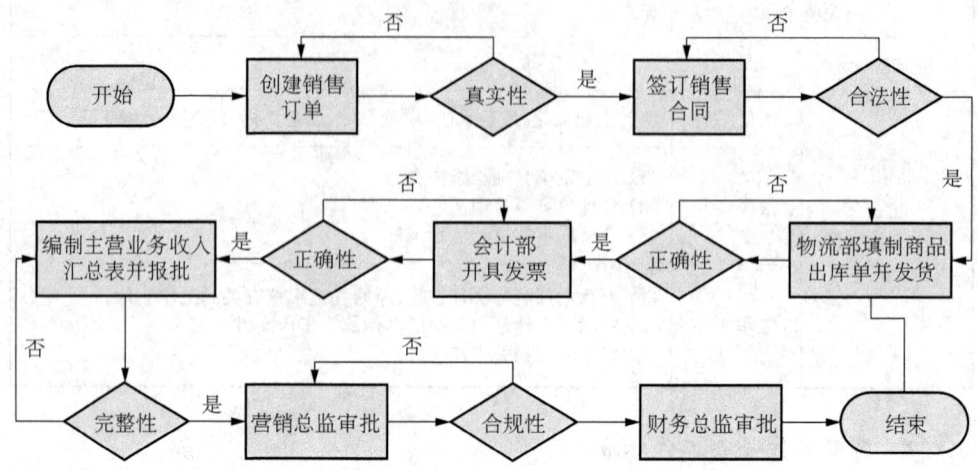

图 1-7　主营业务收入确认工作流程

6.3.2.4　政府补贴工作标准

政府补贴工作参与人员及所需资料见表 1-11。

表 1-11　政府补贴工作参与人员及所需资料

工作目标	完成政府补贴的申请工作。
牵头人员或部门	(1) 会计主管。 (2) 会计部。
参与人员	(1) 财务总监、财务经理。 (2) 政府补贴核算与管理人员。 (3) 政府部门工作人员。 (4) 银行存款出纳。
准备文件	(1) 注册登记表。 (2) 工商营业执照。 (3) 组织机构代码证。 (4) 税务登记证。 (5) 具体项目的相关资料。
过程文件	(1) 项目计划申请表。 (2) 资金拨付申请表。
结果文件	(1) 政府补贴的银行收款通知。 (2) 政府补贴的物资入库单。 (3) 资金拨付反馈表。
依据的法律 法规或制度	(1)《会计法》。 (2)《会计准则——政府补贴》。 (3)《企业财务管理制度》。

政府补贴申请及确认工作流程见图 1-8。

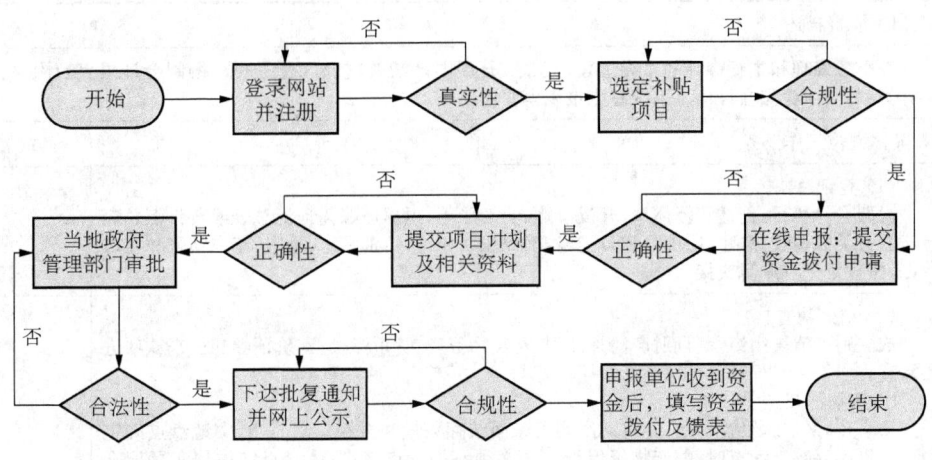

图 1-8 政府补贴申请及确认工作流程

6.4 总账会计岗位标准

标准编码:企业自定。

标准名称:总账会计岗位标准。

标准名称释义:总账会计岗位标准是指企业开展财产清查、编制会计报表及附注、会计资料归档,操作会计信息系统总账报表模块的工作规范。

6.4.1 岗位职责与工作任务描述

总账会计岗位职责与工作任务描述见表 1-12。

表 1-12 总账会计岗位职责与工作任务描述

1. 职位概况				
职位名称	总账会计		职位编号	企业自定
隶属中心	会计部		隶属部门	会计部
2. 职位关系				
职务代理	主管会计		直接上级(职位名称)	主管会计
直接下级(职位名称)	无。			
岗位联系	主管会计 → 总账会计;公司各部门相关联人员 → 总账会计 → 客户、合作企业等关联单位			

3. 岗位职责描述	
在财务经理和主管会计的指导下登记总账,开展财产清查,核算财务成果,编制会计报表及附注,会计资料归档,操作会计信息系统总账报表模块等工作。	

4. 具体岗位工作任务	权重
(1) 登记总账。 　　设置会计科目,创建账簿体系,开设总账、明细账等;根据记账凭证汇总表或科目汇总表登记总分类账;核对总账、明细账和日记账,确保账账相符;负责月末、季末、年末结账和年末封账,按规定进行账簿交接。	20%
(2) 财产清查。 　　成立财产清查小组,制订财产清查计划,对实物资产、货币资金、有价证券和往来款项进行清查。 　　① 实物清查。 　　第一步,采取永续盘存制,确定财产物资账面结存数量和金额。第二步,实地盘点确定财产物资实存数。盘点时,财产物资保管人员必须参加盘点工作,将盘点结果如实登记在"实物盘存单"上,盘点人员和实物保管人员共同签章。第三步,确定财产物资盘盈或盘亏的数额。盘点完毕,填制"实存账存对比表",确定财产物资盘盈或盘亏的数量和金额。第四步,报批。撰写财产清查报告,分析盘盈、盘亏原因,提出处理建议,报主管领导审批。第五,根据审批文件进行账务处理。 　　② 货币资金清查。 　　第一,现金的清查。实地盘点,确定库存现金实存数。不能用白条抵库,即不能用不具有法律效力的借条、收据等抵充库存现金。盘点时,出纳员必须参与现金盘点,盘点人员和现金出纳共同在"现金盘存单"上签章。将盘点结果与现金日记账账存金额核对,填制"现金盘点报告表"。分析盘盈、盘亏原因,撰写现金清查报告,报主管领导审批。根据审批文件进行账务处理。 　　第二,银行存款清查。将银行存款日记账与开户银行对账单逐笔核对。如有疑问,应请银行提供证明,若发现银行的记录有错账漏账,应及时通知银行查明更正。若存在未达账项,则应核实后编制银行存款余额调节表进行调整。"银行存款余额调节表"只起对账作用,不能作为调节账面余额的凭证。银行存款日记账的登记,还应待收到有关原始凭证后再进行。 　　③ 往来款项清查。 　　一般采取"询证核对法"进行清查。对往来单位编制"往来款项对账单"(一式两份,其中一份为回执联)寄给各往来单位。对方核对相符后,在回执单上盖公章寄回,表示已核对。如果核对不相符,对方应在回联单上注明情况,或另抄对账单寄回本单位,进一步查明原因,直到相符为止。	20%
(3) 编制会计报告。 　　按照权责发生制要求,检查经济业务是否全部入账,计提固定资产折旧和各项资产减值损失,预提和摊销相关费用。将损益类账户净发生额转入"本年利润"账户,结平所有损益类账户,计算企业所得税,将税后净利润或亏损转入"利润分配"账户。 　　试算平衡,检查账务处理有无错误,严格遵守国家会计法、企业会计准则规定的编制基础、编制依据、编制原则和编制方法等,按照真实可靠、相关可比、全面完整、编报及时和便于理解等要求编制财务报告,包括资产债表、利润表、现金流量表、所有者权益变动表和会计报表附注等。	20%
(4) 保管会计档案。 　　按照会计档案管理要求,及时规范整理会计凭证、账簿和报表并装订成册,做好会计信息系统的各类数据、软盘、光盘的存档保管工作;催交到期的各种软盘资料和会计资料;办理会计档案借阅手续,按规定保管会计档案,到期移交会计账册、凭证、报表和资料;负责定期检查会计档案的到期情况,按规定办理会计档案的移交、销毁手续。	10%

（续表）

（5）操作会计信息系统总账模块。 负责总账模块初始化,进行记账凭证输入、修改、查询、审核操作,负责应收、应付账款业务的操作,查询和打印总账、日记账、明细分类账,进行自动转账凭证设置和生成操作,进行本期损益结转操作,进行期末汇率调整、汇兑损益凭证生成和结算操作,进行会计报表格式和公式设置,进行报表数据运算操作,分析报表数据。	20%
（6）其他工作。 完成上级领导交办的其他工作事项。	10%

5. 任职资格

内　容		基本任职资格
一般资格	教育背景 学历	大学专科或以上。
	教育背景 专业	会计、财务管理和审计专业。
	工作经验	应届毕业生或1年以上企业财务工作经验。
	专业知识、技能、素质	（1）掌握会计核算、财务分析和会计档案管理的基本知识和方法,熟悉财政、税收等法律法规。 （2）具备较强的会计核算、财产的物资管理和财务分析能力,能熟练地操作会计信息系统,具备一定的会计职业判断能力。 （3）具有良好的会计职业道德和沟通协调能力。
	资格证书	持有会计师以上职业资格证书。
其他特殊要求		无。

6. 应知应会

相关工作程序与文件	质量手册	熟悉企业文化、质量手册、质量方针、质量目标、经营理念和宗旨。
	工作程序	（1）信息系统管理与维护控制程序。 （2）总账登记、财产清查和会计报告编制与分析等会计核算程序。 （3）会计档案管理程序。
	工作文件	（1）熟悉总账登记、财产清查和会计报告编制等工作文件。 （2）熟悉与会计部门相关的其他部门工作文件。 （3）熟悉公司相关工作文件。

6.4.2　典型工作任务工作标准

6.4.2.1　财产清查工作标准

财产清查工作参与人员及所需资料见表1-13。

表1-13　财产清查工作参与人员及所需资料

工作目标	在编制会计报表之前,完成财产清查工作。
牵头人员或部门	（1）总账与报表岗位会计。 （2）会计部。
参与人员	（1）会计机构负责人。 （2）采购、销售和仓储等部门相关人员。 （3）供应商、经销商相关人员。 （4）现金出纳和银行出纳员。 （5）开户银行相关人员。

（续表）

准备文件	(1) 有关总账、明细账和各种财产物资明细账，并结出余额。 (2) 将各种财产物资整理好，贴上标签，标明品种、规格和结存数量。 (3) 准备好各种工具和登记用的表册，如"未达账项登记表"、函询表和"盘盈盘亏报告单"等。
过程文件	(1) 现金盘点表。 (2) 银行对账单。 (3) 应收应付账款函询表。 (4) 存货明细清单及余额表、实物盘点清单。 (5) 固定资产明细清单及余额表、实物盘点清单。
结果文件	(1) 审批后的库存现金盘盈盘亏报告及记账凭证。 (2) 银行存款余额调节表及未达账项分析表。 (3) 审批后的存货盘盈盘亏报告及记账凭证。 (4) 审批后的固定资产盘盈盘亏报告及记账凭证。
依据的法律 法规或制度	(1)《会计法》。 (2)《企业会计准则——存货》。 (3)《企业会计准则——固定资产》。

财产清查工作流程见图 1-9。

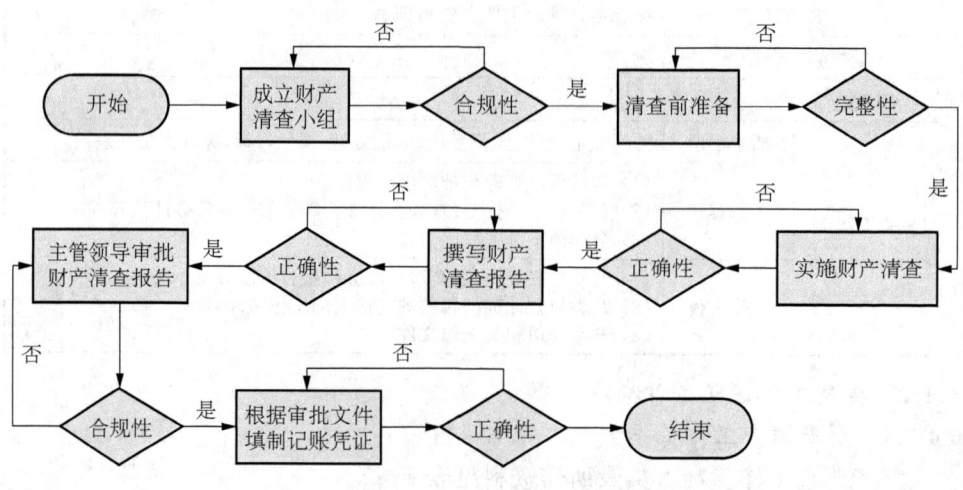

图 1-9　财产清查工作流程

6.4.2.2　利润计算和分配工作标准

利润计算和分配工作参与人员及所需资料见表 1-14。

表 1-14　利润计算和分配工作参与人员及所需资料

工作目标	完成利润分配工作。
牵头人员或部门	(1) 总经理或董事长。 (2) 董事会、监事会、财务会计部。

（续表）

参与人员	（1）董事会和监事会相关人员。 （2）财务总监、财务经理。 （3）总账会计。
准备文件	（1）企业资产负债表。 （2）利润表。 （3）弥补以前年度亏损报告。 （4）企业所得税计算表。
过程文件	（1）计提任意盈余公积申请报告。 （2）法定盈余公积、任意盈余公积计提表。 （3）可供分配金额。 （4）盈余公积转增实收资本方案。 （5）利润分配方案。
结果文件	（1）董事会通过利润分配方案决议。 （2）向投资者分配利润的账务处理。
依据的法律 法规或制度	（1）《公司法》。 （2）《企业会计准则》。 （3）《企业财务管理制度》。

利润计算及分配工作流程见图 1-10。

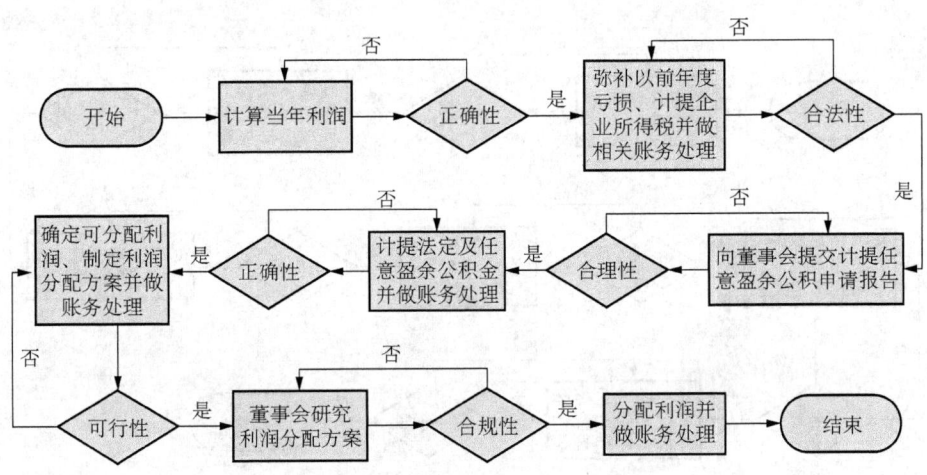

图 1-10　利润计算及分配工作流程

6.4.2.3　编制会计报表工作标准

会计报表编制工作与参与人员及所需资料见表 1-15。

表 1-15　会计报表编制工作与参与人员及所需资料

工作目标	完成三大主要会计报表的编制工作。
牵头人员或部门	（1）总账与报表岗位会计。 （2）会计部。

（续表）

参与人员	（1）会计机构负责人。 （2）董事会和监事会相关人员。
准备文件	（1）上期企业资产负债表、利润表和现金流量表等。 （2）本期会计账簿。 （3）账证核对、账账核对和账实核对的相关资料。 （4）弥补以前年度亏损审批报告。 （5）企业所得税计算表。
过程文件	（1）当期资产负债表。 （2）当期利润表。 （3）当期现金流量表。 （4）会计报表附注。
结果文件	（1）审批装订后的资产负债表。 （2）审批装订后的利润表。 （3）审批装订后的现金流量表。 （4）审批后会计报表附注。
依据的法律 法规或制度	（1）《会计法》。 （2）《企业会计准则——会计报告》。

会计报表编制工作流程见图 1-11。

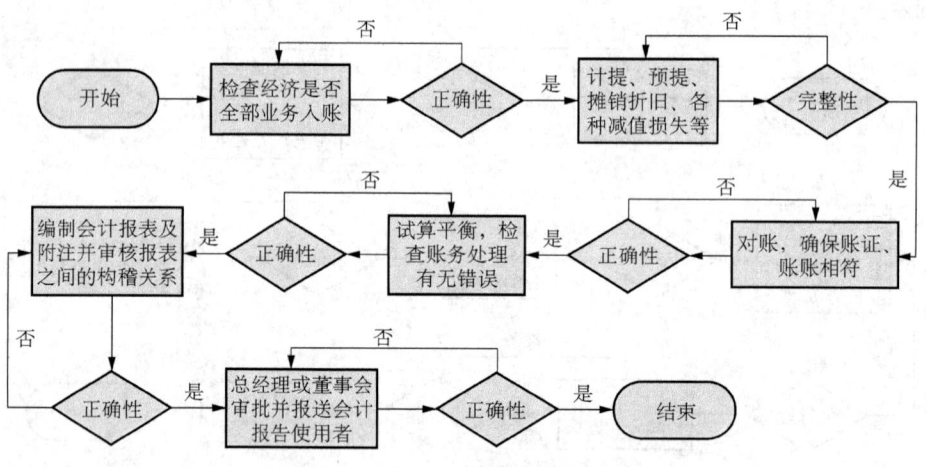

图 1-11　会计报表编制工作流程

6.4.2.4　会计档案调阅工作标准

会计档案调阅工作参与人员及所需资料见表 1-16。

表 1-16　会计档案调阅工作参与人员及所需资料

工作目标	完成会计档案调阅和归还工作。
牵头人员和部门	（1）总账会计。 （2）财务会计部。

（续表）

参与人员	（1）财务总监。 （2）会计档案调阅部门负责人。 （3）会计档案调阅人。
准备文件	（1）已归档的会计档案。 （2）会计档案借出登记簿。
过程文件	（1）调阅申请。 （2）查阅、摘录、复印的相关数据。
结果文件	会计档案调阅登记簿。
依据的法律 法规或制度	（1）《会计基础工作规范》。 （2）《会计档案管理办法》。

会计档案调阅工作流程见图 1-12。

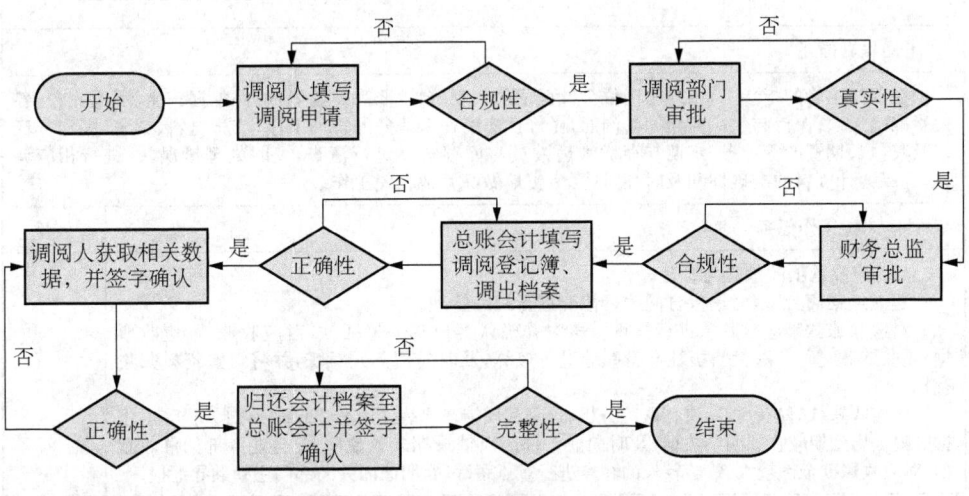

图 1-12　会计档案调阅工作流程

6.5　助理会计岗位标准

标准编码：企业自定。

标准名称：助理会计岗位标准。

标准名称释义：助理会计岗位标准是指开展日常财务核算，及时提供和合理反映企业财务状况及经营成果，完成报表上报工作的工作规范。

6.5.1　岗位职责与工作任务描述

助理会计岗位职责与工作任务描述见表 1-17。

表 1-17 助理会计岗位职责与工作任务描述

1. 职位概况			
职位名称	助理会计	职位编号	企业自定
隶属中心	会计部	隶属部门	会计部

2. 职位关系

职务代理	部门内其他会计	直接上级(职位名称)	主管会计
直接下级(职位名称)	无		

岗位联系	
	主要会计 公司各部门相关联人员 ← 助理会计 → 供应商等相关联单位

3. 岗位职责描述

在部门主管的指导下,做好本岗位会计凭证的编制、会计账簿的登记,确保单据齐全、手续完备,各要素准确无误;保持与供应商之间的沟通,做好供应商往来业务的管理工作;核算材料、销售、固定资产以及其他长期资产等业务;定期与存货管理人员对库存物品进行清查,及时处理错误,并进行相应调整;确保会计资料的准确性及时性,认真负责地做好其他相关工作。

4. 具体岗位工作任务	权重
(1) 应收款项的核算与管理。 建立经销商台账,对销售合同执行情况进行跟踪管理。 对应收账款等应收款项进行核算。核对并确认客户每一笔回款,对应收账款、应收票据、预收账款、暂付款、销售折让与折扣等进行核算,及时与债务人对账,并将对账资料归集存档。 对应收账款等应收款项进行跟踪分析、预警和反馈。熟练使用 Excel,编制账龄分析表,根据账龄提出到期应收款明细数据,及时向业务部门反馈逾期未收款项,配合业务部门催收款项,对应收账款金额较大、账龄较长的客户进行重点跟踪,查明原因并向部门主管领导汇报。	20%
(2) 存货的核算与管理。 审核汇编材料采购计划,计算材料等存货采购成本、发出成本和期末结存成本,并进行存货采购、发出和结存核算。 根据实际情况选用盘存制度,参与存货实地盘点,编制存货盘盈盘亏报告,分析存货盘盈、盘亏原因并报批,对盘盈、盘亏存货进行账务处理。	20%
(3) 应付款项的核算与管理。 建立供应商台账,对采购合同执行情况进行跟踪管理。 对应付账款等应付款项进行核算。对应付账款、应付票据、预收账款和暂收款等应付款项进行核算,定期与供应商对账,编制月份应付款计划,熟练使用 Excel 对应付账款账龄和偿还情况进行分析。 设置应付票据备查簿,登记每一应付票据的种类、号数、签发日期、到期日、票面金额、收款人姓名或单位名称、付款日期和金额等详细资料。应付票据到期付清后,应在备查簿内逐笔注销。	20%

（续表）

（4）核算固定资产。 对固定资产增加、减少、改建、扩建、后续支出、折旧、处置和期末计价等经济业务进行核算。根据实际情况选用固定资产盘存制度,参与实地盘点固定资产,编制固定资产盘盈盘亏报告表,分析原因并报批,对盘盈、盘亏固定资产进行账务处理。	10%
（5）核算其他长期资产。 对在建工程、无形资产、投资性房地产和长期待摊费用等进行日常核算。	10%
（6）会计信息系统操作。 负责会计信息系统中存货购、销、存模块、销售与应收款模块、采购与应付款模块、固定资产模块和其他资产模块的日常操作。	10%
（7）其他工作。 完成上级领导交办的其他工作事项。	10%

5. 任职资格

内　容		基本任职资格
一般资格	教育背景　学历	大专或以上学历。
	专业	会计、财务管理和审计学等专业。
	工作经验	应届毕业生或1年以上实际工作经验。
	专业知识、技能、素质	（1）掌握会计核算和会计信息化等知识。 （2）具有一定的会计核算能力和信息系统操作能力。 （3）熟悉会计法、国家和地区劳动法规。 （4）爱岗敬业、诚实守信、廉洁自律、客观公正、坚持准则、参与管理、服务群众。 （5）耐心、细致、严谨,具有一定的沟通能力。
	资格证书	助理会计师以上职称。
其他特殊要求		无。

6. 应知应会

相关工作文件	质量手册	熟悉企业文化、质量手册、质量方针、质量目标、经营理念和宗旨。
	程序文件	（1）信息系统管理与维护控制程序。 （2）填制并审核会计凭证、登记账簿、编制科目汇总表和稽核等会计核算程序。 （3）会计档案管理程序。
	工作文件	（1）熟悉会计核算的相关工作文件。 （2）熟悉与会计部门相关的其他部门工作文件。 （3）熟悉公司相关工作文件。

6.5.2 典型任务工作标准

6.5.2.1 填制并审核记账凭证工作标准

填制并审核记账凭证工作参与人员及所需资料见表1-18。

表 1-18　填制并审核记账凭证工作参与人员及所需资料

工作目标	填制记账凭证。
牵头人员和部门	(1) 助理会计。 (2) 会计部。
参与人员	(1) 财务经理。 (2) 主管会计岗位。
准备文件	(1) 原始凭证。 (2) 其他相关业务资料。
过程文件	原始凭证审核资料。
结果文件	填制并审核后的记账凭证。
依据的法律 法规或制度	(1)《会计法》。 (2)《会计基础工作规范》。 (3)《企业会计准则》。

填制并审核记账凭证工作流程见图 1-13。

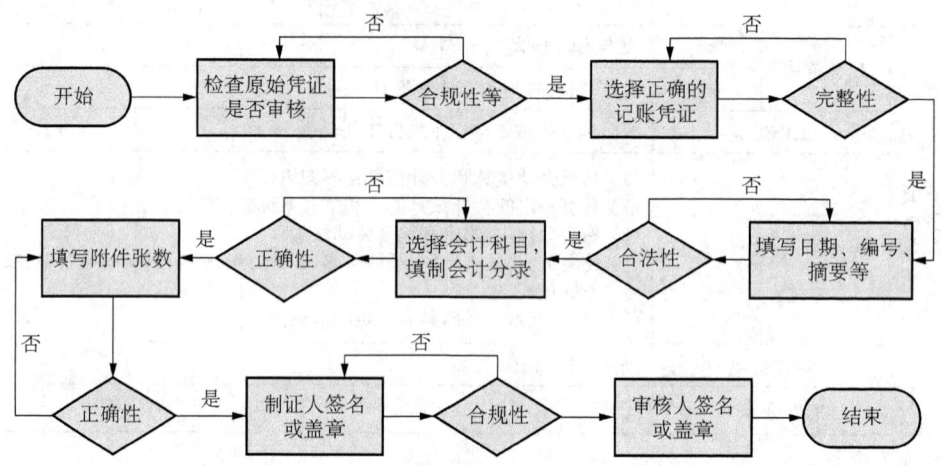

图 1-13　填制并审核记账凭证工作流程

6.5.2.2　记账工作标准

记账工作参与人员及所需资料见表 1-19。

表 1-19　记账工作参与人员及所需资料

工作目标	完成会计账簿体系设置与登记工作。
牵头人员和部门	(1) 助理会计。 (2) 会计部。
参与人员	(1) 会计机构负责人。 (2) 总账会计、主管会计。 (3) 税务会计、出纳。

（续表）

准备文件	（1）审核无误的记账凭证和原始凭证。 （2）记账凭证汇总表或科目汇总表。 （3）总账账簿、明细账账簿、日记账账簿。 （4）账簿初始化资料。
过程文件	（1）已经登记的总账账簿。 （2）已经登记的明细账账簿。 （3）已经登记的现金日记账账簿。 （4）已经登记的银行存款日记账账簿。
结果文件	（1）登记结转的总账账簿。 （2）登记结转的明细账账簿。 （3）登记结转的现金日记账账簿。 （4）登记结转的银行存款日记账账簿。
依据的法律 法规或制度	（1）《会计法》。 （2）《会计基础工作规范》。 （3）《企业会计准则》。

记账工作流程见图 1-14。

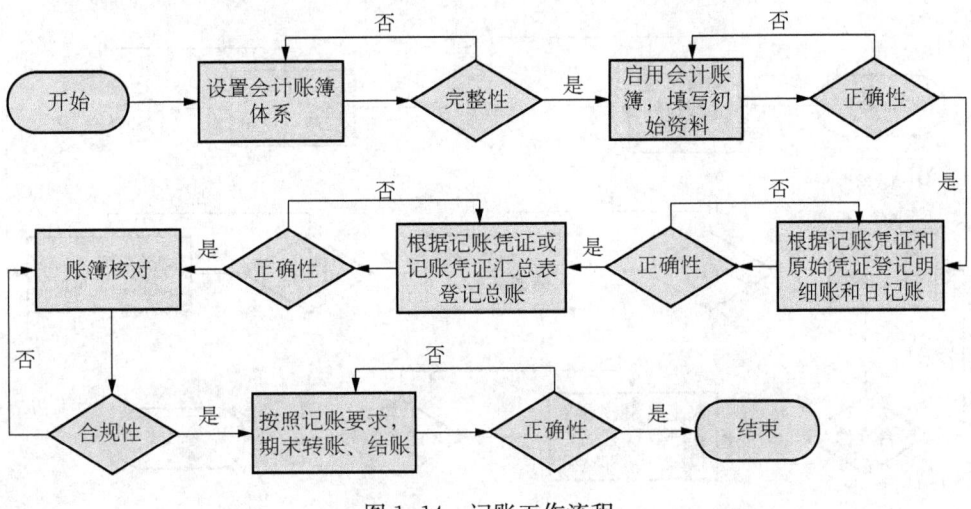

图 1-14　记账工作流程

6.5.2.3　原材料入库工作标准

原材料入库工作参与人员及所需资料见表 1-20。

表 1-20　原材料入库工作参与人员及所需资料

工作目标	办理原材料入库手续。
牵头人员和部门	（1）成本费用核算与管理会计。 （2）材料保管部门。

（续表）

参与人员	(1) 材料验收人员。 (2) 采购经办人。 (3) 采购部负责人。 (4) 财务总监。
准备文件	(1) 材料清单。 (2) 采购合同。 (3) 购货发票。 (4) 材料质量说明书等。
过程文件	(1) 材料质量检验单。 (2) 材料验收入库单。
结果文件	材料入库记账凭证。
依据的法律 法规或制度	(1)《企业内部控制规范》。 (2)《企业会计准则——存货》。 (3)《政府采购法》。

原材料入库工作流程见图 1-15。

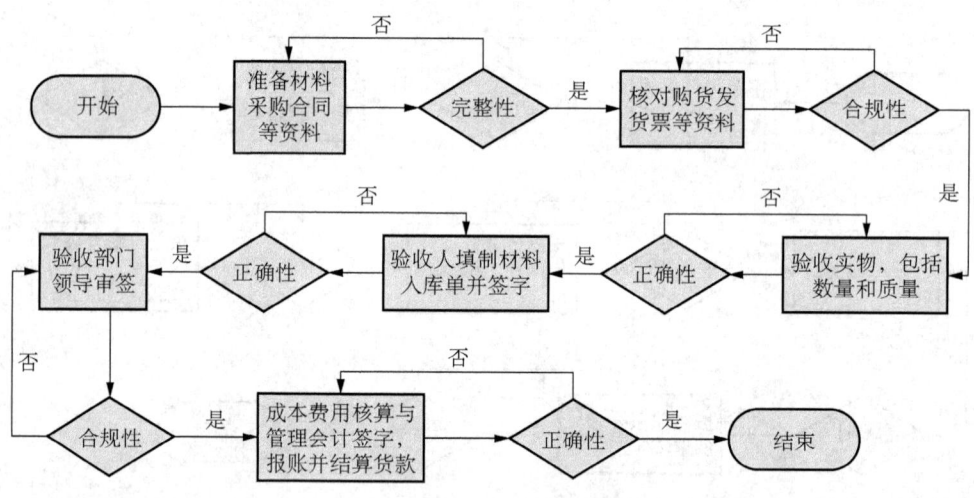

图 1-15　原材料入库工作流程

6.5.2.4　计提固定资产折旧工作标准

计提固定资产折旧工作参与人员及所需资料见表 1-21。

表 1-21　计提固定资产折旧工作参与人员及所需资料

工作目标	完成固定资产折旧的计算与账务处理。
牵头人员和部门	(1) 助理会计——固定资产管理与核算。 (2) 会计部、固定资产管理部门。

（续表）

参与人员	（1）会计机构负责人。 （2）固定资产管理部门负责人。
准备文件	（1）固定资产分类表。 （2）固定资产折旧年限明细表。 （3）固定资产折旧率明细表。
过程文件	（1）固定资产残值评估表。 （2）固定资产净值表。 （3）固定资产月折旧额明细表。
结果文件	（1）月末计提折旧额计算表。 （2）月末折旧费用分配表。 （3）记账凭证。
依据的法律 法规或制度	（1）《会计法》。 （2）《企业会计准则——固定资产》。

计提固定资产折旧工作流程见图1-16。

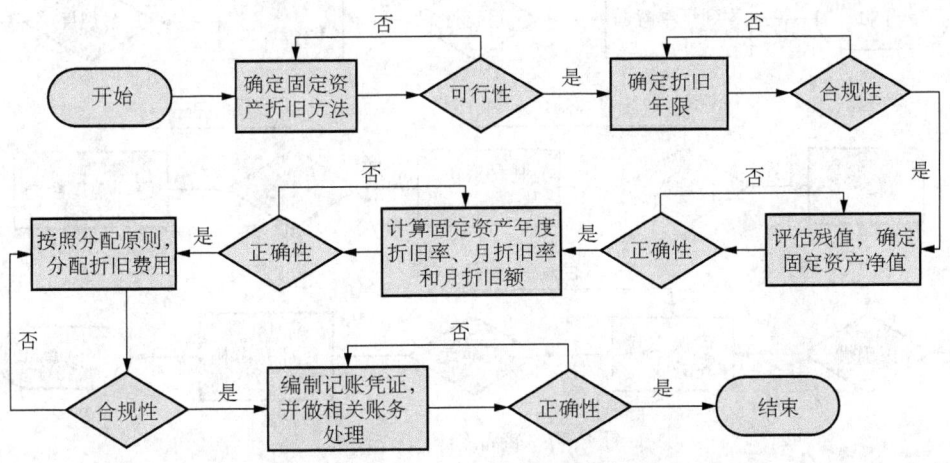

图1-16 计提固定资产折旧工作流程

6.5.2.5 商品销售工作标准

商品销售工作参与人员及所需资料见表1-22。

表1-22 商品销售工作参与人员及所需资料

工作目标	完成商品销售工作。
牵头人员和部门	（1）销售部经理。 （2）销售部。
参与人员	（1）销售人员、仓库管理员。 （2）应收款项及销售收入管理与核算人员。 （3）出纳人员。

（续表）

准备文件	(1) 订单意向书、订单。 (2) 销售报价单。
过程文件	(1) 销售合同。 (2) 销售发货单、销售发票。
结果文件	(1) 货物出库单。 (2) 记账凭证。
依据的法律 法规或制度	(1)《中华人民共和国合同法》(以下简称《合同法》)。 (2)《企业会计准则——收入》。

商品销售工作流程见图 1-17。

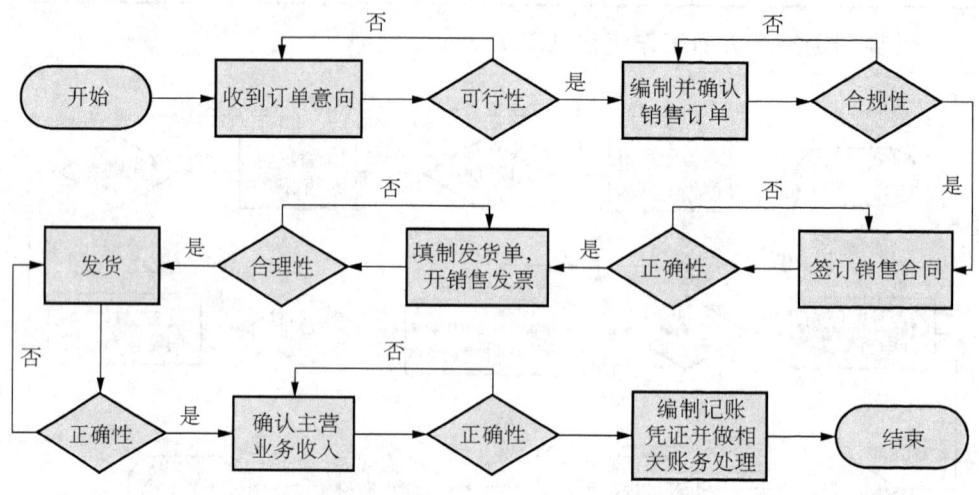

图 1-17　商品销售工作流程

6.5.2.6　员工差旅费报销工作标准

员工差旅费报销工作参与人员及所需资料见表 1-23。

表 1-23　员工差旅费报销工作参与人员及所需资料

工作目标	完成员工差旅费用报销工作。
牵头人员和部门	(1) 助理会计。 (2) 会计部门。
参与人员	(1) 财务总监。 (2) 出差人员。 (3) 出差人员部门负责人。

（续表）

准备文件	（1）差旅费报销制度。 （2）出差审批单。 （3）出差借款单。 （4）出差原始凭证。
过程文件	（1）差旅费报销单。 （2）现金收据。
结果文件	（1）审批后差旅费报销单。 （2）记账凭证。
依据的法律 法规或制度	（1）《会计法》。 （2）《会计基础工作规范》。 （3）《企业内部控制规范》。 （4）《企业差旅费报销制度》。

员工差旅费报销工作流程见图1-18。

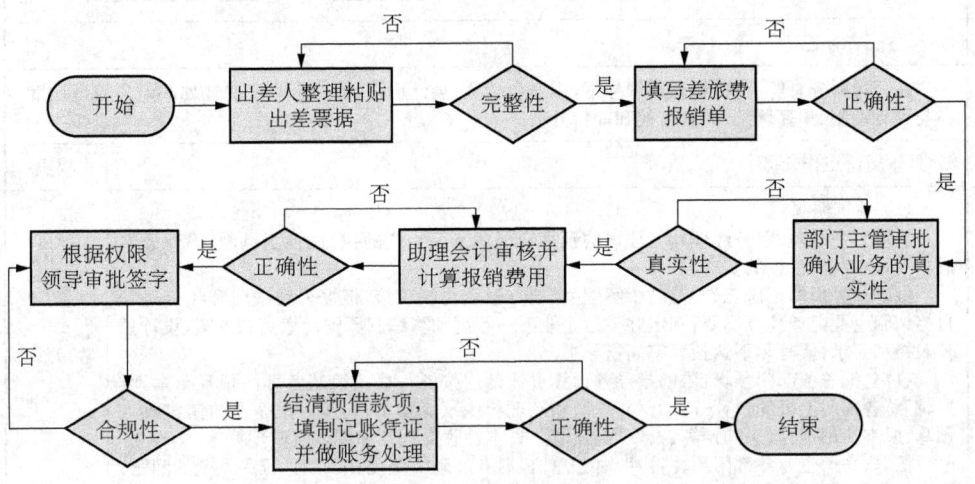

图1-18 员工差旅费报销工作流程

6.6 预算管理岗位标准

标准编码：企业自定。

标准名称：预算管理岗位标准。

标准名称释义：预算管理岗位标准是指企业预算人员按照企业财务会计制度和相关管理制度，参与预算编制、调整、管控和分析评价的工作规范。

6.6.1 岗位职责与工作任务描述

预算管理岗位职责与工作任务描述见表1-24。

表1-24 预算管理岗位职责与工作任务描述

1. 职位概况			
职位名称	预算管理	职位编号	企业自定
隶属中心	会计部	隶属部门	会计部

2. 职位关系			
职务代理	主管会计	直接上级(职位名称)	财务经理
直接下级(职位名称)		直接和间接下级人数	

岗位联系	

3. 岗位职责描述

在公司财务总监、财务经理的领导下,遵守会计法、会计准则,依据企业发展规划和财务管理制度,参与预算编制、预算调整、预算管控和评价分析。

4. 具体岗位工作任务	权重
(1) 预算编制。 协助财务总监、财务经理建立公司的预算管理体系及相应的执行、控制机制,确保公司成本目标和利润目标的实现。 做好预算前期调研工作:及时了解国家、地方财政税收政策,根据公司战略和年度经营目标编制企业财务预算纲要;制定并下达企业下一年度预算编制原则性意见和方案,设计预算表格和要求,撰写和下达预算编制指导书。 收集、汇总各部门预算:协助指导各预算责任部门按统一格式编制各部门预算草案,收集、汇总各部门上报的预算;协助财务总监和经理组织预算初审,初步形成企业的销售收入预算、成本费用预算、采购预算、投资收益预算、资本性收支预算和现金流量预算等。 汇总、平衡企业各部门预算:协助财务总监、财务经理协调预算编制过程中发现的问题,提出初步调整建议,提出企业下一年度预算草案,报公司领导层和预算委员会审批。	30%
(2) 预算调整。 监督、跟踪公司各项预算的执行情况;汇总、分析公司各部门预算调整建议和申请,提出初审意见;协助财务总监、财务经理制定预算调整方案并及时向公司管理层反馈,根据公司审定结果修改并下发预算调整方案。	20%
(3) 预算管控、分析与评价。 将公司审批后的预算方案下达至各责任部门实施,通过公司预算控制系统,跟踪、监督和控制预算责任部门的日常支出和预算执行情况,协助预算部门经理汇总和分析各责任部门预算执行情况,给出反馈意见;撰写公司年度预算执行情况报告,按月度、季度和年度考核各责任部门的预算执行情况,并提出奖惩建议。	40%

（续表）

（4）其他工作。 完成上级领导交办的其他工作。			10%

5. 任职资格

	内　容		基本任职资格
一般资格	教育背景	学历	大学专科以上。
		专业	会计、财务管理和审计等专业。
	工作经验		3年以上会计实务、财务管理经验。
	专业知识、技能、素质		（1）具有较强的信息、数据收集和分析能力。 （2）掌握预算编制、执行的基本原理和方法，在财务总监和财务经理的指导下能进行预算的编制、执行与分析，能撰写预算执行分析报告。 （3）具有良好的会计职业道德和沟通协调能力。
	资格证书		助理会计师以上资格证。
其他特殊要求			无。

6. 应知应会

相关工作文件	质量手册	熟悉企业文化、质量手册、质量方针、质量目标、经营理念和宗旨。
	程序文件	（1）信息、数据收集和分析程序。 （2）信息系统管理与维护控制程序。 （3）预算编制、执行、汇总、分析和评价程序。
	工作文件	（1）熟悉本部门所有工作文件。 （2）熟悉与会计部门相关的其他部门工作文件。 （3）熟悉公司相关工作文件。

6.6.2　典型任务工作标准

6.6.2.1　投资项目可行性分析工作标准

投资项目可行性分析工作参与人员及所需资料见表1-25。

表1-25　投资项目可行性分析工作参与人员及所需资料

工作目标	完成投资项目可行性分析。
牵头人员和部门	（1）财务总监、财务经理。 （2）会计部。
参与人员	（1）预算管理工作人员。 （2）采购部门、生产部门和销售部相关工作人员。 （3）董事会成员。
准备文件	（1）企业发展战略规划。 （2）相关国家法律、法规。 （3）项目建议书。 （4）企业财务状况资料。

（续表）

过程文件	（1）投资项目必要性、可行性分析报告。 （2）投资项目技术可行性分析报告。 （3）投资项目财务可行性分析报告。 （4）企业组织和劳动定员可行性分析报告。 （5）投资项目风险及对策分析报告。
结果文件	投资项目可行性分析报告。
依据的法律 法规或制度	（1）《企业内部控制规范》。 （2）《企业会计准则》。

投资项目可行性分析工作流程见图1-19。

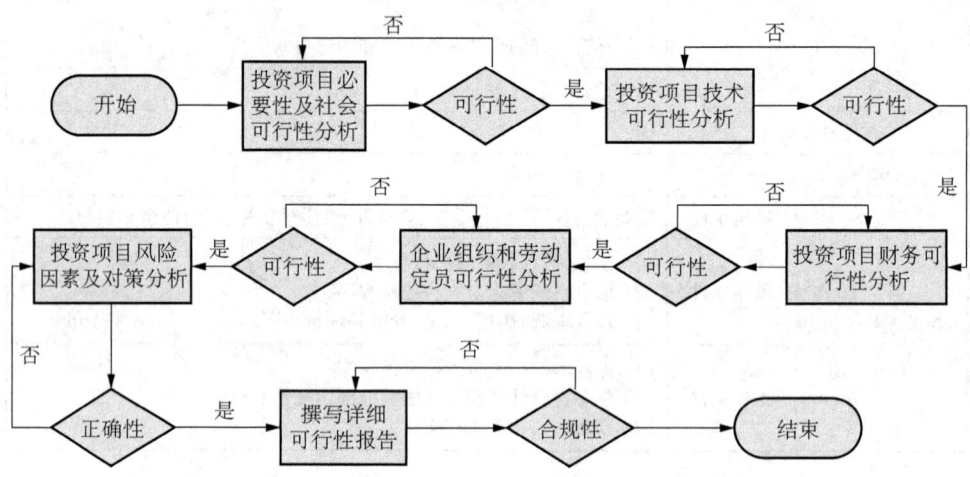

图1-19　投资项目可行性分析工作流程

6.6.2.2　企业向银行贷款工作标准

企业向银行贷款工作参与人员及相关资料见表1-26。

表1-26　企业向银行贷款工作参与人员及相关资料

工作目标	取得银行贷款。
牵头人员和部门	（1）财务经理。 （2）会计部。
参与人员	财务总监、预算管理岗位工作人员。
准备文件	（1）企业审批的贷款决议。 （2）企业贷款申请。 （3）贷款银行相关资料。 （4）贷款所需其他资料。

（续表）

过程文件	（1）借款合同。 （2）担保合同。 （3）财产抵押合同。 （4）银行贷款资金使用计划。
结果文件	（1）银行贷款到账通知书。 （2）收到贷款的记账凭证。
依据的法律 法规或制度	（1）《会计法》。 （2）《会计内部控制规范》。 （3）《商业银行法》。

企业向银行贷款工作流程见图 1-20。

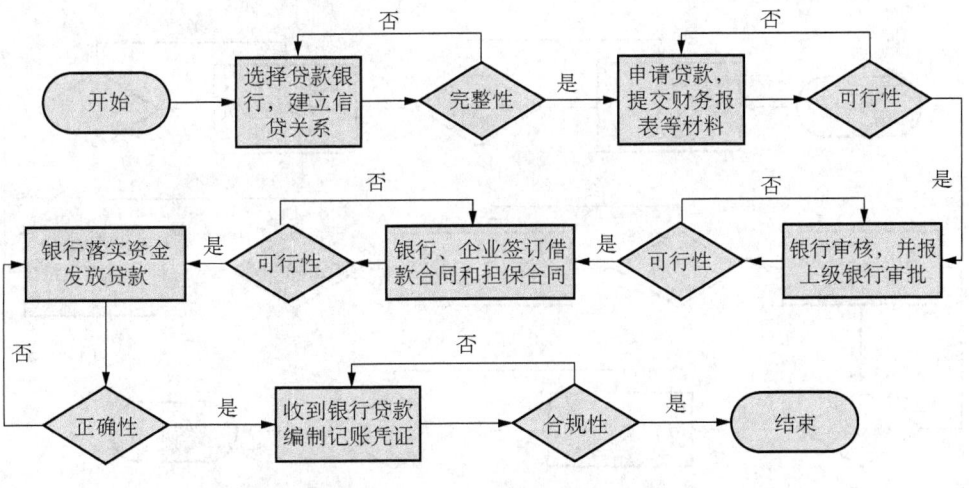

图 1-20　企业向银行贷款工作流程

6.6.2.3　建立存货计划成本核算体系工作标准

建立存货计划成本核算体系的参与人员及所需资料见表 1-27。

表 1-27　建立存货计划成本核算体系的参与人员及所需资料

工作目标	建立存货计划成本核算体系。
牵头人员和部门	（1）财务总监。 （2）财务会计部。
参与人员	（1）存货采购部门负责人。 （2）生产部门负责人。 （3）销售部门负责人。 （4）成本费用会计。 （5）存货管理员。

（续表）

准备文件	（1）建立存货计划成本核算体系的决议。 （2）产品成本资料。
过程文件	（1）按计划成本核算的存货明细表。 （2）存货单位计划成本明细表。
结果文件	（1）存货计划成本核算管理制度。 （2）存货按计划成本核算的账簿体系。
依据的法律、 法规或制度	（1）《会计法》。 （2）《企业会计准则——存货》。

建立存货计划成本核算体系工作流程见图 1-21。

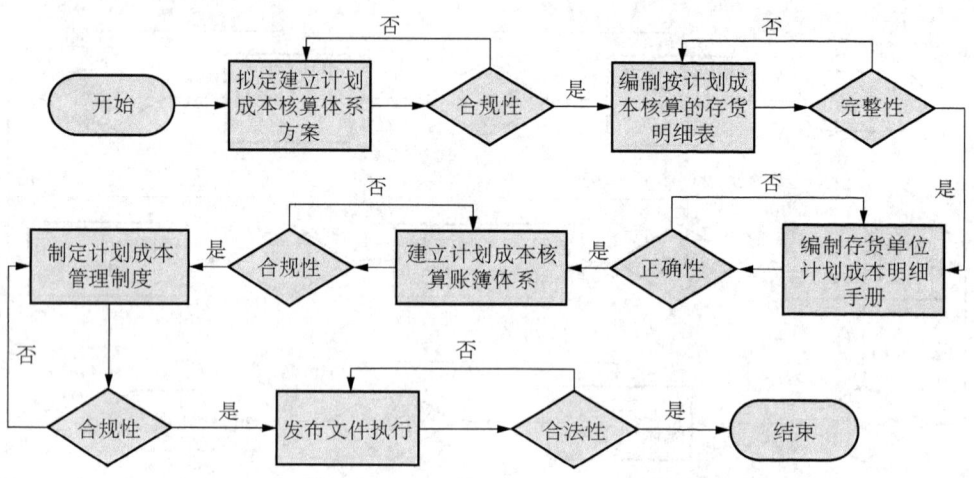

图 1-21　建立存货计划成本核算体系工作流程

6.6.2.4　年度预算执行、控制和分析工作标准

年度预算执行、控制和分析工作参与人员及所需资料见表 1-28。

表 1-28　年度预算执行、控制和分析工作参与人员及所需资料

工作目标	完成年度预算控制、分析、考核和评价。
牵头人员和部门	（1）控制、分析、考核和评价岗位会计人员。 （2）会计部。
参加人员	（1）预算委员会成员。 （2）总经理。 （3）财务总监、财务经理。 （4）各部门单位负责人、预算员。

（续表）

准备文件	年度预算分解与落实表。
过程文件	(1) 预算委员会预算调整方案。 (2) 预算考核评价指标体系。 (3) 年度预算执行情况、原因及对策报告。
结果文件	公司年度预算执行情况考核、评价报告。
所依据的法律、 法规或制度	(1)《企业全面预算编制手册》。 (2)《企业内部控制制度》。

年度预算执行、控制和分析工作流程见图 1-22。

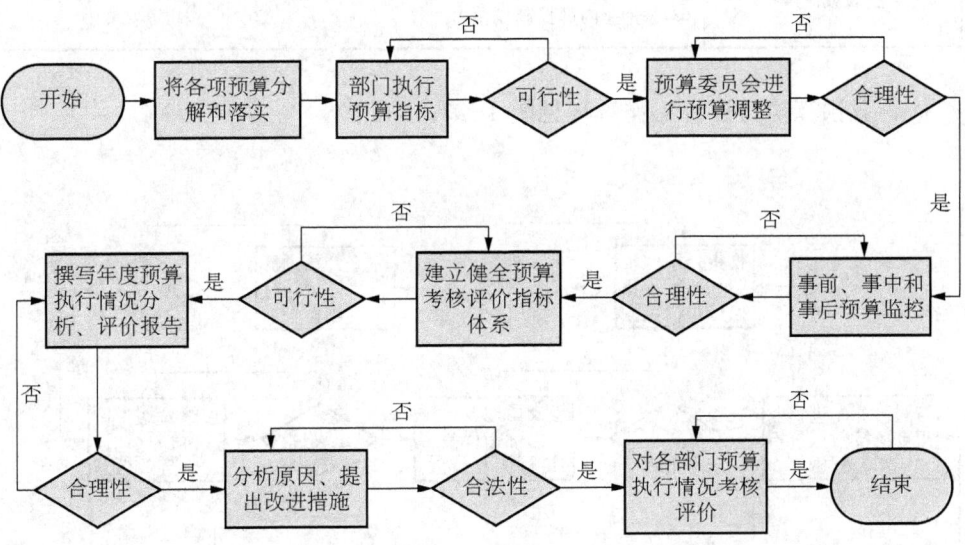

图 1-22 年度预算执行、控制和分析工作流程

6.6.2.5 预算执行报告工作标准

企业预算执行报告工作参与人员及所需资料见表 1-29。

表 1-29 企业预算执行报告工作参与人员及所需资料

工作目标	完成企业预算执行报告。
牵头人员和部门	(1) 财务经理。 (2) 预算管理岗位会计。 (3) 会计部。
参与人员	(1) 财务总监。 (2) 主管会计、财务经理。 (3) 总账会计。

（续表）

准备文件	（1）企业预算评价指标体系。 （2）当期资产负债表、利润表、现金流量表等。 （3）比较期预算执行数据。 （4）同行业预算执行指标数据。
过程文件	（1）公司当期预算执行指标数据。 （2）公司预算执行比较分析报告。
结果文件	公司预算执行综合分析报告。
依据的法律 法规或制度	（1）《中华人民共和国会计法》。 （2）《企业会计准则》。 （3）《企业内部控制规范》。

企业预算执行评价工作流程见图1-23。

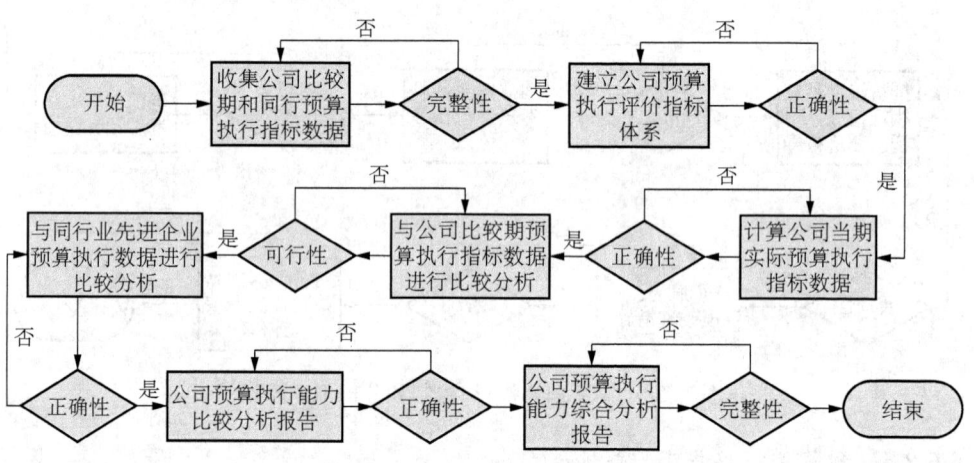

图1-23　企业预算执行评价工作流程

6.7　成本会计岗位标准

标准编码：企业自定。

标准名称：成本会计岗位标准。

标准名称释义：成本会计岗位标准是开展成本费用归集与分配，登记成本费用明细账、计算产品成本、开展成本预测、控制与分析的工作规范。

6.7.1 岗位职责与工作任务描述

成本会计岗位职责与工作任务描述见表 1-30。

表 1-30 成本会计岗位职责与工作任务描述

1. 职位概况			
职位名称	成本会计	职位编号	企业自定
隶属中心	会计部	隶属部门	会计部

2. 职位关系			
职务代理	部门内其他会计	直接上级 （职位名称）	主管会计
直接下级 （职位名称）	无。		
岗位联系	主管会计 ← 公司各部门相关人员 → 成本会计 → 客户、供应商等相关单位		

3. 岗位职责描述

在部门领导的指导下，做好直接费用、间接费用和产品成本的归集与分配工作，计算产品成本、登记相关成本费用总账和明细账，开展成本预测工作，制订成本计划，开展成本分析和管理工作。

4. 具体岗位工作任务	权重
（1）成本核算。 参与存货的清查盘点工作，审核生产部门提供的工时、单耗等原始资料。负责原材料、应付职工薪酬、外购动力费用、辅助生产费用和制造费用等费用计算、归集与分配。每月月底分摊各部门待摊、递延费用和预提费用。 选择适合企业的成本计算方法，计算完工产品成本和月末在产品成本。登记生产成本、制造费用等明细账和总账。 负责相关凭证、账簿、报表及其他成本计算资料的装订、保管和归档工作。	30%
（2）成本预测。 收集相关信息和历史数据并分类，采取本、量、利分析等方法，对相关产品成本进行预测，为成本决策和计划提供基础数据和信息。	20%
（3）成本控制。 了解企业产品结构、特色，熟悉企业产品的生产工艺流程和成本控制关键点，及时改进成本核算方法，配合生产部门做好产品成本计划，评估成本控制方案，为管理层分解下达成本、费用等计划指标提供数据支持。统一原材料等存货的计量方法、口径。	20%
（4）成本分析。 计算并分析产品实际成本与计划或定额成本之间的差异，会同生产部门计算产品成本中各成本项目的构成比例，对影响产品成本的因素进行分析研究，分析制造费用的构成要素，对制造费用中重点费用项目进行分析，查找超支原因，撰写成本分析报告，提出成本控制建议。	20%

（续表）

（5）其他工作。 　　负责生产部门成本台账的建立、健全,负责生产部统计人员的业务知识培训、检查和考核。完成领导交办的其他工作。				10%

5. 任职资格

内　容			基本任职资格
教育背景		学历	大专或以上学历。
		专业	会计、财务管理、审计、会计信息管理专业。
一般 资格	工作经验		3 年以上实际工作经验。
	专业知识、技能、素质		（1）掌握成本费用核算、管理和会计信息化等知识。 （2）自主学习能力。 （3）开设成本费用账簿的能力。 （4）归集和分配要素费用的能力。 （5）填制并审核记账凭证的能力。 ZY0306:登记成本费用账簿的能力。 ZY0307:计算产品单位成本、总成本的能力。 （6）具有较强的成本费用核算能力和信息系统操作能力。 （7）具有较强的成本费用管理能力。 （8）爱岗敬业、诚实守信、廉洁自律、客观公正、坚持准则、参与管理、服务群众。 （9）耐心、细致、严谨,具有较强的沟通能力。
	资格证书		持有会计师以上职业资格证书。
其他特殊要求			无。

6. 应知应会

相关工作文件	质量手册	质量手册、质量方针、质量目标、经营理念、宗旨、企业精神、文化。
	程序文件	（1）熟悉财务信息系统管理与维护。 （2）熟悉制造业成本核算程序。 （3）熟悉原材料、应付职工薪酬、制造费用等生产费用的归集与分配程序。 （4）熟悉成本核算、控制和分析程序。
	工作文件	（1）熟悉成本核算、控制和分析等工作文件。 （2）熟悉与会计部有关的其他部门相关工作文件。 （3）熟悉公司相关工作文件。

6.7.2　典型任务工作标准

6.7.2.1　制造业成本核算工作标准

制造业成本核算工作参与人员与所需资料见表 1-31。

表 1-31　制造业成本核算工作参与人员与所需资料

工作目标	完成企业产品成本的计算和账务处理。
牵头人员和部门	（1）成本会计。 （2）会计部。

（续表）

参与人员	（1）财务总监、财务经理、主管会计。 （2）生产部门负责人和相关人员。 （3）物料管理部门负责人和相关人员。 （4）人事部门负责人和相关人员。
准备文件	（1）存货领用汇总表。 （2）解除劳动关系补偿金通知单。 （3）生产工人产品计件统计表。 （4）车间生产工人或机器工时统计表。 （5）车间和行政部门管理人员考勤表。 （6）其他原始凭证。
过程文件	（1）原材料消耗汇总表及分配表。 （2）应付职工薪酬结算汇总表及分配表。 （3）制造费用归集与分配表。
结果文件	（1）原材料费用归集与分配记账凭证。 （2）应付职工薪酬归集与分配记账凭证。 （3）制造费用归集与分配记账凭证。
依据的法律、 法规或制度	（1）《会计法》。 （2）《企业内部控制规范》。 （3）《企业会计准则——存货》。 （4）《企业会计准则——应付职工薪酬》。

制造业成本核算工作流程见图 1-24。

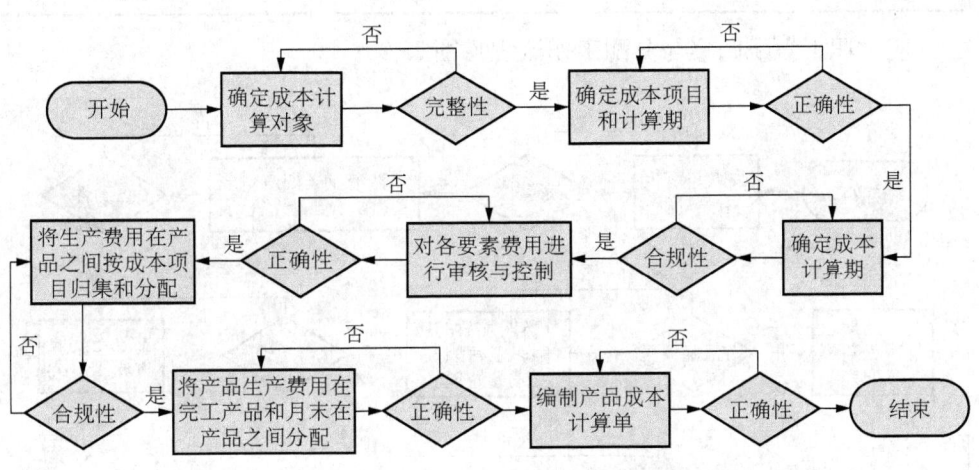

图 1-24 制造业成本核算工作流程

6.7.2.2 应付职工薪酬归集与分配工作标准

应付职工薪酬归集与分配工作参与人员及所需资料见表 1-32。

表 1-32　应付职工薪酬归集与分配工作参与人员及所需资料

工作目标	完成应付职工薪酬的计算、发放和分配等工作。
牵头人员和部门	(1) 成本会计。 (2) 会计部。
参与人员	(1) 财务总监、财务经理。 (2) 人事部、车间等相关工作人员。
准备文件	(1) 企业薪酬管理制度。 (2) 解除劳动关系补偿金通知单。 (3) 生产工人或机器工时统计表。 (4) 生产工人产品计件统计表。 (5) 管理人员考勤表。
过程文件	(1) 职工薪酬结算汇总表。 (2) 应付职工薪酬分配表。 (3) "五险一金"计算表。 (4) 支付工会经费的票据。 (5) 支付职工教育经费的票据。
结果文件	(1) 应付职工薪酬确认记账凭证。 (2) 应付职工薪酬发放记账凭证。 (3) 应付职工薪酬分配记账凭证。
依据的法律法规或制度	(1)《会计法》。 (2)《企业会计准则——职工薪酬》。 (3)《中华人民共和国劳动法》(以下简称《劳动法》)。 (4)《企业薪酬管理制度》。

应付职工薪酬归集与分配工作流程见图 1-25。

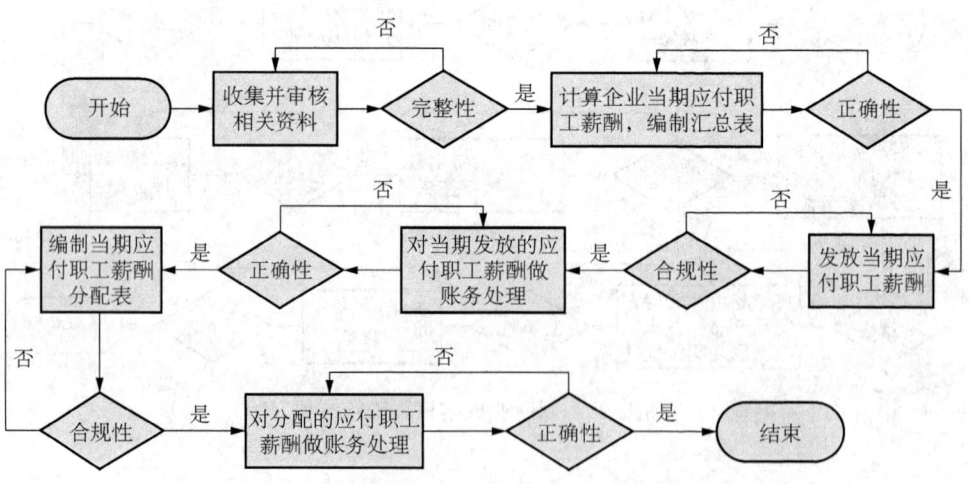

图 1-25　应付职工薪酬归集与分配工作流程

6.7.2.3　材料费用归集与分配工作标准

材料费用归集与分配工作参与人员及所需资料见表1-33。

表 1-33　材料费用归集与分配工作参与人员及所需资料

工作目标	完成材料费用的归集与分配。
牵头人员和部门	(1) 成本会计。 (2) 会计部。
参与人员	(1) 领料人员。 (2) 领料部门负责人。 (3) 仓库发料人员。 (4) 物流管理部门负责人。
准备文件	(1) 材料管理制度。 (2) 仓库材料明细表。
过程文件	(1) 领料部门填写的申领单。 (2) 材料领料单或调拨。
结果文件	(1) 审核后的领料单或调拨单。 (2) 原材料归集与分配的记账凭证。
依据的法律、法规或制度	(1)《会计法》。 (2)《企业内部控制规范》。 (3)《企业会计准则——存货》。

材料费用归集与分配工作流程见图1-26。

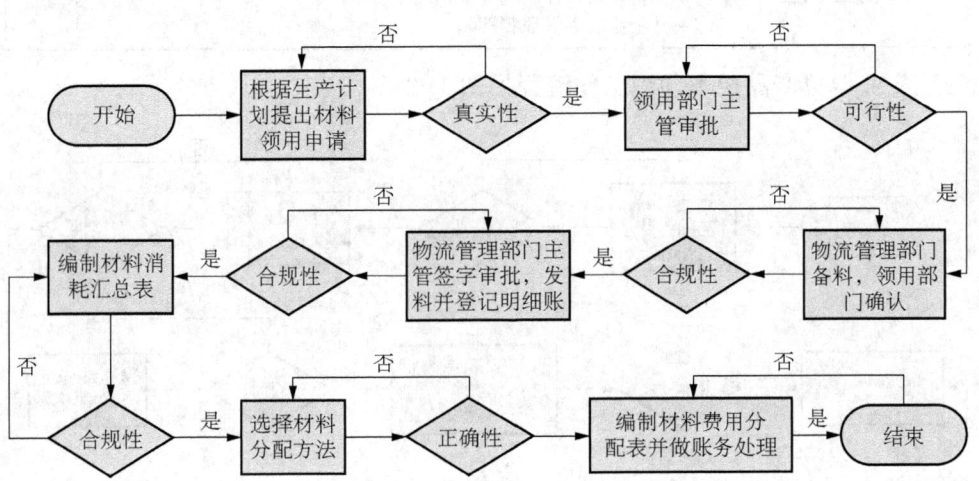

图 1-26　材料费用归集与分配工作流程

6.7.2.4　企业单位产品成本预测工作标准

单位产品成本预测工作参与人员及所需资料见表1-34。

表 1-34　单位产品成本预测工作参与人员及所需资料

工作目标	完成某产品单位成本的预测。
牵头人员和部门	(1) 成本费用会计。 (2) 会计部。
参与人员	(1) 财务总监、计财主管。 (2) 生产部门负责人、仓库管理员。 (3) 采购部门负责人、采购员。 (4) 人力资源部负责人、劳资工作人员。
准备文件	(1) 产品名称及规格型号。 (2) 产品设计图纸、产品工艺技术资料。 (3) 生产工艺流程图。 (4) 上年该产品实际单位成本。 (5) 该产品单位定额成本。 (6) 同行业先进企业该产品单位成本。 (7) 行业先进企业该产品单位成本。
过程文件	(1) 预测的材料耗用成本明细表。 (2) 预测的产品生产工时定额。 (3) 预测的每工时成本资料。 (4) 预测的专项费用资料。
结果文件	(1) 预测的单位产品成本。 (2) 单位产品成本预测报告。
依据的法律、法规或制度	(1)《会计法》。 (2)《企业会计准则》。 (3)《企业内部控制规范——成本费用》。 (4)《企业成本管理制度》。

企业单位产品成本预测工作流程见图 1-27。

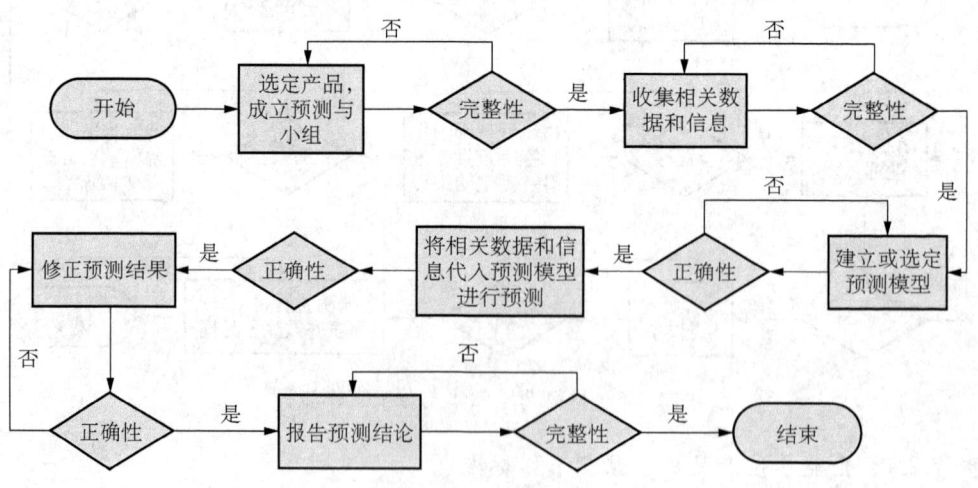

图 1-27　企业单位产品成本预测工作流程

6.7.2.5　企业单位产品成本分析工作标准

单位产品成本分析工作参与人员及所需资料见表1-35。

表1-35　单位产品成本分析工作参与人员及所需资料

工作目标	完成某产品的单位成本分析工作。
工作地点	(1) 成本会计。 (2) 财务会计部。
参与人员	(1) 财务总监。 (2) 计财主管。
准备文件	(1) 当期单位产品实际成本资料。 (2) 定额成本或计划成本资料。 (3) 上期单位产品实际成本资料。 (4) 行业实际平均单位成本资料。
过程文件	(1) 直接材料成本项目分析报告。 (2) 直接人工成本项目分析报告。 (3) 制造费用成本项目分析报告。
结果文件	某单位产品成本分析报告。
依据的法律法规和制度	(1)《企业内部控制规范》。 (2)《企业成本管理制度》。

企业单位产品成本分析工作流程见图1-28。

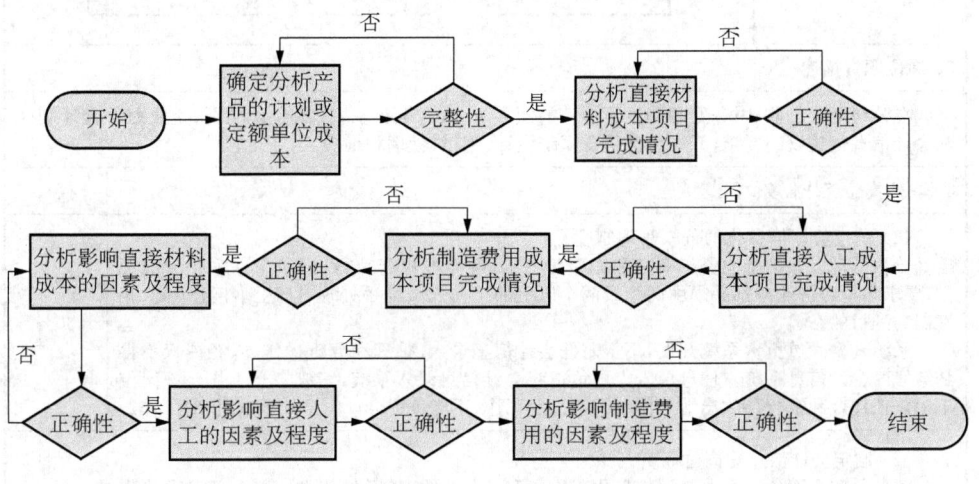

图1-28　企业单位产品成本分析工作流程

6.8　会计信息管理岗位标准

标准编码:企业自定。

标准名称:会计信息管理岗位标准。

标准名称释义:会计信息管理岗位是按照国家会计法、会计准则、企业财务管理制度和会计信息化建设的要求,进行会计信息系统设计、建设、管理和维护的工作规范。

6.8.1 岗位职责与工作任务描述

会计信息管理岗位职责与工作任务描述见表1-36。

表1-36 会计信息管理岗位职责与工作任务描述

1. 职位概况			
职位名称	会计信息系统管理	职位编号	企业自定
隶属中心	会计部	隶属部门	会计部

2. 职位关系			
职务代理	会计主管	直接上级(职位名称)	财务经理
直接下级(职位名称)		直接和间接下级人数	
岗位联系	主管会计 / 公司各部门相关岗位人员 ← 会计信息管理 → 会计信息相关岗位人员		

3. 岗位职责描述

在公司财务总监、财务经理和主管会计的领导下,遵守会计法,按照会计准则、企业财务会计制度和会计信息化建设的要求,开展会计信息系统设计、建设、管理和维护。

4. 具体岗位工作任务	权重
(1) 制定会计信息化的分权管理制度。 分权管理以保护企业资产安全和完整为目的,遵循授权与执行、记录与保管相分离原则,要求每项经济业务都必须由两个或两个以上的工作人员经手处理,以达到相互牵制、相互制约的目的。 系统开发人员负责系统开发,不得兼任会计信息录入、整理和分析操作,未经授权不得随意修改会计信息系统。信息录入人员负责将会计信息录入系统,完成核算工作。该岗位不得兼任现金和银行存款出纳工作和系统开发工作,不能负责会计信息的审核、校对工作。	30%
(2) 制定会计信息化岗位职责。 财务总监全面负责企业会计信息化工作,牵头制定并实施总体规划。财务部经理协作财务总监开展工作。 会计信息主管负责协调硬件及会计信息系统的运行工作。该岗位拥有系统中所有的操作功能,有权分配其他岗位权限,设置期初数据,维护资料,增减科目等。 软件操作岗位:根据审核无误的原始凭证填制记账凭证,打印记账凭证、会计账簿和会计报表等书面文件并交会计主管审核,并进行部分会计数据处理。该岗位没有会计凭证审核和过账的权限。 现金出纳岗位:负责核对库存现金的发生额和余额与账面现金的发生额和余额的核对工作。该岗位可设银行存款、现金、账簿查询和报表处理等操作权限,不能有凭证录入权限。	30%

(续表)

银行存款核算岗位:负责实际银行存款与账面银行存款的核对工作。该岗位可设银行存款、现金、账簿查询和报表处理等操作权限,不能有凭证录入权限。
  成本会计岗位:负责成本费用类原始凭证审核、记账凭证录入、账簿登记和报表编制等工作。该岗位可设银行存款、现金、账簿查询以及凭证和报表处理等操作权限。
  销售核算岗位:负责销售收入原始凭证审核、记账凭证录入、销售账簿的登记和报表的编制等工作。该岗位可设银行存款、现金、账簿查询以及凭证和报表处理等操作权限。
  固定资产核算岗位:负责固定资产核算,可设凭证处理、账簿查询等权限。
  会计报表岗位:负责期末的财务报表处理和会计年结工作,编制会计报表,可设银行存款、现金、账簿查询以及凭证和报表处理等权限。
  审核岗位:负责对输入计算机的数据进行审核,具有凭证审核的权限。该岗位可由会计主管兼任。
  数据分析岗位:负责对系统内会计数据进行分析。该岗位可由总账会计兼任。
	30%

(3)会计信息系统的日常管理与维护。
  负责系统用户管理:按照岗位分工对会计人员分工授权,协调他们之间的工作关系,负责新旧会计人员的注册与注销等。
  负责系统运行环境的建立:熟悉系统架构和内容,负责系统软件、应用软件的安装与使用,结合本单位实际情况提出可行的实施方案。
  负责系统日常运行管理:每天上班前做好例行检查工作,检查服务器是否能正常开启,系统硬件软件、网络是否能正常运行,监视和发现系统中的一些不正确操作,发现问题及时报告和处理,做好系统运行日志管理工作,确保系统正常有效运行。
  负责系统安全预防管理:做好机房安全防护工作,做好系统的防病毒工作,做好会计软件、系统软件、会计数据和各项网络参数的备份工作,以应对系统灾难的发生,确保系统在受到攻击或破坏后能够在最短时间内恢复正常状态。
  协助开展相关工作:协助财务总监做好系统建账等初始化工作,做好员工计算机基础知识、软硬件操作技能的培训和考核工作,制定系统运行关键流程,挖掘系统功能,完善系统应用;协助信息中心做好网络的规划、设计、调整和监控工作,确保公司局域网正常运行。
  负责系统相关数据统计和分析工作:根据企业管理需求提取、统计和分析相关数据,提供给会计信息使用者。
  负责系统的维修、维护:负责系统硬件设备及网络的维修维护,定期检查、维护网络,负责信息系统安全。
	30%

(4)其他工作。 完成上级领导交办的其他工作事项。	10%

5. 任职资格

	内 容		基本任职资格
一般资格	教育背景	学历	大学专科。
		专业	会计、财务管理、审计和信息管理专业等。
	工作经验		3年以上企业相关工作经验。
	专业知识、技能、素质		(1)掌握会计的基本原理与方法。 (2)掌握计算机软硬件基础知识,能熟练操作电脑软硬件,能熟练操作和维护会计信息系统。 (3)具有良好的会计职业道德:爱岗敬业、诚实守信、廉洁自律、客观公正、坚持准则、参与管理、服务群众。 (4)耐心、细致、严谨,具有较强的沟通能力。
	资格证书		具有助理会计师以上职业资格证书和RRP软件认证证书。

其他特殊要求		无。
6. 应知应会		
相关工作文件	质量手册	熟悉企业文化、质量手册、质量方针、质量目标、经营理念和宗旨。
	程序文件	（1）熟悉信息系统管理与维护程序。 （2）熟悉会计核算、财务管理程序。 （3）熟悉产品成本核算、管理程序。
	工作文件	（1）熟悉本部门相关工作文件。 （2）熟悉与会计部门相关的其他部门工作文件。 （3）熟悉公司相关工作文件。

6.8.2 典型任务工作标准

6.8.2.1 会计信息系统维护工作标准

会计信息系统维护工作参与人员及所需资料见表1-37。

表1-37 会计信息系统维护工作参与人员及所需资料

工作目标	完成企业会计信息系统的日常应用、管理、维护与更新。
牵头人员和部门	（1）会计信息系统维护人员。 （2）会计部。
参与人员	企业信息系统主管。
准备文件	（1）企业基础数据资料。 （2）经济业务原始凭证。 （3）记账凭证。
过程文件	（1）会计凭证电子数据。 （2）会计账簿电子数据。 （3）会计报表电子数据。
结果文件	（1）电子会计档案。 （2）会计信息系统运行、维护和管理制度。
依据的法律、 法规或制度	（1）《会计法》。 （2）《会计基础工作规范》。 （3）《企业会计准则》。 （4）《小企业会计制度》。 （5）《企业会计信息化工作规范》

会计信息系统维护工作流程见图1-29。

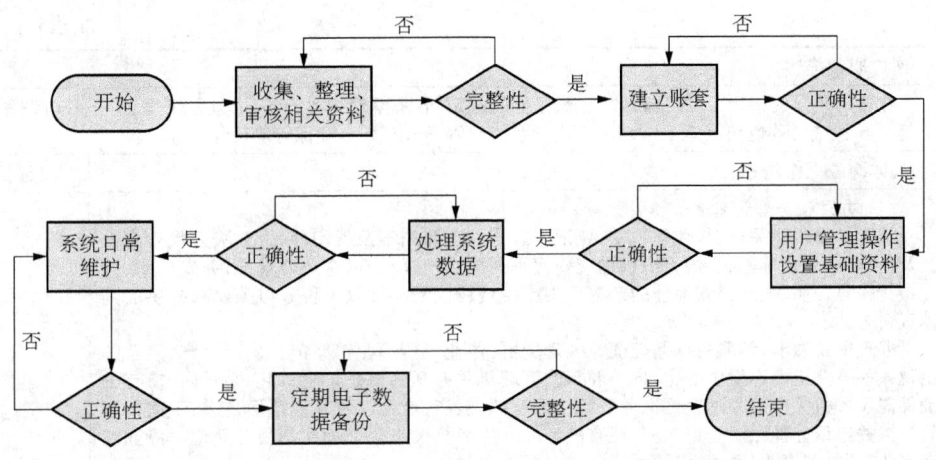

图 1-29　会计信息系统维护工作流程

6.9　税务会计岗位标准

标准编码:企业自定。

标准名称:税务会计岗位标准。

标准名称释义:税务会计岗位标准是指企业根据税收法规和条例的规定,开展纳税筹划,办理税务登记,计算、申报、缴纳和核算各种税费以及发票申购、登记、开具与保管等工作的规范。

6.9.1　岗位职责与工作任务描述

税务会计岗位职责与工作任务描述见表 1-38。

表 1-38　税务会计岗位职责与工作任务描述

1. 职位概况			
职位名称	税务会计	职位编号	企业自定
隶属中心	会计部	隶属部门	会计部
2. 职位关系			
职务代理	部门内其他会计	直接上级(职位名称)	主管会计
直接下级(职位名称)	无		
岗位联系	主管会计 公司各部门相关岗位人员　税务会计　会计师事务所和税务局等单位相关联人员		

（续表）

3. 岗位职责描述	
在部门领导的指导下，根据税收法规、条例的规定，收集整理相关资料，办理税务登记，做好应纳税费的计算、申报、缴纳和核算工作以及企业发票的申购、登记、开具和保管等工作。	

4. 具体岗位工作任务	权重
（1）办理税务登记业务。 填写并报送相关材料，包括《税务登记表》、营业执照副本及复印件、企业法人代表身份证及复印件、公司章程、全国组织机构统一代码证副本及复印件、企业公章、财务专用章、开户银行账号证明、生产经营地址的产权证书或租赁协议复印件以及税务机关要求提供的其他资料等。 办理纳税磁卡，领取税务登记证。办理变更、停业（复业）注销登记。从事生产、经营的纳税人税务登记内容发生变化，自工商行政管理机关办理变更登记之日起 30 日内，持有关证件向税务机关申请办理变更税务登记。因解散、破产、撤销以及其他情形，在向工商行政管理机关申请办理注销登记之前，持有关证件向税务机关申报办理注销税务登记。停业或者复业，须办理停业（复业）申请手续。	30%
（2）计算、申报、缴纳和核算应纳税费。 熟悉各种税费相关法规，准确计算各种税费。做好网上报税及缴纳工作，包括填报增值税纳税申报表、增值税纳税申报表附列资料、分支机构销售明细表、发票领用、存月报表、月份增值税专用发票存根联明细表、月份增值税专用发票抵扣联明细表、本期申报抵扣的增值税专用发票抵扣联、运输及购进农产品发票和财务会计报表等。 做好各种应纳税费的会计核算工作，包括填制记账凭证、登记税费明细账等。	30%
（3）申购、登记、开具和保管企业发票。 按照认购要求，提供已使用发票存根联、发票领、用、存月报表，到发票领购窗口核销。 提供办税员证、纳税人的纳税磁卡、购票手册、申请购买发票审批表等，到发票领购窗领购发票，应在销货单位栏加盖戳记。 按照要求使用保管发票。值税专用发票必须在规定期限（领购之日起两个月）内使用，期限内未用完的发票应到主管国税机关注销作废。必须按规定的时限、顺序、逐栏、全部联次一次性如实开具，并加盖发票专用章。发票不得拆本使用，不得携带外地使用，不得虚开、代开。发票存根联必须妥善保管，保存期 5 年，期满须报经税务机关查验后方可销毁。	30%
（4）其他工作。 完成上级领导交办的其他工作事项。	10%

5. 任职资格			
内　容			基本任职资格
一般资格	教育背景	学历	大专或以上学历。
		专业	会计、财务专业。
	工作经验		2 年以上实际工作经验。
	专业知识、技能、素质		（1）掌握会计核算的基本原理与方法。 （2）掌握各种税法知识，掌握发票认购、使用和保管知识。 （3）具备办理税务登记、正确计算、申报、缴纳和核算各种税费的能力。 （4）具有良好的会计职业道德：爱岗敬业、诚实守信、廉洁自律、客观公正、坚持准则、参与管理、服务群众。 （5）耐心、细致、严谨，具有较强的沟通能力。
	资格证书		具有助理会计师以上职业资格证书。
	其他特殊要求		无。

6. 应知应会

(续表)

相关工作文件	质量手册	质量手册、质量方针、质量目标、经营理念、宗旨、企业精神、文化。
	程序文件	(1) 熟悉国家税法和相关财经法规。 (2) 熟悉企业税务会计岗位工作职责和程序。 (3) 熟悉会计核算、财务管理程序。
	工作文件	(1) 熟悉本部门相关工作文件。 (2) 熟悉与会计部门相关的其他部门工作文件。 (3) 熟悉公司相关工作文件。

6.9.2 典型任务工作标准

6.9.2.1 一般纳税人增值税申报和缴纳工作标准

一般纳税人增值税申报和缴纳工作参与人员及所需资料见表1-39。

表1-39 一般纳税人增值税申报和缴纳工作参与人员及所需资料

工作目标	完成一般纳税人增值税的纳税申报和缴纳税款的工作。
牵头人员和部门	(1) 税务会计。 (2) 财务会计部。
参与人员	(1) 会计机构负责人。 (2) 助理会计。 (3) 税务所专管员。
准备文件	(1) 增值税专用发票抵扣联。 (2) 税务局进项税额认证单。 (3) 确认的未开发票收入资料。 (4) 增值税销项税额。 (5) 开具的增值税发票明细表。 (6) 作废的增值税发票明细表。 (7) 开具的增值税发票汇总表。 (8) 会计报表。
过程文件	(1) 加盖申报印戳的纳税申报表。 (2) 增值税进项税额分类汇总表及认证单。 (3) 增值税销项税额分类汇总表。
结果文件	(1) 缴税单。 (2) 应缴增值税记账凭证。
依据的法律 法规或制度	(1)《会计法》。 (2)《增值税暂行条例实施细则》。 (3)《增值税暂行条例》。

一般纳税人增值税申报及缴纳工作流程见图 1-30。

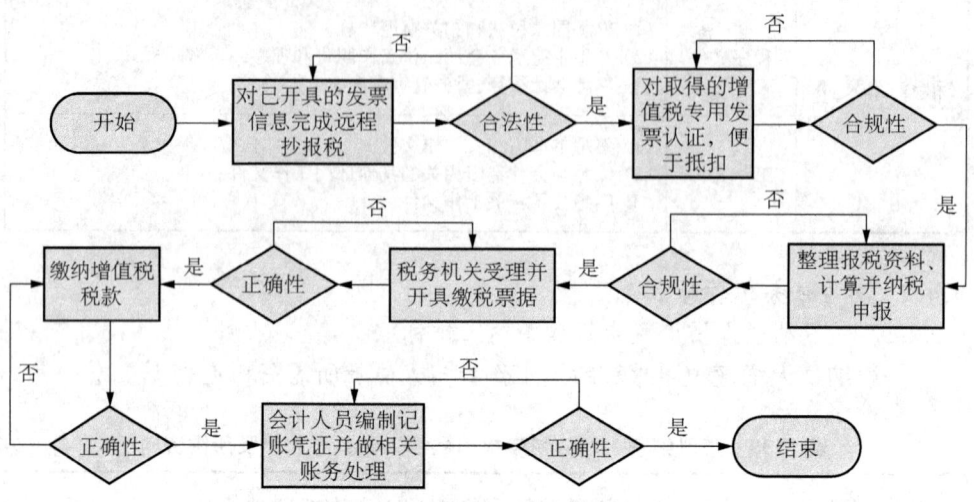

图 1-30　一般纳税人增值税申报及缴纳工作流程

6.9.2.2　中小企业税收筹划工作标准

中小企业税收筹划工作参与人员及所需资料见表 1-40。

表 1-40　中小企业税收筹划工作参与人员及所需资料

工作目标	通过合理的税收筹划以减轻企业税负。
牵头人员和部门	(1) 税务会计岗位工作人员。 (2) 会计部。
参与人员	(1) 财务总监。 (2) 财务主管。 (3) 会计师事务所工作人员（必要时）。
准备文件	(1) 相关的税收政策、法规文件。 (2) 企业情况报告。 (3) 企业财务状况及纳税情况报告。
过程文件	多个税收筹划备选方案。
结果文件	最终选定的税收筹划方案。
依据的法律、法规	(1)《企业所得税法》等税法。 (2) 经济法。 (3)《中华人民共和国公司法》（以下简称《公司法》）。

中小企业纳税筹划工作流程见图 1-31。

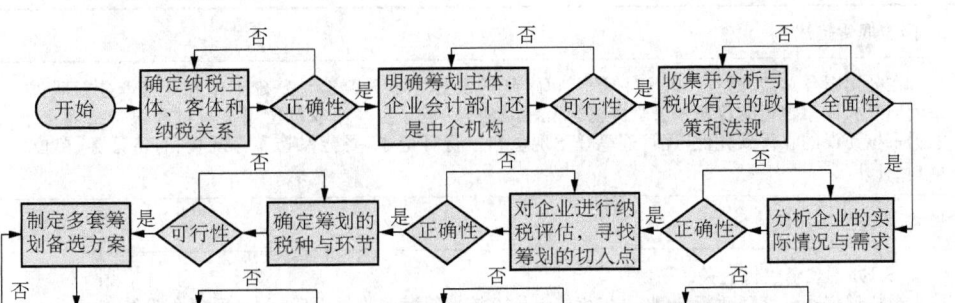

图 1-31 中小企业纳税筹划工作流程

6.10 出纳岗位标准

标准编码:企业自定。

标准名称:出纳岗位标准。

标准名称释义:出纳岗位标准是指出纳人员依据《会计法》《会计基础工作规范》《中华人民共和国现金管理暂行条例》(以下简称《现金管理暂行条例》)和《人民币银行结算账户管理办法》等法律、法规规定,办理本单位现金收付和银行结算业务,登记现金日记账和银行存款日记账,保管库存现金、有价证券、财务印章及有关票据的工作规范。

6.8.1 岗位职责与工作任务描述

出纳岗位职责与工作任务描述见表 1-41。

表 1-41 出纳岗位职责与工作任务描述

1. 职位概况			
职位名称	出纳	职位编号	企业自定
隶属中心	会计部	隶属部门	会计部
2. 职位关系			
职务代理	银行出纳	直接上级(职位名称)	主管会计
直接下级(职位名称)	无		
岗位联系	主管会计 → 出纳；公司各部关联岗位人员 → 出纳 → 银行、客户、供应商等		

（续表）

3. 岗位职责描述	
在公司财务总监、财务经理和主管会计领导下，根据《会计法》《会计基础工作规范》《现金管理暂行条例》和《人民币银行结算账户管理办法》等法律、法规的规定，办理本单位现金收付和银行结算业务，根据审核无误的收付款凭证，逐日逐笔登记现金和银行日记账，妥善保管库存现金、有价证券、单位印章和空白收据。	

4. 具体岗位工作任务	权重
（1）办理现金收付业务。 　严格遵守现金管理暂行条例：复核稽核人员审核且签章的收付款凭证，办理现金收付，在收付款凭证上签章，并加盖"现金收讫""现金付讫"戳记。 　严格遵守库存限额规定：现金管理要做到日清月结，账面余额与库存现金每日下班前应核对，发现问题，及时查对，不得以白条抵库，不得任意挪用，超过库存现金限额部分的现金及时送存银行。	20%
（2）办理银行存款收付业务。 　严格遵守国家银行结算制度：复核稽核人员审核且签章的收付款凭证，办理银行存款收付业务，对重大的收支项目，必须经单位领导、财务总监、财务经理和会计主管审核签章，方可收付，收付后加盖"银行收讫"或"银行付讫"戳记。 　熟练掌握银行存款结算方式： 　正确使用和填制转账支票，发出的转账支票，领款人必须在存根联上签章。不得签发空头支票和远期支票，不得将空白转账支票交给其他单位或个人签发。转账支票填写错误时应加盖"作废"戳记并留存，过期未用的转账支票应及时收回注销，并加盖"作废"戳记。转账支票遗失时要立即报告主管领导，并到银行办理挂失手续。 　银行汇票结算方式使用灵活、票随人到、兑现性强等特点，适用于先收款后发货或钱货两清的商品交易。单位和个人各种款项结算，均可使用银行汇票。银行汇票的付款期限为自出票日起1个月内。银行汇票的收款人可以将银行汇票背书转让给他人。 　银行本票见票即付，具有信誉高，支付功能强等特点。定额本票的面值有1 000元、5 000元、10 000元和50 000元。银行本票的付款期限为自出票日起最长不超过2个月，可以根据需要在票据交换区域内背书转让。	20%
（3）登记现金和银行存款日记账。 　逐日逐笔登记现金日记账：根据审核无误已办理完毕的收付款凭证，逐日逐笔登记现金日记账，当日收支款项当日必须入账，并结出余额，每日终了，现金的账面余额要同实际库存现金核对相符，如有差错，要及时查明原因并处理。 　逐日逐笔登记银行存款日记账：根据审核无误的银行存款收、付款凭证，逐日逐笔登记银行存款日记账，并结出余额，定期与银行对账单核对，按月编制银行存款余额调节表，发现未达账项，及时查清，确保账款相符。 　出纳人员不得兼任收入、费用、债权、债务账簿的登记、稽核和会计档案保管等工作。	30%
（4）妥善保管库存现金和相关票据。 　妥善保管好现金、各种有价证券、银行预留印鉴、出纳收付讫印章及保险柜密钥，确保其安全和完整无缺，并设置相关备查簿登记，办理领用注销手续，防止丢失、被盗。	20%
（5）其他工作。 　完成上级领导交办的其他工作。	10%

5. 任职资格	

（续表）

内　容			基本任职资格
一般资格	教育背景	学历	大学专科以上。
		专业	会计、财务管理和审计专业。
	工作经验		应届毕业生或有一定的企业实践经验。
	专业知识、技能、素质		(1) 熟悉《会计法》《会计基础工作规范》《现金管理暂行条例》《人民币银行结算账户管理办法》《税收征收管理法》和《发票管理办法》等法律、法规和制度。 (2) 熟练掌握会计的基本原理、方法和各种银行存款结算方式。 (3) 具备较强的点钞、真假钞识别和货币资金核算能力。 (4) 具有良好的会计职业道德：爱岗敬业、诚实守信、廉洁自律、客观公正、坚持准则、参与管理、服务群众等。 (5) 耐心、细致、严谨，具有较强的沟通能力。
	资格证书		持有证助理会计师以上职业资格证书。
	其他特殊要求		无。
6. 应知应会			
相关工作文件	质量手册		熟悉企业文化、质量手册、质量方针、质量目标、经营理念和宗旨。
	程序文件		(1) 熟悉企业出纳岗位的工作职责和流程。 (2) 熟悉企业货币资金管理办法。 (3) 会计核算、财务管理程序。
	工作文件		(1) 熟悉本部门相关工作文件。 (2) 熟悉与会计部相关的其他部门工作文件。 (3) 熟悉公司相关工作文件。

6.10.2　典型工作任务工作标准

6.10.2.1　库存现金收款工作标准

库存现金收款工作参与人员及所需资料见表1-42。

表1-42　库存现金收款工作参与人员及所需资料

工作目标	完成现金收款业务、登记现金日记账。
牵头人员和部门	(1) 现金出纳。 (2) 会计部。
参与人员	(1) 财务经理。 (2) 制单员。 (3) 交款人。
准备文件	(1) 涉及现金收款经济业务的原始凭证。 (2) 空白现金收据、财务专用章。 (3) 验钞机。
过程文件	(1) 填制并审核无误的收款收据。 (2) 填制并审核无误的记账凭证。 (3) 登记的现金备查簿。

（续表）

结果文件	(1) 现金日记账。 (2) 现金缴存单。
依据的法律 法规或制度	(1)《会计法》。 (2)《会计基础工作规范》。 (3)《现金管理暂行条例》。

库存现金收款工作流程见图 1-32。

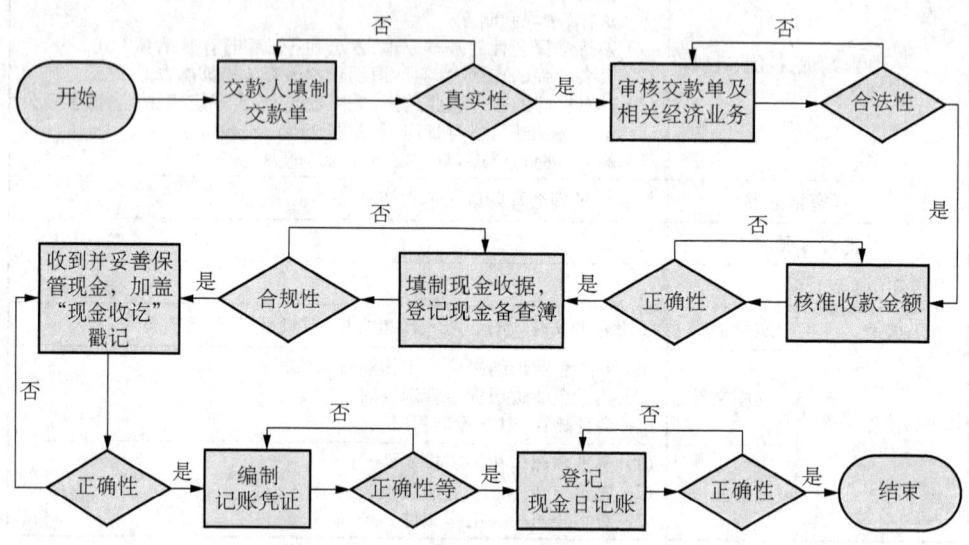

图 1-32　库存现金收款工作流程

6.10.2.2　库存现金付款工作标准

库存现金付款工作参与人员及所需资料见表 1-43。

表 1-43　库存现金付款工作参与人员及所需资料

工作目标	完成库存现金付款业务、登记现金日记账。
牵头人员和部门	(1) 库存现金出纳。 (2) 会计部。
参与人员	(1) 财务经理。 (2) 制单人。 (3) 收款人。
准备文件	(1) 现金付款经济业务原始凭证。 (2) "现金付讫"印章。 (3) 收款人身份证明。
过程文件	(1) 审核无误的现金付款原始凭证。 (2) 填制并审核无误的记账凭证。 (3) 登记的现金备查簿。

（续表）

结果文件	（1）审核无误的现金付款单。 （2）现金日记账。
依据的法律 法规或制度	（1）《会计法》。 （2）《会计基础工作规范》。 （3）《现金管理暂行条例》。 （4）《企业内部控制规范》。

库存现金付款工作流程见图 1-33。

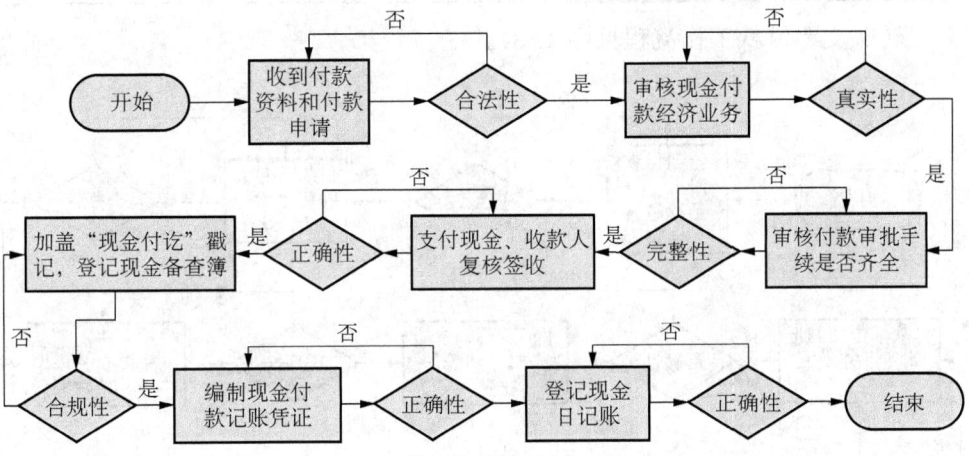

图 1-33　库存现金付款工作流程

6.10.2.3　转账支票付款工作标准

转账支票付款工作参与人员及所需资料见表 1-44。

表 1-44　转账支票付款工作参与人员及所需资料

工作目标	完成转账支票付款业务、登记银行存款日记账。
牵头人员和部门	（1）银行存款出纳。 （2）会计部。
参与人员	（1）银行出纳岗位。 （2）企业法人、财务总监。 （3）开户银行工作人员。
准备文件	（1）转账支票使用登记簿、付款审批手续。 （2）收款单位身份证明及银行账户资料。 （3）空白转账支票或可背书转让的转账支票。 （4）单位财务专用章。 （5）银行预留的法人代表私章。
过程文件	（1）填制完整的转账支票。 （2）收款单位收到背书转让支票的收据。

（续表）

结果文件	（1）记账凭证。 （2）银行收款备查账簿。
工作目标	（1）《票据管理实施办法》。 （2）《会计法》。 （3）《会计基础工作规范》。 （4）《银行账户管理办法》。 （5）《支付结算管理办法》。 （6）《企业内部控制规范》。

转账支票付款工作流程见图1-34。

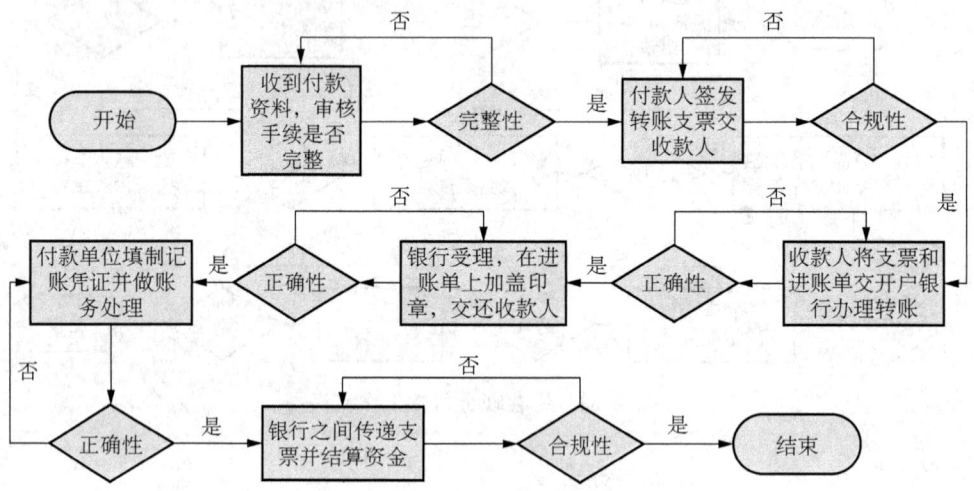

图1-34　转账支票付款工作流程

6.10.2.4　银行汇票付款工作标准

银行汇票付款工作参与人员及所需资料见表1-45。

表1-45　银行汇票付款工作参与人员及所需资料

工作目标	通过银行汇票结算方式，完成货物采购工作。
牵头人员和部门	（1）银行存款出纳。 （2）会计部。
参与人员	（1）财务总监。 （2）财务经理。 （3）主管会计。 （4）银行工作人员。
准备文件	（1）银行汇票请领单。 （2）现金缴存单。

（续表）

过程文件	（1）银行汇票委托书。 （2）银行盖章的现金缴存回单。 （3）银行汇票和解讫通知。
结果文件	（1）购货发票、运输发票。 （2）货物入库单。
依据的法律 法规或制度	（1）《会计法》。 （2）《中华人民共和国商业银行法》。 （3）《票据管理实施办法》。 （4）《会计基础工作规范》。 （5）《银行账户管理办法》。 （6）《支付结算管理办法》。

银行汇票付款工作流程见图 1-35。

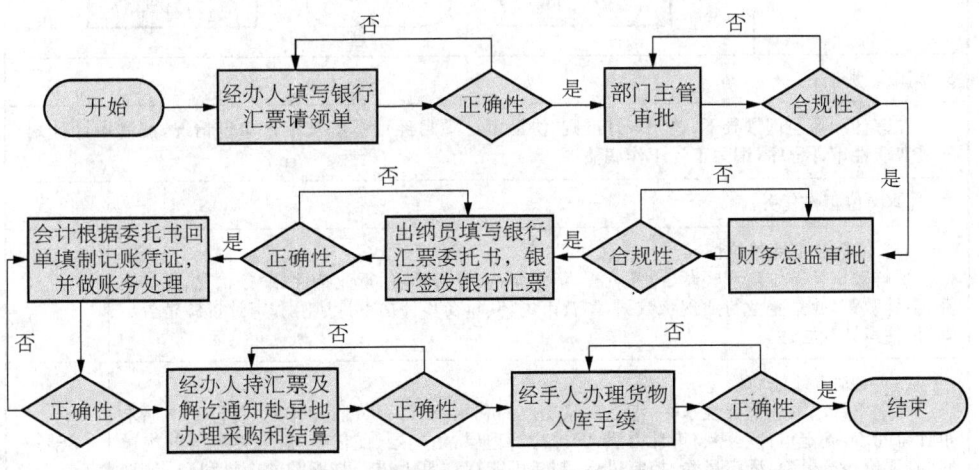

图 1-35　银行汇票付款工作流程

6.11　助理审计岗位标准

标准编码：企业自定。

标准名称：助理审计岗位标准。

标准名称释义：助理审计岗位是指按照国家注册会计师法、审计准则协助审计项目经理了解被审计单位情况，编制审计计划，实施实质性审计程序，编写审计工作底稿的工作规范。

6.11.1　岗位职责与任务描述

助理审计岗位职责与任务描述见表 1-46。

表 1-46　助理审计岗位职责与任务描述

1. 职位概况			
职位名称	助理审计	职位编号	企业自定
隶属中心	审计部	隶属部门	审计部

2. 职位关系

职务代理	审计主管	直接上级(职位名称)	审计项目经理
直接下级(职位名称)		直接和间接下级人数	

岗位联系	

3. 岗位职责描述

在审计项目经理领导下,遵守审计准则,协助审计项目经理了解被审计单位情况,编制审计计划,实施实质性审计程序,编写审计工作底稿。

4. 具体岗位工作任务	权重
(1)了解被审计单位情况。 了解被审计单位生产经营、业务流程、组织架构、外部环境、行业特性、财务状况、成本核算、会计政策,收集企业行业现状数据,调查市场环境,初步评估审计风险和审计资源是否足够,评估审计独立性。	20%
(2)编制审计计划。 确定审计范围和重要性水平,考虑专家工作的利用,制订存货监盘计划,制订期中期末审计时间表,确定审计程序与审计方法,安排与管理层、治理层、前任审计师、专家等的沟通时间,评价检查风险、固定风险、控制风险,判断可能存在重大错误与舞弊的会计科目,计划现场审计时间、审计报告完成时间。	25%
(3)实施审计程序。 明确审计业务所需要的资料,识别被审计单位提供资料的正确性、完整性,与被审计单位人员沟通补充审计资料和替代资料,收发询证函,监盘及编制盘点表,收集涉及期后事项的资料,账账、账表核对,关联科目勾稽关系核对,重大指标计算及核对,各类税费测试,固定资产折旧测试、无形资产摊销测试、长期待摊费用摊销测试,各类监盘结果与账面核对,往来款项账龄分析、坏账计提,收入成本毛利率计算及核对,编制重要性水平统计表。	25%
(4)编写审计工作底稿。 说明账账、账表、账实是否相符,说明审定表和审核明细表是否相符,说明审计过程中发现的重大问题及处理结果,说明审计抽样样本量情况及轨迹,说明已按审计准则执行的相关审计程序,编制相应的审计索引,编制账项调整分录,编制审计差异调整汇总表。	20%
(5)其他工作。 完成上级领导交办的其他工作。	10%

（续表）

5. 任职资格			
内 容			基本任职资格
一般资格	教育背景	学历	大学专科。
		专业	会计、财务管理和审计专业。
	工作经验		3年审计业务经验。
	专业知识、技能、素质		(1) 掌握审计的基本原理与方法，具备较强的审计实务操作技能，数据处理和分析的能力。 (2) 掌握会计核算、财务管理和企业管理的基本知识和技能。 (3) 具有良好的职业道德：爱岗敬业、诚实守信、廉洁自律、客观公正、坚持准则、参与管理、服务群众等。 (4) 耐心、细致、严谨，具有较强的沟通能力。
	资格证书		持有助理会计师或助理审计师以上职业资格证书。
	其他特殊要求		无。
6. 应知应会			
相关工作文件	质量手册		熟悉企业文化、质量手册、质量方针、质量目标、经营理念和宗旨。
	程序文件		(1) 熟悉企业助理审计岗位的工作职责和程序。 (2) 熟悉企业内部审计的相关管理办法。 (3) 熟悉企业会计核算、财务管理相关程序。
	工作文件		(1) 熟悉本部门相关工作文件。 (2) 熟悉与会计部门相关的其他部门工作文件。 (3) 熟悉公司相关工作文件。

6.11.2 典型任务工作标准

6.11.2.1 财务报表审计工作标准

会计报表审计工作参与人员及所需资料见表1-47。

表1-47 会计报表审计工作参与人员及所需资料

工作目标	完成会计报表审计。
牵头人员和部门	审计部门人员。
参与人员	(1) 审计项目组人员。 (2) 会计师事务所质量控制部门人员。 (3) 被审计单位相关人员。
准备文件	(1) 审计业务约定书。 (2) 被审计单位会计资料。 (3) 被审计单位内部控制制度等资料。
过程文件	(1) 审计计划。 (2) 审计工作底稿。 (3) 审计差异调整汇总表。

（续表）

结果文件	审计报告。
依据的法律 法规或制度	(1)《中国注册会计师审计准则》。 (2)《中华人民共和国注册会计师法》(以下简称《注册会计师法》)。 (3)《企业内部控制规范》。

财务报表审计工作流程见图1-36。

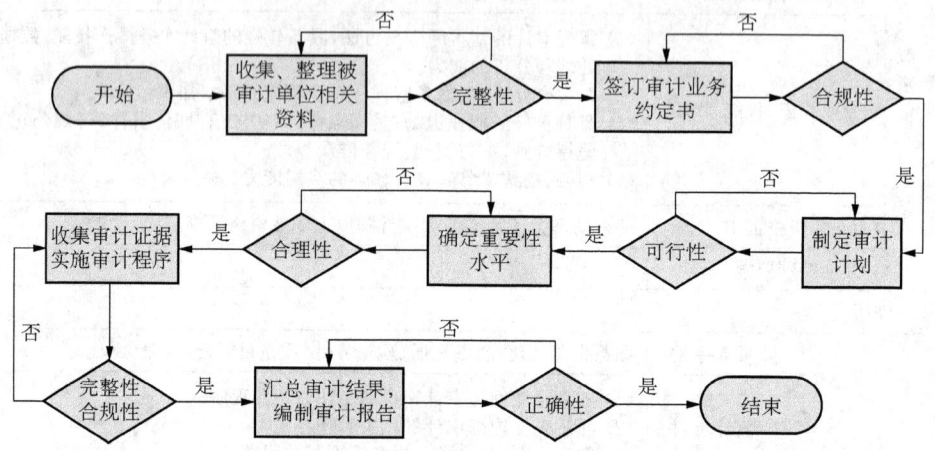

图1-36　会计报表审计工作流程

6.11.2.2　编制审计工作底稿工作标准

编制审计工作底稿参与人员及所需资料见表1-48。

表1-48　编制审计工作底稿参与人员及所需资料

工作目标	编制审计工作底稿。
牵头人员和部门	审计部门人员。
参与人员	(1)审计项目组人员。 (2)会计师事务所质量控制部门人员。 (3)被审计单位相关人员。
准备文件	(1)审计业务约定书。 (2)被审计单位会计资料。 (3)被审计单位内部控制制度等资料。
过程文件	(1)审计计划。 (2)抽查的会计凭证等档案资料。 (3)询证函。
结果文件	审计工作底稿。
依据的法律 法规或制度	(1)《中国注册会计师审计准则》。 (2)《注册会计师法》。 (3)《企业内部控制规范》。

编制审计工作底稿工作流程见图 1-37。

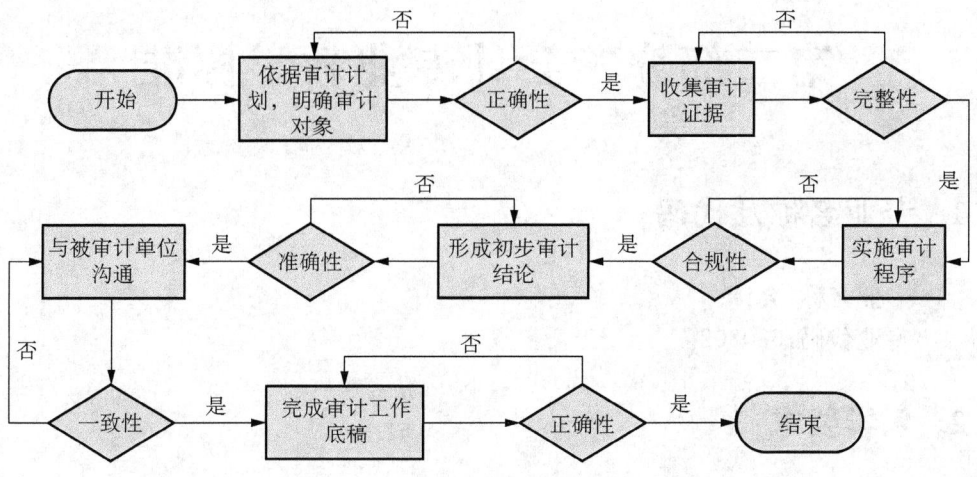

图 1-37 编制审计工作底稿工作流程

第二部分 会计专业教学标准

1. 专业名称及代码

专业名称:会计。

专业代码:630302。

2. 入学要求

入学要求为高中毕业生或具有同等学历者。

3. 修业年限

标准学制:全日制3年。

修业年限:实行弹性修业年限,修业年限2~6年。

学历:大专。

4. 面向的职业岗位(群)

会计专业面向的职业岗位(群)见表2-1。

表2-1 会计专业面向的职业岗位(群)

岗位分类	主要岗位名称	岗位能力描述
基本就业岗位	出纳	办理中小企业现金收付、银行结算业务,管理企业资金。
	会计	中小企业日常经济业务核算、管理会计档案,做好企业参谋。
	审计助理	协助项目经理收集审计证据,整理工作底稿。
拓展就业岗位	数据管理	通过数据分析、业务交易、账务处理、行政管理、客户信息管理等,为管理决策提供服务。
	电子政务	从事电子采购与招标、电子税务、电子证照办理、电子公文、电子档案等工作。
目标岗位	财务主管	对中小企业日常会计工作进行业务指导和审核监督。
	高级审计助理	协助项目经理编制审计计划,收集审计证据,完成审计工作底稿。

(续表)

岗位分类	主要岗位名称	岗位能力描述
目标岗位	预算管理	协助财务部长建立预算工作的执行、控制机制,指导预算责任部门编制部门预算草案,组织编制企业财务预算纲要及财务部门应编制的各项预算。
	绩效管理	协助完成绩效计划制订、绩效辅导沟通、绩效考核评价、绩效结果应用,提升部门和组织的绩效。
未来发展岗位	会计主管	对大中型企业的日常会计工作进行业务指导和审核监督。
	财务经理	提供财务分析报告,进行财务管理、税务筹划,为企业的全面运营管理及战略决策提供支持。
	审计项目经理	负责项目的计划、组织实施和编制审计报告,并对出具的审计报告负责。

5. 培养目标与规格

5.1 培养目标

　　结合学校办学理念和专业群建设思路,培养德、智、体、美全面发展,践行社会主义核心价值观,具有一定的文化水平、良好的职业道德和人文素养,掌握会计核算、预算管理、资金管理、成本管理、报表管理、制度建设等专业知识,具备较强的会计实务操作技能、良好的中英文沟通能力和信息技术应用能力,熟悉会计数据采集分析、加工整理,为企业决策提供依据,主要面向中小型企业和会计师事务所等中介服务机构,能胜任出纳、会计、审计助理、预算管理、绩效管理等岗位工作,具备毕业后3~5年职业生涯所需要的知识和素质,具有创新精神的高素质技术技能型人才。

5.2 素质、知识、职业能力要求

5.2.1 素质要求

　　热爱祖国,热爱中国共产党,树立正确的世界观、人生观、价值观,具备良好的职业道德和职业素养,崇德向善、诚实守信、爱岗敬业,养成良好的团队合作精神和精益求精的工匠精神,形成会计专业岗位应有的文化气质,有良好的身心素质,并具有一定的人文素养和审美素养。

5.2.2 知识要求

　　(1)了解基本的政治理论、法律常识、英语、体育卫生、计算机原理与应用等基础知识。

　　(2)掌握经济学、管理学基础知识,理解基本的商务礼仪、应用文写作、市场营销等基础知识。

　　(3)掌握会计的基本原理与方法,掌握中小制造企业筹资、采购、生产、销售、利润分配等经济业务的日常会计核算,熟悉交通运输企业、现代服务业、外贸企业、建筑施工企业、政府与非营利组织等不同行业企业及特殊业务的会计核算。

(4)掌握税费计算、纳税申报、税款缴纳、涉税会计处理等税务知识。

(5)掌握合同法、票据法、证券法、公司法及其他相关财经法规知识。

(6)掌握管理信息系统的基本原理、熟悉通用会计信息化软件的基本操作与管理维护,能利用信息技术进行会计数据采集分析,为企业决策提供依据。

(7)掌握筹资决策、投资决策、营运资金管理、利润分配决策的基本原理和方法,掌握财务分析基本方法。

(8)掌握审计学基础知识和审计实务的基本程序和方法。

(9)掌握管理会计的基本原理、工具和方法,懂得加工和运用会计信息及其他信息进行企业内部的管理预测、决策、规划、控制和业绩考评。

(10)掌握企业内部控制制度设计的基本目标、基本要求、设计方法,能进行中小企业会计制度设计。

(11)掌握一定的专业英语知识,树立正确的国际会计意识和全新的会计理念,了解互联网财务的最新发展动态。

(12)熟悉创办和经营企业的基本知识,了解创业者应该具备的创业精神、能力、素质和思维模式的要求。

(13)了解基本的人文社科、自然科学与工程技术、交通行业、创新创业等基础知识。

5.3 职业能力要求

会计专业职业能力要求,主要包括职业通用能力、职业核心能力和专业职业能力,具体见表2-2。

表2-2 会计专业职业能力表

职业能力分类	职业能力名称	职业能力编号	能力描述
职业通用能力	沟通交流	TY01	能通过询问和积极聆听取得、捕获有效信息,并针对相关咨询进行有效解释;能通过书面形式交流分享信息;能清晰准确地汇报工作或明确下达工作任务;能运用网络和现代通信设备与他人进行联系、交流和对话。
	团队合作	TY02	具有合作精神和团队意识;懂得履行团队成员的职责;养成在团队中互相配合工作的能力;能运用技巧来启发鼓励团队成员进取;能协调团队内部的工作进度和分工合作;能化解团队内部的冲突,从而保持工作效率。

（续表）

职业能力分类	职业能力名称	职业能力编号		能力描述
职业通用能力	文案写作	TY03		具备文书管理及文字处理能力；能根据需要撰写联系业务的往来文书；能根据要求撰写工作计划和总结；能根据搜集整理后的资料信息以及有关主题，撰写调查报告和研究报告；能参与规划并撰写工作方案。
	创新创业	TY04		具备创新意识和创业思维。
	职业安全	TY05		懂得国家及当地关于员工的安全、健康和环境保护方面的法规和条例，懂得正确使用并维护企业或单位的安全设施设备。
职业核心能力	自主学习	HX01		掌握行业资讯动向，及时更新知识，有会计职业所需要的相关证书，广泛学习法律、税务、投资等各类相关知识。
	信息技术应用	HX02		熟练使用数字处理软件，能够快速进行数据分析；利用会计软件和审计软件提高工作效率；互联网信息的检索与处理技术。
	法律意识与职业道德	HX03		能解释并遵守、执行现行的会计法律法规和相关金融制度，能正确选择解决经济纠纷的途径和方式，能按照会计职业道德要求完成岗位职责要求的工作任务，能权衡道德和不道德行为可能引起的后果，能权衡合法与违法行为可能引起的后果。
	外语应用	HX04		能用英语进行基本的口头和书面交流，能阅读简单的英文财务报告。
	会计职业判断	HX05		对数字的敏感度、抽象思维能力，会计原则的选择与协调，能根据企业实际情况选择合适的会计处理方法，对不确定性会计事项进行决策判断的思维能力。
专业职业能力	款项收付与资金管理	ZY01	ZY0101	办理收付款业务，妥善保管有价证券、票据资料和相关档案资料。
			ZY0102	管理现金和银行账户，会登记日记账。
			ZY0103	能进行货币资金盘点与核对。
	企业日常经济业务核算	ZY02	ZY0201	核算企业日常经济业务。
			ZY0202	填制会计凭证、登记账簿。
			ZY0203	编制会计报表。
			ZY0204	对账与结账，整理装订会计档案。
	成本核算与管理	ZY03	ZY0301	根据企业产品特点和管理要求选择成本核算和管理方法的能力。
			ZY0302	设置成本会计机构，制定成本会计机构职责和工作流程。
			ZY0303	开设成本费用账簿。
			ZY0304	归集和分配要素费用。
			ZY0305	填制并审核记账凭证。
			ZY0306	登记成本费用账簿。

（续表）

职业能力分类	职业能力名称	职业能力编号	能力描述
专业职业能力	成本核算与管理 ZY03	ZY0307	计算产品单位成本、总成本。
		ZY0308	成本费用分析。
	纳税核算与申报 ZY04	ZY0401	办理税务登记、管理发票。
		ZY0402	进行纳税计算与申报、缴纳。
		ZY0403	办理所得税汇算清缴。
		ZY0404	办理年检与税务变更。
		ZY0405	根据企业实际情况进行纳税筹划与管理。
	会计信息化应用 ZY05	ZY0501	能熟练进行会计信息化软件系统的环境配置、安装及数据管理维护。
		ZY0502	能熟练进行系统基础设置和初始化。
		ZY0503	能熟练操作维护总账管理系统。
		ZY0504	能熟练操作维护工资、固定资产、应收应付管理系统。
		ZY0505	能熟练操作维护供应链管理系统。
	财务管理与分析 ZY06	ZY0601	会设置企业财务管理机构、明确企业财务管理目标。
		ZY0602	会进行筹资管理和项目投资管理。
		ZY0603	会进行营运资金管理。
		ZY0604	会进行收益分配管理。
		ZY0605	会计算各项财务指标，编制财务分析报告。
		ZY0606	会分析企业的偿债能力、营运能力、盈利能力。
		ZY0607	会分析企业的发展能力和综合绩效。
	审计业务处理 ZY07	ZY0701	了解被审计单位基本情况，评估审计风险。
		ZY0702	制定审计策略，编制审计计划。
		ZY0703	实施审计过程，收集审计证据。
		ZY0704	编写与复核审计工作底稿，调整审计差异。
		ZY0705	撰写审计报告，指导培训审计助理人员。
	企业运营管理 ZY08	ZY0801	确定财务部门组织架构，设计财务制度与内部控制制度。
		ZY0802	企业全面预算管理。
		ZY0803	企业营运管理。
		ZY0804	企业成本管理。
		ZY0805	企业业绩评价与绩效管理。
		ZY0806	构建运营管理信息系统，编制管理会计报告。
		ZY0807	业务流程改进，人员培训，工商、税务、银行等对外关系管理。

6. 专业预期学习成果与职业能力

专业预期学习成果与职业能力对应,见表 2-3。

表 2-3 专业预期学习成果与职业能力对应一览表

领域	具体内容	职业能力
学习领域一:专业知识和技能	POC1.1 应用会计专业的相关术语来描述专业领域的核心理论和实践,并且提供至少一个与专业领域相关的案例。	TY01:沟通交流。TY02:团队合作。
	POC1.2 应用相关专业领域的工具、技术和方法解决会计专业领域内给定的提问和难题。	HX03:法律意识与职业道德。
	POC1.3 基本上无差错地做出本专业领域的产品,如模拟企业全盘账务处理、正确计算应缴纳税额及对企业的筹资、投资等财务活动进行分析、预测及决策等。	ZY01:款项收付与资金管理。ZY02:企业日常经济业务核算。ZY03:成本核算与管理。ZY04:纳税核算与申报。
学习领域二:拓展和融合知识	POC2.1 描述所学习的每一项核心领域的现有知识或现有实践的研究进展,如新会计准则、最新财税政策变化的主要内容和会计信息化应用的现状及发展趋势等。	TY03:文案写作。
	POC2.2 就所学习的每一项核心领域描述一个关键性的争议问题,解释该争议问题的意义,并且应用该领域的相关知识发表自己的见解,如对会计伦理、职业道德问题的见解。	HX01:自主学习。HX02:信息技术应用。HX03:法律意识与职业道德。HX05:会计职业判断。
	POC2.3 在实施分析性、实操性或创造性的任务中,使用所学习的多项核心领域的方法和技能,包括依据的收集与评估,如商业计划书或调研报告、创新创业实践项目方案设计。	ZY03:成本核算与管理。ZY06:财务管理与分析。ZY07:审计业务处理。
	POC2.4 能采用科学、艺术、社会、经济、人文等至少两个领域的知识,描述如何定义、界定与解释相关问题对社会的重要意义,并对此做出评述。	
学习领域三:职业能力和道德	POC3.1 界定一个知识主题,并能明确地讲出该主题中涉及的一些观点、概念、理论以及实践应用方法,如企业产品成本方法的相关理论和应用条件。	TY01:沟通交流。TY02:团队合作。TY03:文案写作。
	POC3.2 利用信息化手段或工具解决财务核算或企业管理工作中的问题;利用互联网快捷有效地找到所需要的信息资源,并对收集的信息进行加	HX02:信息技术应用。HX03:法律意识与职业道德。

(续表)

领域	具体内容	职业能力
学习领域三：职业能力和道德	工整理,引用或应用到项目、文案或展示表演中,如使用会计信息化软件处理财务工作、利用 Excel 进行数据整理与分析,通过中国知网搜集信息用于课程论文或案例分析报告的撰写等。	ZY05:会计信息化应用。 ZY06:财务管理与分析。 ZY07:审计业务处理。 ZY08:企业运营管理。
	POC3.3 对社会、政治、经济、艺术或国际关系上的选定问题提出自己的见解,如说明不同文化视角怎样影响人们对上述问题的理解,或阐述国际政治形势对经济的影响。	
	POC3.4 找一个当前社会经济文化等方面明显涉及道德因素的突出问题,能明晰地阐述、分析并梳理道德准则或框架是如何产生影响或作用,如阐述企业应如何实现社会责任。	
	POC3.5 有效使用量化信息(数据),通过创建图表或其他视觉效果更好的方式来诠释趋势(或走势)、关联(相关或因果关系等)或是状态上变化,如解读企业会计数据,为企业的管理提供相关信息,利用 Excel 等工具分析企业成本、收入等财务数据的趋势或因果关系。	
	POC3.6 具备良好的协调能力、人际关系,能进行有效的书面沟通和口头言语交流,如能撰写经济应用文或工作总结报告,或参与某个企业、社区(或社团)项目,并对其过程和结果进行口头或书面总结(报告)。用英语进行基本的日常交流与阅读,能翻译专业领域相关的简单文章。	
学习领域四：应用和团队合作	POC4.1 对一个案例或实践问题,收集相关线索与信息,进行组织与分析,并提出多种解决方案,如通过团队协作完成一个新产品营销方案或创业方案的撰写、讲解、展示分析。	TY01:沟通交流。 TY02:团队合作。 TY03:文案写作。 ZY03:成本核算与管理。 ZY06:财务管理与分析。 ZY08:企业运营管理。
学习领域五：公民素养与国际视野	POC5.1 具备良好的身体素质和心理素质,对自身条件、文化背景、职业规划等有清晰的认识。	HX05:会计职业判断。 HX01:自主学习。 HX04:外语应用。 TY05:职业安全。
	POC5.2 具备良好的国际视野,对某些跨国、跨洲或跨文化的经济、环境或公共卫生等领域的问题有自己的见解,如通过查找资料或数据说明我国环境质量与欧美发达国家环境质量的差距,并阐述自己的观点。	
学习领域六：创新与创业思维	POC6.1 具备创新意识,能就一个创新创业性活动或项目,运用社会、经济、技术或文化等领域的知识与技能,进行展示、讲解、分析或阐述,并给出自己的评判,如撰写商业计划书、创立代理记账公司或会计师事务所的方案。	TY01:沟通交流。 TY02:团队合作。 TY03:文案写作。 TY04:创新创业。 ZY08:企业运营管理。

7. 课程体系

7.1 课程体系框架图

会计专业课程体系框架见图 2-1。

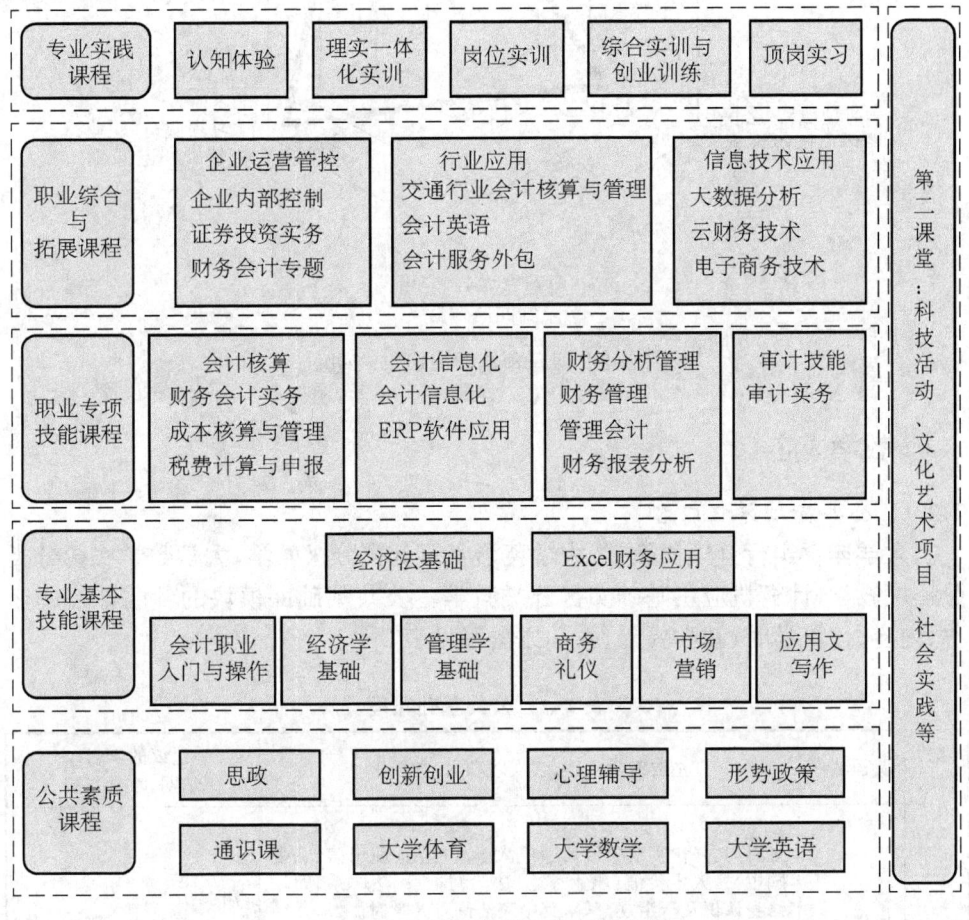

图 2-1 会计专业课程体系框架图

7.2 课程预期学习成果结构

课程预期学习成果结构见图 2-2。

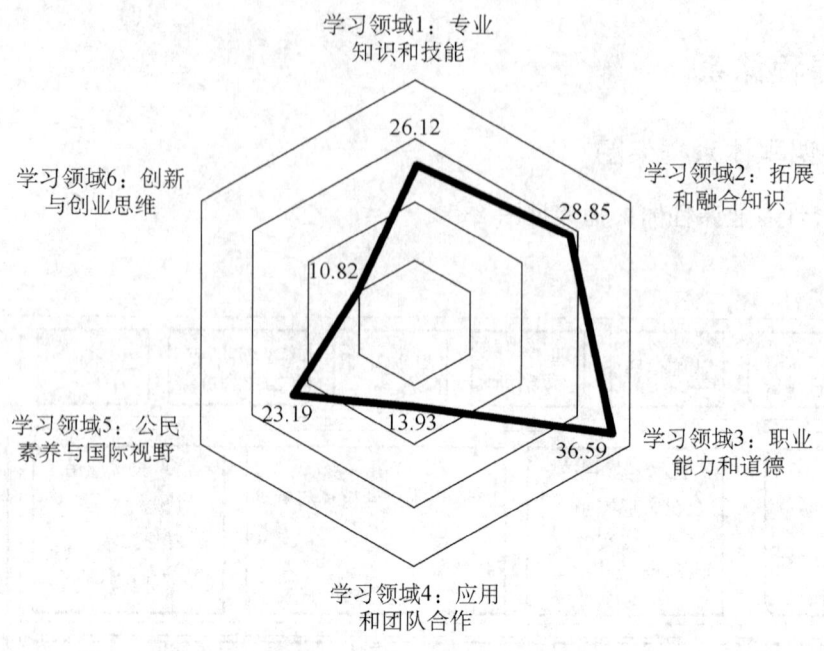

图 2-2　课程预期学习成果结构图

7.3　教学内容

7.3.1　公共基础课程内容

　　大学体育实行分模块教学,大学英语实行分类分级教学,大学数学实行分类分模块教学,计算机应用基础实行分类教学。公共基础课模块的各门课程的名称、内容、建议学时、教学要求、教学方法等见表 2-4。

表 2-4　公共基础课程

课程模块	课程名称	主要教学内容(含实践项目)与要求	建议的学时、学期、教学方法
公共基础课模块(必修)	思想道德修养与法律基础(含廉洁修身)	主要内容(含实践项目):适应大学生生活、理想信念、爱国主义、人生价值、职业道德、法治精神、宪法体系、廉洁修身认识及行为规范等,其中廉洁修身8学时。 教学要求:帮助学生树立正确的人生观、价值观,领悟人生真谛,科学对待人生环境,创造有价值的人生,努力做忠诚的爱国者和勇于创新的实践者;帮助学生了解公民的道德规范,恪守社会公德、职业道德和婚恋道德规范,熟知廉洁修身的基本要求;要求学生熟悉宪法的基本内容,通过教学培养大学生形成法治思维,提高大学生思想道德素质与法律修养。	学时:52。 学期:第1、第2学期。 学分:3。 教学方法:理论讲授法、案例分析法、辩论探讨法、模拟法庭、角色扮演法。

（续表）

课程模块	课程名称	主要教学内容（含实践项目）与要求	建议的学时、学期、教学方法
公共基础课模块（必修）	毛泽东思想和中国特色社会主义理论体系概论	主要内容（含实践项目）：马克思主义中国化的理论成果；毛泽东思想主要包括新民主革命的理论、社会主义改造的理论、社会主义探索的理论成果等内容；中国特色社会主义理论体系覆盖经济、政治、文化、社会、国防、外交、统一战线、祖国统一、党的建设等方面的系统的科学理论体系。 教学要求：帮助大学生系统学习本课程的理论知识，深刻理解其中的精神实质，增强学生自身执行党的路线方针政策的自觉性，树立建设中国特色社会主义实现中华民族伟大复兴的远大理想。通过教学使学生学会运用马克思主义的立场、观点和方法分析问题，提高解决实际问题的能力，提升自身的综合素质。	学时：60。 学期：第3、第4学期。 学分：3.5。 教学方法：理论讲授法、案例分析法、参观调研、演讲辩论。
	形势与政策（含军事理论）	主要内容（含实践项目）：三农问题、全国两会、台海局势、国内经济形势、国内文化与社会建设、结合重要时间节点重要活动和重大部署的主题宣传教育活动、世界经济形势、中国与国际组织关系、国际安全形势与地缘政治、中国外交、军事理论等，其中军事理论6学时。具体会根据每年春秋两季发布的《高校"形势与政策"教育教学要点》作相应调整。 教学要求：帮助学生全面正确地认识党和国家面临的形势和任务，拥护党的路线、方针和政策，增强实现改革开放和社会主义现代化建设宏伟目标的信心和社会责任感；掌握形势与政策的基础理论知识、基本理论观点、分析问题的基本方法；了解军事理论基本知识。	学时：38。 学期：第1学期14学时；第2、第3、第4学期，每学期开设4次讲座，其中1次讲座为军事理论。 学分：2。 教学方法：理论讲授法、案例分析法。
	军事理论	主要内容（含实践项目）：中国国防、国际战略环境、军事高技术、信息化战争等。 教学要求：军事课（含军事理论教学和军事技能训练）列入普通高等学校的教学计划，考试成绩记入学生档案，按照军事理论课大纲要求组织实施军事课教学，严格考勤考核制度；军事理论教学时数为36，其中6学时含在形势与政策（含军事理论）课中，以讲座形式开设。在军事课教学中，要注重理论联系实际，掌握好深度和广度，不断改进教学方法和手段，确保教学质量。	学时：30。 学期：第1学期。 学分：1.5。 教学方法：采用在线开放课程、采用线上线下混合式教学方式。
	思想政治教育实践课	主要内容（含实践项目）：传递青春正能量，展示大学生活秀——大学生活微电影制作；模拟法庭；"学宪法，讲宪法"演讲比赛；校园文化热点问题调研；社会调查；坚定"四个自信"，放飞青春梦想——海报制作、原创歌曲、舞台剧表演；"思政课实践教学周"系列教育活动。 教学要求：深化思想政治理论课课堂理论教学，提高大学生实践能力，让大学生在实践中升华思想境界，锤炼优良思想品德，在实践中学会做人、做事，学会运用马克思主义立场观点去分析、解决实际问题，从而提高认识能力、思辨能力和实践能力。	学时：16。 学期：第2、第3学期。 学分：1。 教学方法：小组协作、社会调查、演讲辩论、模拟法庭、情景剧表演、成果展示等。

（续表）

课程模块	课程名称	主要教学内容（含实践项目）与要求	建议的学时、学期、教学方法
公共基础课模块（必修）	大学体育	主要内容（含实践项目）：体育专项模块，包括田径、体操、球类、游泳、拳击、武术、休闲体育、航海体育等基本知识、基本技术；体育卫生的一般知识和体质测试。 教学要求：使学生掌握一定的体育知识和技术技能，具有一定的竞赛、娱乐、锻炼身体的能力，树立终身体育意识；每学年进行《国家学生体质健康标准》测试，测试平均成绩不达标者按结业或肄业处理；通过田径、游泳运动会，检验教学效果，并培养学生参与和组织大型运动会的能力。	总学时：108。 学期： 体育专项模块，第1、第2学期开设，共60学时，学分3.5。 体质测试，每学年测试1次，4学时×3学年＝12学时，学分0.5。 校田径运动会，每年举行1次，6学时×3学年＝18学时，学分1。 校水上运动会，每年举行1次，6学时×3学年＝18学时，学分1。 学分：6。 教学方法：讲授法、互动直观教学法、练习法、教学比赛法。
	大学英语	主要内容（含实践项目）：学习英语发音、词汇、语法、语篇分析以及英语书面和口头表达等基础知识，融入与学生专业相关的职场英语知识，兼顾学生的职业发展，培养英语应用所涉及的日常生活、大学生活和职业生活紧密关联的英语应用知识和技能，提高学生英语综合应用能力，增强学生听、说、读、写、译等能力的培养，突出实用性。 教学要求：使学生掌握一定的英语知识和技能，具有一定的听、说、读、写、译的能力，能借助词典阅读和翻译有关英语业务资料，在涉外交际的日常活动和业务活动中能进行简单的口头和书面交流，并为今后进一步提高英语的交际能力和利用英语学习本专业相关知识打下基础。	学时：120。 学期：第1学期60学时、第2学期60学时。 学分：6.5。 教学方法：交互式教学、交际教学法、任务式教学、角色扮演、练习法、文化比较教学等。
	经济数学	主要内容（含实践项目）：函数与极限、导数与微分、中值定理、微积分等基本概念、基本理论和基本运算。 教学要求：使学生掌握经济数学的基本理论、基本方法和基本运算技能，培养学生综合运用所学知识分析和解决实际问题的能力、创新精神等，为今后专业学习和可持续发展奠定基础。	学时：46。 学期：第2学期。 学分：2.5。 教学方法：讲授法、互动直观教学法、练习法、教学比赛法等。
	计算机应用基础	主要内容（含实践项目）：信息技术发展的基本知识；Windows操作系统的基本使用；Office办公软件中Word、Excel、PowerPoint的基本使用；网络应用的实用技能。 教学要求：理解信息技术的常用术语；熟练使用Windows操作平台；熟练掌握Office中Word、Excel、PowerPoint等办公软件使用；具有网络应用的基本技能，能利用IT技术获取信息、利用信息、进行沟通交流；建立实践意识、合作意识及创新意识；学会遵守信息化社会中的相关法律和道德规范。	学时：46。 学期：第1学期。 学分：2.5。 教学方法：针对真实工作任务和教学要求，设计教学项目；采用项目教学、任务驱动、"教学做"一体化等教学模式。

（续表）

课程模块	课程名称	主要教学内容（含实践项目）与要求	建议的学时、学期、教学方法
公共基础课模块（必修）	大学生心理健康	主要内容（含实践项目）：心理健康的基础知识；了解自我、发展自我；提高自我心理调适能力；生涯规划及能力发展、学习心理、情绪管理、人际交往、性心理及恋爱心理、压力管理和生命教育等。新生心理测试、新生心理训练营、心理咨询室开放参观等。 教学要求：使学生了解心理学的有关理论和基本概念，掌握自我探索技能、心理调适技能和心理发展技能；树立心理健康发展的自主意识，能积极探索适合自己并适应社会的生活状态。	学时：16。 学期：第1学期。 学分：1。 教学方法：课堂讲授、课堂活动、案例分析、角色扮演、心理测试、体验活动、情景表演、团体训练、小组讨论。
	创新基础	主要内容（含实践项目）：包括创新思维、创新种类、创新内涵、创新之源、创新技术战略、创新政策、创新的性质和过程、创新能力的培养、创新情景模拟、创业者应具备的素质等模块，实践环节包括创新项目模拟策划、创新情景模拟等。 教学要求：培养学生创新意识和创新精神，了解创新创业的相关政策，训练学生基础的创新思维能力和创业能力，激发学生创新创业意识，为后续的创新创业课程、创新创业实践活动、创新创业能力培养融入专业课程教学打下基础。	学时：16。 学期：第1学期。 学分：1。 教学方法：课堂讲授、案例分析、学生创业体验、小组讨论、头脑风暴法、六顶思考帽、德尔菲法。
	创业就业指导	主要内容（含实践项目）：创业就业政策与形势、大学生求职途径、求职材料的准备、招聘测试与面试技巧、职场礼仪、职业适应、就业程序、就业协议、创业前的准备、创业团队的建立、创业管理等模块。实践环节包括求职简历撰写、面试模拟、创业计划书撰写等。 教学要求：使学生熟悉创业就业相关政策，掌握求职技巧，学会根据自身的兴趣、性格特点、能力，结合社会的需求，做好择业或创业前准备；掌握求职简历撰写、面试技巧或创业计划书撰写的方法。	学时：16。 学期：第4学期。 学分：1。 教学方法：课堂讲授、案例讨论、情景模拟、市场调查等。

7.3.2 通识课程与公共选修课内容

（1）通识课分为人文社科、自然科学与工程技术、交通行业、创新创业4类课程；公共选修课分为兴趣特长、专业能力拓展2类课程。通识课与公共选修课一般采用28学时1.5学分。

（2）通识课与公共选修课：学生可以从第2学期开始选修，3年制要求修满8学分。4类通识课程，实行交叉选修，即至少选交通行业类课程1门、创新创业类课程1门、自然科学与工程技术类课程2门。

（3）学校开设的通识课、公共选修课的课程名称、内容、学时、教学要求、教学方法，在教务处每学期下发的通识课、公共选修课的选课通知中明确。

7.3.3 专业基础和专业技能课内容

具有相同学科/技术基础的专业基础课/基本技能课（含大类招生、专业群、跨专业群的专业),要搭建(跨)专业群基础课程平台,统一规划、统一建设、统一考核,适度提升专业基础平台课程要求,强化对培养目标与人才规格的支撑。专业基础和专业技能课模块的各门课程的名称、内容、建议学时、教学要求等见表2-5。

表 2-5 专业基础和专业技能课程

课程模块	课程名称	主要教学内容(含实践项目)与要求	建议的学时、学期、教学方法
跨群专业基础课/基本技能课(必修)	管理学基础	主要内容:以对各项专门管理普遍适用的原理与方法为研究对象,以一般管理过程的各项主要职能为框架,系统介绍学习管理专业和从事管理工作所必须掌握的基础理论知识和基本技能。 教学要求:通过该课程的学习,学生应对管理、管理者、管理科学等形成系统认识,掌握决策与计划、组织与变革、领导与激励、控制与创新等管理职能的基本原理和基本方法,了解国内外管理思想与管理理论的形成与发展,从而为学习好后续专业课奠定理论知识基础。	学时:32。 学期:第3学期。 学分:1.5。
	商务礼仪	主要内容:商务礼仪特点、原则和功能、商务礼仪的基本要求和工作规范,主要包括语言的礼仪、交谈的技巧、仪表仪容仪态礼仪、职业服饰设计与搭配、社交常用礼仪、宴请的礼仪、商务接待与谈判礼仪等。 教学要求:通过本课程的学习,使学生了解商务礼仪的内涵,掌握正确的礼仪习惯,培养学生的礼仪素养,提高学生自身素质,使其懂得如何塑造成功的个人形象及进行得体的人际交往,为未来的生活和工作奠定基础。	学时:32。 学期:第3学期。 学分:1.5。
群内专业基础课/基本技能课(必修)	物流运输与经济管理专业群导论	主要内容:本专业群行业产业现状和发展趋势分析、本专业群人才需求现状与职业能力分析、本校本专业群建设情况与教学基本条件、本校本专业群专业人才培养方案及专业平台课介绍。 教学要求:使学生明确物流管理、交通运营管理、报关与国际货运、连锁经营管理、会计、国际贸易实务、会展策划与管理、电子商务等专业的发展历史沿革与行业发展趋势、各专业人才需求现状及趋势、各专业岗位群职业能力需求分析、各专业的人才培养定位、课程设置内容、职业发展路径、成才方法等,从而明确大学阶段专业学习目标。	学时:16。 学期:第1~4学期,每学期2次讲座。 学分:1。
	经济学基础	主要内容:总体介绍经济学的基本原理、分析工具与方法、理论运用和政策分析。主要内容包括市场理论、消费者行为理论、厂商行为理论、市场理论、国民收入核算与决定论、经济增长和经济周期、宏观经济政策等。 教学要求:一方面使学生掌握现代经济学的基本理论、基本概念和基本方法,为进一步学习财经类的专业课程和将来从事经济工作奠定基础;另一方面使学生能分析和运用现代经济学知识,即根据实际情况把这些知识运用于实际工作中。	学时:32。 学期:第1学期。 学分:1.5。

（续表）

课程模块	课程名称	主要教学内容（含实践项目）与要求	建议的学时、学期、教学方法
群内专业基础课/基本技能课（必修）	市场营销	主要内容：以消费者（客户）的需求为核心，在介绍营销基本理论与实践的基础上，结合网络时代营销理论与实践的新变化，注重学习营销新观念、新技术、新方法和销售技巧。 教学要求：通过学习使学生学会企业营销策略分析，懂得建立渠道优势，能够进行客户关系管理，树立以客户需求为中心的营销核心理念，形成科学系统的营销思维模式。	学时：32。 学期：第4学期。 学分：1.5。
	应用文写作	主要内容：应用文基础理论知识、日用文书、策划文书、经济文书、行政公文、事务文书、宣传文书、新闻写作。 教学要求：通过学习本课程，使学生了解应用写作的基本理论和文种常识，掌握文书写作自身的特点、规律和方法，锻炼逻辑思维能力和语言表达能力，学会如何获取信息、处理信息，熟练掌握各类文种的写作要求和写作格式，能按格式快速撰写各类应用文体，让学生养成求真务实、严谨认真的良好习惯。	学时：32。 学期：第3学期。 学分：1.5。
其他专业基础课程模块（必修）	经济法基础	主要内容：会计法律制度、结算法律制度、税收法律制度、财政法律制度、会计职业道德、劳动合同法、公司法等。 教学要求：通过学习，掌握会计从业人员应知、应会的财经法规知识，培养会计职业道德观念，培养学生树立法制观念、会计职业道德观念及工作的全局观念。	学时：68。 学期：第2学期。 学分：3.5。
	会计职业入门与操作	主要内容：会计基本原理与核算方法、会计凭证、会计账簿、财产清查、会计报表。 教学要求：掌握会计书写的规范要求，能正确填制和审核会计凭证，能登记各种格式的会计账簿，能正确编制资产负债表和利润表，能按规范要求整理、装订与管理会计档案，熟悉会计工作基本流程。	学时：64。 学期：第1学期。 学分：3.5。
	Excel财务应用	主要内容：运用Excel进行会计核算、固定资产管理、进销存管理、财务分析等。 教学要求：通过学习，以运用Excel进行会计实务和财务管理实际工作任务为引领，掌握Excel的操作、熟练使用Excel软件，能够快速进行数据分析。	学时：34。 学期：第4学期。 学分：2。

7.3.4　专业课和综合技能课内容

专业课/综合技能课要突出应用性和实践性，注重学生职业能力和职业精神的培养，注重融入行业企业最新技术技能，注重与职业面向、职业岗位（群）能力、岗位工作任务的对接。专业课和综合技能课模块的各门课程的名称、内容、建议学时、教学要求、教学方法等见表2-6。

表 2-6　专业课和综合技能课

课程模块	课程名称	主要教学内容(含实践项目)与要求	建议的学时开课学期与学分
专业/综合技能课模块(必修)	财务会计实务★	主要内容:货币资金、存货、固定资产、无形资产、金融资产、长期股权投资、负债、所有者权益、收入、费用和利润的会计核算,会计报表编制。 教学要求:使学生具备完成制造业常见经济业务会计处理的技能,形成良好的职业素养。	学时:102。 学期:第2学期。 学分:5.5。
	成本核算与管理★	主要内容:成本与成本核算基本理论、工业企业成本核算的基本流程和常用方法、成本报表与成本分析、商品流通企业等其他行业成本核算。 教学要求:成本计算技能、成本报表编制技能、成本分析技能,编制成本费用类原始凭证和记账凭证,以及登记相关会计账簿的技能。	学时:64。 学期:第3学期。 学分:3.5。
	财务管理★	主要内容:财务管理概论、资金时间价值、项目投资管理、资金筹集管理、流动资产管理、利润分配与股利决策、资本成本和资本结构。 教学要求:能进行筹资分析和投资分析,能运用各种方法合理进行资产、收入及利润管理,能编制企业财务计划和运用计算工具进行财务预测。	学时:64。 学期:第4学期。 学分:3.5。
	税费计算与申报★	主要内容:流转税实务、所得税实务、其他小税种实务、税收征收管理。 教学要求:能进行增值税、消费税、企业所得税、个人所得税和其他小税种的会计核算与纳税申报。	学时:64。 学期:第4学期。 学分:3.5。
	ERP软件应用	主要内容:ERP系统概述、总账系统、资产管理系统、工资系统、报表系统、供应链管理系统。 教学要求:能熟练操作一种通用的ERP软件(金蝶K3或用友U8),利用其进行日常会计核算、工资管理与固定资产管理、采购、存货、应收应付管理。	学时:64。 学期:第3学期。 学分:3.5。
	管理会计★	主要内容:成本习性、变动成本法、决策分析、全面预算、存货控制、作业成本法、战略管理会计。 教学要求:学生应能掌握管理会计学的基本理论、方法和技术,具备利用经济信息进行预测、决策,对经营业务进行控制、分析评价的能力。	学时:52。 学期:第5学期。 学分:3。
	审计实务	主要内容:审计实务理论与方法,重点讲授销售与收款循环审计、购货与付款循环审计、生产循环审计、筹资与投资循环审计、货币资金与特殊项目审计、终结审计、与审计相关的其他鉴证业务等基本相关知识。 教学要求:通过学习使学生在掌握审计基本理论的同时,对审计实务的知识体系有一个比较全面的理解和认识。在教学中与审计助理的职业岗位对接,融入注册会计师考试的相关内容,拓宽学生的专业视野,有利于学生的可持续发展。	学时:48。 学期:第4学期。 学分:3。

（续表）

课程模块	课程名称	主要教学内容（含实践项目）与要求	建议的学时开课学期与学分
专业/综合技能课模块（必修）	会计信息化	主要内容：ERP系统概述、总账系统、固定资产管理系统、工资系统、报表系统和出纳管理系统操作维护。 教学要求：能熟练操作一种通用的会计软件（金蝶K3或用友U8），利用其进行日常会计核算、工资管理、固定资产管理和编制会计报表等。	学时：68。 学期：第2学期。 学分：3.5。
专业/综合技能限选课模块（选修）	交通行业会计核算与管理	主要内容：交通运输与路桥施工类企业的会计核算与财务管理。 教学要求：掌握交通行业运输与路桥施工类企业的会计核算与财务管理，并理解与制造业的异同点。	学时：52。 学期：第5学期。 学分：3。
	会计英语	主要内容：围绕"How to express accounting in English"为中心，让学生将英语与专业知识结合起来，培养学生准确熟练地用英语表达会计原理、处理英文基本会计业务、编制简单的英文会计报表，运用一些西方会计的思维方式，引导和培养学生逐步具备阅读和学习英文原版会计书籍的能力。 教学要求：掌握一定量的财务会计专业英语语言知识，在涉外交际的日常活动和业务活动中进行简单的口头和书面交流。	学时：52。 学期：第5学期。 学分：3。
	财务会计专题	主要内容：外币业务会计、租赁会计、债务重组、所得税会计、股份支付会计、每股收益会计、政府补助会计、企业合并会计和合并财务报表。 教学要求：能完成企业特殊经济业务的会计处理，以提高学生的实务能力和分析解决问题能力。	学时：52。 学期：第5学期。 学分：3。
	企业内部控制	主要内容：内部控制制度概述、内部控制制度总则、组织系统、会计科目设计，具体业务内部控制制度和核算规程设计。 教学要求：掌握内部控制理念，具有风险管理意识，能够识别和梳理风险控制点，评价内部控制效果。	学时：52。 学期：第5学期。 学分：3。
	财务报表分析	主要内容：企业偿债能力、营运能力、盈利能力分析和综合财务分析。 教学要求：培养学生分析问题、解决问题的实际能力，以及对理论知识的深化，使学生掌握财务分析的方法和相关技巧，并根据企业的实际财务状况做出合理的经营决策。	学时：52。 学期：第5学期。 学分：3。
	证券投资实务	主要内容：债券投资基础、综合柜台业务、看盘和操作、证券投资收益与风险、自律与监管。 教学要求：掌握证券和证券市场的基础知识、基础理论，能正确地进行投资决策，具备投资意识和风险意识。	学时：52。 学期：第5学期。 学分：3。

注：有★标注的为专业核心课程。

7.3.5 集中实践课和特色技能课内容

集中实践课和特色技能课模块的各门课程的名称、内容、建议学时、教学要求等见表 2-7。

表 2-7 集中实践课和特色技能课

课程模块	项目名称	实践项目的主要内容与要求	建议的周数/学时、开课学期及学分
整周实训、课程设计/特色技能课(必修)	入学教育与军训	主要内容:学校文化与爱校教育、规章制度学习、专业文化教育、军事技能训练、国防教育、校园安全教育、个人成长教育、习惯养成教育等。 教学要求:熟悉学院各项规章制度,进行军事技能训练,养成良好的学习与生活习惯。	周数/学时:2 周/48 学时。 学期:第 1 学期。 学分:2。
	公益劳动	主要内容:培养学生全心全意为人民服务,为社会主义事业服务的思想,自觉自愿地为公共利益而不计报酬的共产主义劳动态度,关心集体、关心他人、团结互助、遵守纪律和爱护公共财物等思想品德。 教学要求:认识公益劳动的意义,进行劳动指导和思想教育,培养良好的劳动素养。	周数/学时:1 周/24 学时。 学期:第 3 学期。 学分:1。
	银行技能实训	主要内容:手工点钞技能、翻打传票技能、字符录入、货币识假、银行基础知识和综合业务。 教学要求:能熟练进行点钞,会鉴别人民币真伪,掌握商业银行票据业务处理。	周数/学时:1 周/24 学时。 学期:第 2 学期。 学分:1。
	会计基础技能实训	主要内容:会计数字金额大小写书写规范训练、原始凭证的审核与填制、记账凭证的填制、会计账簿的登记和会计报表的编制。 教学要求:会计文字书写规范,会填制会计凭证、登记会计账簿、编制会计报表。	周数/学时:1 周/24 学时。 学期:第 2 学期。 学分:1。
	会计分岗位模拟实训	主要内容:中小企业往来结算、存货、固定资产管理、职工薪酬、总账等工作岗位会计业务处理。 教学要求:能胜任中小企业会计岗位的核算工作,并熟悉各岗位工作职责和关联性。	周数/学时:1 周/24 学时。 学期:第 3 学期。 学分:1。
	纳税核算与申报实训	主要内容:企业税务登记、流转税计算和申报、所得税计算和申报、其他税种的计算和申报。 教学要求:正确计算各种税款,具备纳税申报能力、税务会计账务处理能力和简单的纳税筹划能力。	周数/学时:1 周/24 学时。 学期:第 4 学期。 学分:1。
	会计综合模拟实训	主要内容:手工完成建账、填制和审核原始凭证、填制和审核记账凭证、登记账簿、填制科目汇总表、对账与结账、更正错账、计算产品成本、清查货币资金、实物财产及往来款项、编制会计报表、整理装订会计资料、纳税申报和财务分析。 教学要求:手工模拟实训和会计电算化操作结合,掌握手工会计工作的完整工作过程。	周数/学时:2 周/48 学时。 学期:第 4 学期。 学分:2。

（续表）

课程模块	项目名称	实践项目的主要内容与要求	建议的周数/学时、开课学期及学分
整周实训、课程设计/特色技能课（必修）	企业经营沙盘模拟实训	主要内容：通过沙盘营造出一个完全和现实的商业社会相同的市场竞争环境，在这个仿真的市场竞争环境下，分组模拟企业进行市场的竞争。 教学要求：在沙盘之上，进行企业的现金流量、产品库存、生产设备、人员实力、银行借贷等指标的计算，制定企业短、中、长期策略。	周数/学时：1周/24学时。 学期：第3学期。 学分：1。
	多行业企业运营实训	主要内容：通过实训平台构建仿真经济环境，进行企业运作演练。 教学要求：培养学生从事经营管理所需的综合执行能力、综合决策能力和创新创业能力，使其具备全局意识和综合职业素养。	周数/学时：2周/48学时。 学期：第5学期。 学分：2。
	SYB创业培训	主要内容：分上下两部，共十步，将学生作为创业者来评价；为自己建立一个好的企业构思；评估创业者的市场；企业的人员组织；选择一种企业法律形态；法律环境和创业者的责任；预测启动资金需求；制订利润计划；判断企业能否生存；开办企业。这十步步步深入，环环相扣。 教学要求：主要教如何创业，如何创办自己的企业，如何计划资金预算。通过学习，使学生的就业观念发生转变，激发创业意识，掌握创业技能，增强微小企业抗风险能力，使学生在短时间内成为微型企业的老板。	周数/学时：1周/24学时。 学期：第5学期。 学分：1。
毕业考核（必修）	毕业论文与答辩	主要内容：学生应在实事求是、深入实际的基础上运用所学知识，独立写出具有一定质量的毕业论文、案例分析报告、商业计划书等。 教学要求：毕业论文应观点明确、材料翔实、结构合理严谨、语言通顺。	周数/学时：4周/96学时。 学期：第5学期。 学分：4。
	顶岗实习（必修）	主要内容：安排学生到企业、会计师事务所等单位实习，培养学生的专业工作能力和综合素质，积累工作经验。 教学要求：通过在校外的顶岗实习，巩固所学理论知识，教师要时常到顶岗企业对学生的情况进行了解和指导，学生撰写实习周记和实习总结报告，指导教师应定期检查，最后由实习单位的指导老师对学生做出实习鉴定。	周数/学时：20周/480学时。 学期：第6学期。 学分：20。

7.3.6　第二课堂内容

　　第二课堂项目分为科技活动、文化艺术、社会实践、其他项目4类；3年制要求修满10学分。具体可参考附表1。

8. 毕业要求

8.1　学分要求

　　会计专业毕业，必须取得第一课堂129.5学分，其中必修课112.5学分，选修课 17 学分,同时必须取得第二课堂 10 学分。

8.2 外语能力要求

原则上要求学生取得全国大学英语应用能力等级 A 级证书。

8.3 计算机能力要求

学生应达到国家或广东省计算机等级考试(一级)证书水平。

8.4 职业资格和技能证书要求

建议参加相应的职业技能考核,学生可选考下列与专业职业能力相对应的职业资格(技能)证书,具体见表 2-8。

表 2-8 会计专业职业资格证书一览表

序号	证书名称	发证机关	备注
1	初级会计专业技术资格	各级人事部门	选考
2	初级管理会计师	中国总会计师协会	选考
3	ERP 软件认证	用友或金蝶软件公司	选考

9. 学时安排与教学进程安排

9.1 教学周历表

具体见附表 2。

9.2 教学进程安排表

具体见附表 3。

10. 实施保障

10.1 师资队伍

10.1.1 校内专任教师的要求

按学生数与专任教师数比例不高于 25:1 的标准配备专任师资。专业带头人应具有高级职称。双师素质教师占专业课教师的比例一般应不低于 70%。专任教师应具备良好的职业素质,掌握丰富的财务、经济、管理、金融等专业知识,具有会计实务和企业管理技能,至少有半年以上的企业顶岗实践经历,有较高的职业教育教学能力和信息化教学能力。

10.1.2　企业兼职教师

兼职专业带头人要求具有高级职称,在行业、企业具有一定的知名度,热爱和支持职业教育教学工作。其他兼职教师应为企业业务骨干,具有丰富的实践经验和较高的专业技术技能。

10.2　教学设施

10.2.1　专业教室

专业教室应具备多媒体教学条件,支持实施信息化教学。

10.2.2　校内实训条件

(1)校内实训室配置:设置会计基本技能实训室、会计分岗位实训室、ERP实训室、会计多功能综合实训室,构建一个全仿真会计工作内、外部环境、集会计核算、纳税申报、银行结算等任务实训为一体的会计职业岗位实训环境。配备凭证、账簿、报表等全套会计手工实训工具,配备理实一体化课程相应的无纸化课程实训软件,配备用友、金蝶等通用的 ERP 软件,配备虚拟仿真的综合性财会模拟实训软件。

(2)校内实训室管理:出台相关规章制度,明确实训室管理职责,合理安排,充分发挥实训室功能,提高实训室利用率。

10.2.3　校外实训条件

(1)校外实训基地应满足专业人才培养方案中所要求的认识实习、顶岗实习等实践教学环节需要。

(2)校外实训基地应具有完善的教学管理、考核评价、安全管理等学生顶岗实习管理机制。

(3)校外实训基地能提供学生在企业顶岗实习期间所必需的生活保障。

10.3　教学资源

10.3.1　教材选用

学校建立教材选用制度,一般应选用近 3 年出版的优秀教材,优先从国家和省两级规划教材目录中选用教材。鼓励与行业企业合作开发特色鲜明的专业课校本教材。

10.3.2　图书配备

配备供师生使用的经管类专业图书,包括工具书、学习参考书、教育教学研究的理论书籍和应用型的专业书籍等,各学科图书数量结构合理。

10.3.3　数字资源配备

配备电子教材、教学课件、微课、生产工艺过程教学视频、会计实践操作流程教学视频,会计技能演示视频、在线学习系统、在线测试系统、图片、动画、学生学习手册、会计法律制度汇编、会计专业技术资格考试大纲及练习题与模拟试题等。

10.4　教学方法

结合高职学生特点,因材施教、因需施教,专业主干课程实行理实一体化教学,灵活采用混合式教学、翻转课程、案例教学、课堂讨论、角色扮演、模拟仿真操作等多种教学方法。

10.5　教学评价

采取形成性评价与终结性评价相结合的方式,主要考核学生的职业能力,并注重学生理论联系实际应用能力的评价。根据不同课程的特点和学习成果要求,可采取笔试、口试、现场操作、上机操作、成果汇报、第三方测评等多种方式对课程教学环节和实践教学环节进行考核评价。

10.6　质量管理

（1）建立专业建设和教学过程质量监控机制,对教学准备、课堂教学、实训、顶岗实习、考试、毕业论文（设计）等各主要教学环节提出明确的质量要求和标准,通过教学实施、过程监控、质量评价和持续改进,达成人才培养规格。

（2）完善教学管理机制,加强日常教学组织运行与管理,建立健全巡课和听课制度,严明教学纪律和课堂纪律。

（3）坚持"以学生为中心、以成果为导向、质量持续改进"的理念,建立毕业生跟踪反馈机制和社会评价机制,进行定期而有效的毕业生职业发展跟踪评,实现体系化构建、常态化监测、第三方质量评价的专业建设范式,评价人才培养质量和培养目标达成情况。

（4）充分利用评价分析结果有效改进专业教学,加强专业建设,建立持续改善人才培养质量的机制。

附表1　第二课堂项目的学分说明及考核要求表

类型	第二课堂项目	学分说明
科技活动类	计算机等级证书	非计算机类专业,通过计算机二级,计1学分;通过计算机三级及以上,计2学分。
	英语等级证书	非英语专业,通过英语四级,计1学分;通过英语六级及以上,计2学分。
	职业资格（技能）证书	获得高于人才培养方案中规定的必考职业资格（技能）证书等级的资格（技能）证书,每项计2学分;获得与必考证书同等级的选考证书,每项计1学分。
	申报专利	成功申报发明专利,计4学分/项;实用新型专利2学分;外观设计专利1学分。

（续表）

类型	第二课堂项目	学分说明
科技活动类	发表文章、新闻媒体撰稿	在公开出版的刊物发表文章,计1学分/篇。 在市级及市级以上报刊、网站投稿并被录用,每1篇计1学分;在学校校报及学校认定的网站上投稿并被录用,每2篇计1学分;在学校新媒体(微信、微博等)上投稿并被录用,每4篇计1学分。
	专业知识、职业素质、专家讲坛等讲座	参加学校或二级学院认定的讲座,每1场计0.25学分。
	科技创新、专业技能竞赛项目	每项按等级计分如下。 国家级:特等奖5.0学分,一等奖4.5学分,二等奖4.0学分,三等奖(含优秀奖)3.5学分,单项奖3.5学分。 省厅级:特等奖4.0学分,一等奖3.5学分,二等奖3.0学分,三等奖(含优秀奖)2.5学分,单项奖2.5学分。 市、区、校级:特等奖2.5学分,一等奖2.0学分,二等奖1.5学分,三等奖1.0学分,单项奖1.0学分。 二级学院级:一等奖1.5学分,二等奖1.0学分,三等奖0.5学分,单项奖0.5学分。 未获奖,按参加次数,每5次计1学分。
	专业技术服务	参加学校或二级学院组织的专业技术服务活动,如网站维护、新媒体(微信、微博)运营、实训室管理工作等,达到30小时者,计1学分。
	科研课题	参与科研课题研究计分如下。 校级:1.0学分,校级以上:2.0学分。
文化艺术类	文化艺术体育比赛	每项按等级计分如下。 国家级:特等奖5.0学分,一等奖4.5学分,二等奖4.0学分,三等奖3.5学分,第四至第八名(含优秀奖)3.0学分,单项奖3.0学分。 省厅级:特等奖4.0学分,一等奖3.5学分,二等奖3.0学分,三等奖2.5学分,第四至第八名(含优秀奖)2.0学分,单项奖2.0学分。 市、区、校级:特等奖2.5学分,一等奖2.0学分,二等奖1.5学分,三等奖1.0学分,第四至第八名0.5学分,单项奖0.5学分。 二级学院级:一等奖1.5学分,二等奖1.0学分,三等奖0.5学分,单项奖0.5学分。 未获奖,按参加次数,每5次计1学分。
	阅读学分	按图书馆推荐图书目录,自行选择精读1册经典读本,并形成1 500字以上的读书心得,每完成1次计0.25学分。
社会实践类	团委、学生会、学生社团、专业协会、技术性团体、班级工作	连续1年任职,绩效考核合格者: (1) 学校团委、学生会、二级学院团委、学生会、学生社团、专业协会、技术性团体学生干部第1、第2、第3负责人计2学分,其余1学分。 (2) 班级干部:班级5人小组计1学分,其余0.5学分。
	劳动周	按质按量完成学校安排的劳动周活动,计1学分。
	创新创业项目	创新创业项目立项按等级计分如下。 国家级:3.0学分,省厅级2.0学分,市、区、校级:1.0学分。
	社会实践活动	参加学校或二级学院安排的假期社会实践活动,如三下乡、非实训类企业走访、社会调查等,时长累计达到30小时者,计1学分。
	社会志愿服务	参加志愿机构认可的注册志愿服务,且志愿服务时长累计达到30小时者,计1学分。

附表 2　会计专业(三年制)教学周历表

按学期/周数分配学历

第一学年	第一学期(20周)	机动	入学教育与军训	课程教学		考试	寒假
周		1	2	16		1	5
	第二学期(20周)	课程教学	银行技能实训	会计基础技能实训		考试	暑假
周		17	1	1		1	7

第二学年	第三学期(20周)	课程教学	会计分岗位模拟实训	ERP沙盘模拟对抗实训	公益劳动	考试	寒假
周		16	1	1	1	1	5
	第四学期(20周)	课程教学	会计综合模拟实训	纳税核算与申报实训		考试	暑假
周		17	1	1		1	7

第三学年	第五学期(20周)	课程教学	多行业财会综合实训	SYB创业培训	毕业论文	寒假／顶岗实习	顶岗实习
周		13	2	1	4	1	4
	第六学期(20周)	顶岗实习			毕业教育与离校		暑假
周		16			4		7

附表 3　会计专业（三年制）教学进程计划表

课程模块	课程名称	学分	计划学时			考核方式	各学期周学时分配						备注
			总学时	理论学时	实践学时		一 16周	一 20周	二 20周	二 20周	三 20周	三 20周	
公共基础课模块(必修) 公共基础课程	思想道德修养与法律基础(含廉洁修身)	3	52	52	0	C	2×15	2×11					其中，廉洁修身 8 学时。
	毛泽东思想和中国特色社会主义概论	3.5	60	60	0	C			2×15	2×15			
	形势与政策(含军事理论)	2	38	38	0	C	1×14	讲座(2×4)	讲座(2×4)	讲座(2×4)			讲座每学期 4 次，其中，军事理论共计 24 学时。
	军事理论	1.5	30	30	0	C	2×15						采用在线开放课程，混合式教学方式开设。
	思想政治教育实践课	1	16	0	16	C		2×4	2×4				第 2 学期与基础课衔接，第 3 学期不进课表。
	大学体育	3.5	60	4	56	C	2×15	2×15					分模块教学。
	大学英语	6.5	120	60	60	S	4×15	4×15					分类分级教学。
	经济数学	2.5	46	46	0	S	3×15.4	3×15.4					分类分模块教学。
	计算机应用基础	2.5	46	20	26	S	3×15.4						分类教学。
	大学生心理健康	1	16	10	6	C	1×16						
	创新基础	1	16	16	0	C	1×16						
	创业就业指导	1	16	10	6	C				1×16			
	小计	29	516	346	170								

（续表）

课程模块		课程名称	学分	总学时	理论学时	实践学时	考核方式	一 16周	一 20周	二 20周	二 20周	三 20周	三 20周	备注
公共课程	通识课与公共选修课模块（选修）	通识课分为人文社科、自然科学与工程技术、交通行业、创新创业4类；公共选修课分为兴趣特长和专业能力拓展2类	8	144	116	28	C	第2~5学期，根据专业特点，按规定进行选修。						讲座每学期2次。
专业基础课／基本技能课	群内课程模块（必修）	物流运输与经济管理专业群导论	1	16	16	0	C	讲座(2×2)	讲座(2×2)	讲座(2×2)	讲座(2×2)			
		经济学基础	1.5	32	24	8	S		2×16					
		会计职业入门与操作	3.5	64	52	12	S	4×16						
		市场营销	1.5	32	24	8	C							
		应用文写作	1.5	32	24	8	C							
		小计	9	176	140	36								
	跨群课程模块（必修）	管理学基础	1.5	32	24	8	S			2×16				
		商务礼仪	1.5	32	24	8	C			2×16				
		小计	3	64	48	16								
	其他基础课程模块（必修）	经济法基础	3.5	68	56	12	S		4×17					
		Excel财务应用	2	32	16	16	C				2×16			
		小计	5.5	100	72	28								

（续表）

课程模块	课程名称	学分	总学时	理论学时	实践学时	考核方式	一 16周	一 20周	二 20周	二 20周	三 20周	三 20周	备注
专业课/综合技能课　专业课模块（必修）	财务会计实务★	5.5	102	86	16	S	6×17						
	成本核算与管理★	3.5	64	52	12	S					4×16		
	税费计算与申报★	3.5	64	52	12	S			4×16				
	财务管理★	3.5	64	52	12	S					4×16		
	管理会计★	3	52	44	8	S						4×13	
	审计实务★	3	48	40	8	C					3×16		
	会计信息化	3.5	68	34	34	C	4×17						
	ERP软件应用	3.5	64	32	32	C			4×16				
	小计	29	526	392	134								
专业课模块（至少选9学分）	交通行业会计核算与管理	3	52	44	8	C					4×13		
	会计英语	3	52	44	8	C					4×13		
	会计服务外包			44	8	C					4×13		
	财务会计专题	3	52	44	8	C					4×13		
	企业内部控制			44	8	C					4×13		
	财务报表分析			44	8	C					4×13		
	证券投资实务	3	52	44	8	C					4×13		
	大数据分析			44	8	C					4×13		
	云财务技术	3	52	44	8	C					4×13		
	电子商务技术			44	8	C					4×13		
	小计	9	156	132	24								

（续表）

课程模块		课程名称	学分	计划学时			考核方式	各学期周学时分配						备注
				总学时	理论学时	实践学时		一 16周	一 20周	二 20周	二 20周	三 20周	三 20周	
集中实践课/特色技能课	整周实训、课程设计/特色技能课（必修）	入学教育与军训	2	48	0	48	C	2周						
		公益劳动	1	24	0	24	C				1周			
		会计基础技能实训	1	24	0	24	C		1周					
		银行技能实训	1	24	0	24	C		1周					
		会计分岗位模拟实训	1	24	0	24	C			1周				
		企业经营沙盘模拟实训	1	24	0	24	C				1周			
		纳税核算与申报实训	1	24	0	24	C			1周				
		会计综合模拟实训	2	48	0	48	C			2周				
		多行业企业运营实训	2	48	0	48	C					2周		
		SYB创业培训	1	24	0	24	C					1周		
		小计	13	312	0	312								
	毕业考核（必修）	毕业论文	4	96	0	96						4周		超过4周，按4周计算，96学时，4学分。
		毕业顶岗实习（必修）	20	480	0	480							20周	超过20周，按20周计算，480学时，20学分
第二课堂项目4类（选修）		分为科技活动、文化艺术、社会实践，其他项目4类	10	—	—	—				第1～5学期完成。				

（续表）

课程模块	课程名称	学分	计划学时			考核方式	各学期周学时分配						备注
			总学时	理论学时	实践学时		一 16周	二 20周	三 20周	四 20周	五 20周	六 20周	
	合计（周学时）	139.5	2 544	1 235	1 309		22	27	18	18	16		
	必修课程总学分	112.5					必修课程总学时						2 270
	选修课程总学分	17					选修课程总学时						300
	第一课堂学分	129.5					第二课堂学分						10
	总学时数	2 570	理论总学时	1 246			实践总学时						1 324
	理论课占总学时比例	48%					实践课占总学时比例						52%

备注：1.思想道德修养与法律基础课包括廉洁修身、大学生心理等内容。2.大学体育课程教学60学时，体质测试与校运动会48学时，共108学时，6学分；大学英语实行分类分级教学，按各二级学院组成A(提高班)、B(普通班)班上课；大学数学实行分类分模块教学，第一学期理工类专业学习高等数学、文管类专业学习经济数学；第二学期根据专业选择模块教学，学生可以选择免修和免考。3.通识课与公共选修课程2门，理工类专业至少选自然科学与工程技术类课程2门，文管类专业至少选人文社科类课程2门。4.专业限选课，各专业方向分流二选一，在教师指导下选修。5.第二课堂，三年制要求修满10学分。6.课堂教学(含一体化、随堂实训等)18学时为1学分；课程设计、毕业设计、顶岗实习等集中实践教学环节，每周计1学分，折算24学时；毕业顶岗实习按20周计算，20×24=480学时。7.考核方式中，"S"表示考试，"C"表示考查。8.★表示专业核心课程，每个专业有4~6门核心课程。

第三部分　课程标准

1. 会计职业入门与操作课程标准

1）课程基本信息

会计职业入门与操作课程基本信息见表 3-1。

表 3-1　会计职业入门与操作课程基本信息

课程名称	会计职业入门与操作		课程代码	
课程类型	☐ 通识基础课程　☐ 通识拓展课程　☑ 专业基础课程 ☐ 专业核心课程　☐ 岗位综合课程　☐ 专业限选课程			
修读方式	☑ 必修课　☐ 专业拓展课　☐ 选修课			
先行课程				
后续课程	财务会计实务	成本核算与管理		财务会计专题
学　　时	64	学　分		3.5
理论学时	52	实践学时		12
教学场所	☐ 教室　☐ 多媒体教室　☐ 实训/实验室　☑ 理实一体化教室 ☐ 生产性实训基地　☐ 其他（　　　）			

2）课程培养目标

本课程要求学生能够掌握会计工作的基本原理,熟练掌握会计核算的基础知识、方法及应用,具备耐心、细致、严谨,爱岗敬业、诚实守信、客观公正、坚持准则的职业素质,成为能胜任中小企业出纳、总账会计、助理会计等岗位工作任务的高素质技术技能型人才。通过本课程的学习,学生应具备以下能力和素质:

通过 SOC1 的实施,培养学生自主学习、企业日常经济业务核算、设置账簿、财产清查、编制基本财务报表等能力,以及耐心、细致、严谨,爱岗敬业、诚实守信、客观公正和坚持准则的职业素质。

通过 SOC2 的实施,培养学生沟通协调、文案写作及会计档案整理装订等能力,以及耐心、细致、严谨,爱岗敬业和客观公正的职业素质。

通过 SOC3 的实施,培养学生沟通协调、文案写作、自主学习、企业日常经济业务核算等能力,以及爱岗敬业、诚实守信和客观公正的职业素质。

3) 课程预期成果的分解及学分

将专业预期成果分解为课程预期成果和课程单元预期成果,具体见表 3-2。

表 3-2 课程预期成果与专业预期成果对应表

课程预期成果		课程单元预期成果		对应 POC	课程预期成果		课程单元预期成果		对应 POC
编号	学分	编号	学分		编号	学分	编号	学分	
SOC1	2.0	SUOC1	0.8	POC1.2 POC1.3	SOC3	0.5	SUOC1	0.2	POC4.1 POC3.5 POC6.1
		SUOC2	0.5	POC2.3 POC3.1 POC3.2			SUOC2	0.2	
		SUOC3	0.7						
SOC2	1.0	SUOC1	0.7	POC2.3 POC3.2					
		SUOC2	0.3	POC3.6 POC5.1					

4) 课程预期成果和课程单元预期成果内容

课程预期成果和课程单元预期成果内容与职业能力、素质对应关系见表 3-3。

表 3-3 课程预期成果和课程单元预期成果内容与职业能力、素质对应表

课程预期成果	课程单元预期成果	对应职业能力、素质
SOC1 内容:学生在教师的指导下,填制和审核原始凭证,判断经济业务,填制和审核记账凭证,运用借贷记账法进行账务处理,登记会计账簿、对账与结账、查找与更正错账,对财产清查方法和财产清查结果进行账务处理,编制资产负债表和利润表。	SUOC1 内容:学生填制和审核某个中小企业的原始凭证和记账凭证。	HX01:自主学习。 ZY01:款项收付与资金管理。 ZY02:企业日常经济业务核算。
	SUOC2 内容:学生判断经济业务,采用借贷记账法进行账务处理,会进行基本的产品成本计算。	
	SUOC3 内容:学生登记会计账簿、对账与结账、查找与更正错账,对财产清查方法和财产清查结果进行账务处理,编制资产负债表和利润表,掌握汇总记账凭证账务处理程序及科目汇总表账务处理程序。	
SOC2 内容:学生在教师指导下,对会计档案进行装订与整理。	SUOC1 内容:对会计档案进行装订与整理。	TY01:沟通交流。 TTY03:文案写作。 ZY0204:对账与结账,整理装订会计档案。
	SUOC2 内容:对企业的基本业务进行判断处理并进行分析,为企业财务管理提供数据和信息。	

（续表）

课程预期成果	课程单元预期成果	对应职业能力、素质
SOC3 内容：学生在教师指导下，分析某企业的资产负债表和利润表案例，撰写简单分析报告，制作汇报演示 PPT。	SUOC1 内容：分小组讨论，学习企业财务工作的原理及应用。	TY01：沟通交流。 TY02：团队合作。 TY03：文案写作。
	SUOC2 内容：资产负债表、利润表的形成及分析。	HX01：自主学习。 ZY08：企业运营管理。 ZY06：财务管理与分析。

5) 课程内容与学时安排

课程内容与学时安排见表 3-4。

表 3-4　课程内容与学时安排表

项目名称	教学内容	学时	SOC
项目一　填制和审核会计凭证	任务 1　会计工作的基本知识。	10	SOC1
	任务 2　了解企业基本情况。 任务 3　填制和审核原始凭证。 任务 4　填制和审核记账凭证。 任务 5　借贷记账法下主要经济业务的账务处理。	22	
项目二　登记会计账簿	任务 1　建账。 任务 2　会计账簿的启用与登记要求。 任务 3　会计账簿的格式与登记方法。 任务 4　查找和更正错账。 任务 5　会计账簿的更换与保管。	10	
项目三　财产清查	任务 1　财产清查。 任务 2　损益结转与利润核算。 任务 3　登记总分类账。 任务 4　期末对账与结账。	10	
项目四　账务处理程序及会计档案的装订与整理	任务 1　记账凭证账务处理程序。 任务 2　科目汇总表账务处理程序。	6	SOC2
项目五　财务报表	任务 1　认识财务报表。 任务 2　编制资产负债表。 任务 3　编制利润表。	6	SOC3
合　计		64	

6) 与预期学习成果匹配的教学方法

本课程采用翻转课堂教学模式，线上学习、线下答疑辅导，具体教学方法见

表 3-5。

表 3-5 课程教学方法

预期学习成果	教学方法				
	讲授法	案例教学	启发法	角色扮演法	实物演示法
SOC1	Y	Y	Y		Y
SOC2	Y	Y	Y	Y	Y
SOC3	Y	Y			Y

7）与预期学习成果匹配的考核评价标准

本课程实施"三合一"考核评价模式，即课程成绩＝平时考核＋成果考核＋能力测试，平时考核占 20％。成果考核占 60％，能力测试占 20％。考核主体为企业和学校专家组成的第三方考评小组，考核标准是课程考核评价标准。

平时考核重点考核学生的团队合作精神、沟通交流能力、文案写作能力和自主学习能力等，成果考核重点考核学生的职业素质和职业能力是否形成，能力测试主要考核学生是否掌握了必需的知识和技能。

课程预期学习成果成绩由 3 个课程预期学习成果成绩构成，权重分别为SOC1 占 60％，SOC2 占 30％，SOC3 占 10％，具体见表 3-6。

表 3-6 课程预期学习成果考核评价标准

课程预期成果	单元预期成果	学生预期学习成果达成度			
		合格(60～74 分)	良好(75～84 分)	优秀(85～100 分)	权重
SOC1	SUOC1	(1) 能基本正确填制和审核某个中小企业的原始凭证，正确率为 60％～74％。 评分要点：填制原始凭证、审核原始凭证各占 5 分，共 10 分。	(1) 能较为正确地填制和审核某个中小企业的原始凭证，正确率为 75％～84％。 评分要点：填制原始凭证、审核原始凭证各占 5 分，共 10 分。	(1) 能正确地填制和审核某个中小企业的原始凭证，正确率为 85％～100％。 评分要点：填制原始凭证、审核原始凭证各占 5 分，共 10 分。	10％
		(2) 能基本正确填制和审核某个中小企业的记账凭证，正确率为 60％～74％。 评分要点：填制记账凭证 5 分、审核记账凭证 5 分，共 10 分。	(2) 能较为正确填制和审核某个中小企业的记账凭证，正确率为 75％～84％。 评分要点：填制记账凭证 5 分、审核记账凭证 5 分，共 10 分。	(2) 能正确填制和审核某个中小企业的记账凭证，正确率为 85％～100％。 评分要点：填制记账凭证 5 分、审核记账凭证 5 分，共 10 分。	10％

课程预期成果	单元预期成果	学生预期学习成果达成度			权重
		合格(60~74分)	良好(75~84分)	优秀(85~100分)	
SOC1	SUOC2	(1)能基本正确判断经济业务,采用借贷记账法进行账务处理,并填制记账凭证,正确率为60%~74%。评分要点:借贷记账法进行账务处理15分,填制记账凭证5分,共20分。	(1)能较为正确判断经济业务,采用借贷记账法进行账务处理,并填制记账凭证,正确率为75%~84%。评分要点:借贷记账法进行账务处理15分,填制记账凭证5分,共20分。	(1)能正确判断经济业务,采用借贷记账法进行账务处理并填制记账凭证,正确率为85%~100%。评分要点:借贷记账法进行账务处理15分,填制记账凭证5分,共20分。	20%
		(2)能基本正确地进行基本的产品成本计算,进行要素费用归集与分配,填制并审核记账凭证,正确率为60%~74%。评分要点:成本计算、要素费用归集与分配、填制并审核记账凭证各5分,共10分。	(2)能较为正确地进行基本的产品成本计算,进行要素费用归集与分配,填制并审核记账凭证,正确率为75%~84%。评分要点:成本计算、要素费用归集与分配、填制并审核记账凭证各5分,共10分。	(2)能正确地进行基本的产品成本计算,进行要素费用归集与分配,填制并审核记账凭证,正确率为85%~100%。评分要点:成本计算、要素费用归集与分配、填制并审核记账凭证各5分,共10分。	10%
		(3)能基本正确地计算某产品总成本和单位成本,正确率为60%~74%。评分要点:计算某产品总成本和单位成本,共10分。	(3)能较为正确地计算某产品总成本和单位成本,正确率为75%~84%。评分要点:计算某产品总成本和单位成本,共10分。	(3)能正确地登记成本费用账簿,计算每批产品总成本和单位成本,正确率为85%~100%。评分要点:计算某产品总成本和单位成本,共10分。	10%
	SUOC3	(1)能基本正确登地记会计账簿、对账与结账、查找与更正错账,正确率为60%~74%。评分要点:登记会计账簿、对账与结账、查找与更正错账各占4分,共12分。	(1)能较为正确地登记会计账簿、对账与结账、查找与更正错账,正确率为75%~84%。评分要点:登记会计账簿、对账与结账、查找与更正错账各占4分,共12分。	(1)能正确登记会计账簿、对账与结账、查找与更正错账,正确率为85%~100%。评分要点:登记会计账簿、对账与结账、查找与更正错账各占4分,共12分。	12%
		(2)能基本正确地进行财产清查及财产清查结果的账务处理,正确率为60%~74%。评分要点:财产清查及财产清查结果的账务处理各占4分,共8分。	(2)能较为正确地进行财产清查及财产清查结果的账务处理,正确率为75%~84%。评分要点:财产清查及财产清查结果的账务处理各占4分,共8分。	(2)能正确地进行财产清查及财产清查结果的账务处理,正确率为85%~100%。评分要点:财产清查及财产清查结果的账务处理各占4分,共8分。	8%

（续表）

课程预期成果	单元预期成果	学生预期学习成果达成度			权重
		合格（60～74分）	良好（75～84分）	优秀（85～100分）	
SOC1	SUOC3	（3）能基本正确地编制资产负债表和利润表，正确率为60%～74%。评分要点：资产负债表和利润表各5分，共10分。	（3）能较为正确地编制资产负债表和利润表，正确率为75%～84%。评分要点：资产负债表和利润表各5分，共10分。	（3）能正确地编制资产负债表和利润表，正确率为85%～100%。评分要点：资产负债表和利润表各5分，共10分。	10%
		（4）能基本正确地运用汇总记账凭证账务处理程序、科目汇总表账务处理程序，正确率为60%～74%。评分要点：汇总记账凭证账务处理程序、科目汇总表账务处理程序各5分，共10分。	（4）能较为正确地运用汇总记账凭证账务处理程序、科目汇总表账务处理程序，正确率为75%～84%。评分要点：汇总记账凭证账务处理程序、科目汇总表账务处理程序各5分，共10分。	（4）能正确地运用汇总记账凭证账务处理程序、科目汇总表账务处理程序，正确率为85%～100%。评分要点：汇总记账凭证账务处理程序、科目汇总表账务处理程序各5分，共10分。	10%
SOC2	SUOC1	（1）能基本正确地装订、整理和归档学习成果，正确率为60%～74%。评分要点：整理、装订各20分，共40分。	（1）能较为正确地装订、整理和归档学习成果，正确率为75%～84%。评分要点：整理、装订各20分，共40分。	（1）能正确地装订、整理和归档学习成果，正确率为85%～100%。评分要点：整理、装订各20分，共40分。	40%
	SUOC2	（2）能基本正确地判断企业的基本业务并进行处理分析，为企业加强财务管理提供数据和信息，包括以下内容：①根据原始凭证判断企业的业务进行会计核算。②根据企业的特点选用不同的账务处理程序。③完成企业一个月的经济业务核算。正确率为60%～74%。评分要点：以上三项内容各占20分，共60分。	（2）能较为正确地判断企业的基本业务并进行处理分析，为企业加强财务管理提供数据和信息，包括以下内容：①根据原始凭证判断企业的业务进行会计核算。②根据企业的特点选用不同的账务处理程序。③完成企业一个月的经济业务核算。正确率为75%～84%。评分要点：以上三项内容各占20分，共60分。	（2）能正确地判断企业的基本业务并进行处理分析，为企业加强财务管理提供数据和信息，包括以下内容：①根据原始凭证判断企业的业务进行会计核算。②根据企业的特点选用不同的账务处理程序。③完成企业一个月的经济业务核算。正确率为85%～100%。评分要点：以上三项内容各占20分，共60分。	60%
SOC3	SUOC1	（1）能基本清晰地阐述会计工作的基本原理及流程，正确率为60%～74%。评分要点：以上内容共5分。	（1）能较为清晰地阐述会计工作的基本原理及流程，正确率为75%～84%。评分要点：以上内容共5分。	（1）能清晰地阐述会计工作的基本原理及流程，正确率为85%～100%。评分要点：以上内容共5分。	5%
		（2）能基本清晰地描述会计学的基础理论、基本技能与会计在企业管理活动中发挥的作用，提供至少一个实例，正确率为60%～74%。评分要点：以上内容共10分。	（2）能较为清晰地描述会计学的基础理论、基本技能与会计在企业管理活动中发挥的作用，提供至少一个实例，正确率为75%～84%。评分要点：以上内容共10分。	（2）能清晰地描述会计学的基础理论、基本技能与会计在企业管理活动中发挥的作用，提供至少一个实例，正确率为85%～100%。评分要点：以上内容共10分。	10%

（续表）

课程预期成果	单元预期成果	学生预期学习成果达成度			权重
		合格（60～74分）	良好（75～84分）	优秀（85～100分）	
SOC3	SUOC1	（3）结合具体企业编制相关财务报表，基本正确地说明在实务操作中如何应用所学知识，评价会计信息在企业经济管理中的作用，正确率为60%～74%。评分要点：以上内容共15分。	（3）结合具体企业编制相关财务报表，较为正确地说明在实务操作中如何应用所学知识，评价会计信息在企业经济管理中的作用，正确率为75%～84%。评分要点：以上内容共15分。	（3）结合具体企业编制相关财务报表，正确地说明在实务操作中如何应用所学知识，评价会计信息在企业经济管理中的作用，正确率为75%～84%。评分要点：以上内容共15分。	15%
	SUOC2	（1）纸质案例分析报告、演示PPT等材料基本充实、完整，充实完整率为60%～74%。评分要点：纸质材料、演示PPT各10分，共20分。	（1）纸质案例分析报告、演示PPT等材料较为充实、完整，充实完整率为75%～84%。评分要点：纸质材料、演示PPT各10分，共20分。	（1）纸质案例分析报告、演示PPT等材料充实、完整，充实完整率为85%～100%。评分要点：纸质材料、演示PPT各10分，共20分。	20%
		（2）PPT讲述基本清晰，包括：①基本了解案例的背景、主要事实、面临的主要难点及论点。②对案例分析基本透彻，对所存在问题的概括基本准确。③确定最终方案时，参照的标准和依据基本准确。④将各个方案进行优劣对比，说明理由，确定最终方案，对方案的实施提出的建议基本科学可行。清晰率为60%～74%。评分要点：以上四项内容各占5分，共20分。	（2）PPT讲述较为清晰，包括：①较为清晰地了解案例的背景、主要事实、面临的主要难点及论点。②对案例分析比较透彻，对所存在问题的概括比较准确。③确定最终方案时，参照的标准和依据比较准确。④将各个方案进行优劣对比，说明理由，确定最终方案，对方案的实施提出的建议较为科学可行。清晰率为75%～84%。评分要点：以上四项内容各占5分，共20分。	（2）PPT讲述清晰，包括：①清晰地了解案例的背景、主要事实、面临的主要难点及论点。②对案例分析透彻，对所存在问题的概括准确。③确定最终方案时，参照的标准和依据准确。④将各个方案进行优劣对比，说明理由，确定最终方案，对方案的实施提出的建议科学可行。清晰率为85%～100%。评分要点：以上四项内容各占5分，共20分。	20%
		（3）回答问题及团队合作情况：①能基本完整地回答评审老师提出的问题，思路基本清晰。②团队成员分工基本合理，配合基本到位。③能提出有一定价值的建议。评分要点：以上三项内容各占10分，共30分。	（3）回答问题及团队合作情况：①能较为完整地回答评审老师提出的问题，思路较为清晰。②团队成员分工较为合理，配合较为到位。③能提出有较为有价值的建议。评分要点：以上三项内容各占10分，共30分。	（3）回答问题及团队合作情况：①能完整地回答评审老师提出的问题，思路清晰。②团队成员分工合理，配合到位。③能提出有价值的建议。评分要点：以上三项内容各占10分，共30分。	30%

8）课程实施条件

（1）授课教师要求

授课教师应具有企业相关工作经验,本科以上学历,讲师以上职称,具有会计师、注册会计师等职业资格证书者优先。

（2）理实一体化教材

本课程采用编写或选用理实一体化教材,使用效果良好。

（3）实践教学条件

本课程采用编写或选用模拟实训教材,使用效果良好。本课程配备有相关模拟实训教学软件。建立紧密合作的产教融合,其中以中小制造业为主。学生应了解企业的生产、财务管理基本要求等。

9）预期学生需要付出的努力

预期学生需要付出的努力见表 3-7。

表 3-7　预期学生需要付出的努力

	内容	学习时间（学时）
课内	上课与实践操作	64
课外	案例与客观练习	75
	课外阅读有关材料	25
	课外实操	25
	其他	
合　计		189

10）教材、参考文献和资料

（1）教材及参考文献

［1］李占国.基础会计［M］.北京:高等教育出版社,2010.

［2］贺胜军.新编基础会计［M］.北京:清华大学出版社、北京交通大学出版社,2018.

〔3〕中华会计网校:http://www.chinaacci.com.

〔4〕广东省财政厅会计信息服务平台:www.gdczt.gov.cn.

〔5〕中国财会网:http://www.kj2000.com/.

〔6〕中国注册会计师协会:http://www.cicpa.org.cn/.

〔7〕财考网:http://www.ck100.com.

〔8〕无忧考网:http://www.51test.net/kjz/.

(2) 其他说明

按照 1∶2 比例,上课 1 学时,学生要进行 2 学时的学习活动,1 学分要求学生有 18 学时的学习,所以 1 学分学生所付出的总时间是 54 学时。

预期学生需要付出的努力及"教材、参考文献和资料"两项内容是引导学生课后自主学习的参考依据。

2. 财务会计实务课程标准

1) 课程基本信息

财务会计实务课程基本信息见表3-8。

表 3-8 财务会计实务课程基本信息表

课程名称	财务会计实务	课程代码	
课程类型	☐ 通识基础课程　☐ 通识拓展课程　☐ 专业基础课程 ☑ 专业核心课程　☐ 岗位综合课程　☐ 专业限选课程		
修读方式	☑ 必修课　☐ 专业拓展课　☐ 选修课		
先行课程	会计职业入门与操作	经济法基础	
后续课程	成本核算与管理	财务管理	审计实务
学　　时	102	学　分	5.5
理论学时	86	实践学时	16
教学场所	☐ 教室　☐ 多媒体教室　☐ 实训/实验室　☑ 理实一体化教室 ☐ 生产性实训基地　☐ 其他(　　　)		

2) 课程培养目标

本课程旨在要求学生掌握企业会计准则和企业会计核算的基本程序和具体方法,围绕会计要素确认、计量和报告的典型工作任务进行课程整体教学设计,使学生熟悉国家会计法及相关法律法规,具备爱岗敬业、诚实守信、客观公正、坚持准则的职业素质,要求学生掌握各种经济业务的处理方法,掌握各种报表的编制方法,以实现达到具有全盘账务处理能力的要求(预期成果)。通过本课程的学习,学生应具备以下能力和素质:

通过 SOC1 的实施,培养学生自主学习、文案写作和沟通交流等职业能力,培养学生法律意识、团队合作意识、诚实守信的职业道德以及耐心、细致和严谨的职业素质。

通过 SOC2 的实施,培养学生自主学习、职业判断能力、款项收付与资金管理、企业日常经济业务核算等能力,以及耐心、细致、严谨,爱岗敬业、诚实守信、客观公正和坚持准则的职业素质。

通过 SOC3 的实施,培养学生沟通协调、文案写作、信息技术应用、职业判断能力和企业管理等能力,以及耐心、细致、严谨,爱岗敬业、诚实守信和客观公正的职业素质。

3) 课程预期成果的分解及学分

将专业预期成果分解为课程预期成果和课程单元预期成果,具体见表 3-9。

表 3-9　课程预期成果与专业预期成果对应表

课程预期成果		课程单元预期成果		对应 POC	课程预期成果		课程单元预期成果		对应 POC
编号	学分	编号	学分		编号	学分	编号	学分	
SOC1	0.5	SUOC1	0.25	POC1.1 POC2.3			SUOC4	1	POC3.2
		SUOC2	0.25		SOC3	1	SUOC1	0.25	POC2.3 POC4.1 POC6.1
SOC2	4	SUOC1	1	POC1.2 POC3.1			SUOC2	0.25	
		SUOC2	1				SUOC3	0.25	
		SUOC3	1				SUOC4	0.25	

4) 课程预期成果和课程单元预期成果内容

课程预期成果和课程单元预期成果内容与职业能力、素质对应关系见表 3-10。

表 3-10　课程预期成果和课程单元预期成果内容与职业能力、素质对应表

课程预期成果	课程单元预期成果	对应职业能力、素质
SOC1 内容:根据经济业务适当应用会计计量原则及信息质量要求。	SUOC1 内容:学生在教师的指导下,自主查找资料,甄别企业财务岗位及其职责;运用所学的知识判断某一业务事项所遵循的原则及符合的前提条件。 SUOC2 内容:能基本合理地选择不同的会计计量属性;熟悉会计信息质量要求。	TY01:沟通交流。 TY02:团队合作。 HX01:自主学习。 HX03:法律意识与职业道德。 HX05:会计职业判断。
SOC2 内容:具有企业日常经济业务核算能力,运用所学知识进行正确的确认与计量。	SUOC1 内容:学生在教师的指导下,对货币资金进行核对与核算;对实物资产能进行正确的计量与核算;对金融资产能界定其关系与核算;对固定资产、无形资产进行计量与核算。	HX01:自主学习。 ZY01:款项收付与资金管理。 ZY02:企业日常经济业务核算。 HX05:会计职业判断。

（续表）

课程预期成果	课程单元预期成果	对应职业能力、素质
SOC2 内容：具有企业日常经济业务核算能力，运用所学知识进行正确的确认与计量。	SUOC2 内容：学生在教师的指导下，对企业负债有全面认识，区分经营性负债、分配性负债、融资性负债等的关系；对各种负债要素进行计量与核算。	
	SUOC3 内容：学生在教师的指导下，对所有者权益进行核算，包括实收资本或股本核算、资本公积核算、其他综合收益核算和留存收益核算。	
	SUOC4 内容：学生在教师的指导下，对收入、费用能够进行正确的判断与确认，对收入费用进行核算；正确计算利润，对利润进行核算。	
SOC3 内容：编制会计报表。	SUOC1 内容：学生在教师的指导下，运用所学知识编制企业资产负债表。 SUOC2 内容：在教师的指导下，运用所学知识编制企业利润表。 SUOC3 内容：在教师的指导下，运用所学知识编制企业现金流量表等。	TY01：沟通交流。 TY02：团队合作。 TY03：文案写作。 HX01：自主学习。 HX05：会计职业判断。 ZY08：企业运营管理。

5）课程内容与学时安排

课程内容与学时安排见表 3-11。

表 3-11 课程内容与学时安排

项目名称	教学内容		学时	SOC
项目一 财务机构设计	任务 1 企业财务机构及其岗位职责。 任务 2 会计信息计量原则与质量要求。		4	SOC1
项目二 资产核算	任务 1 流动资产核算。 任务 2 金融资产计量与核算。 任务 3 固定资产计量与核算。 任务 4 无形资产计量与核算。		34	SOC2
项目三 负债核算	任务 1 流动负债核算。 任务 2 非流动负债核算。		24	
项目四 所有者权益核算	任务 1 实收资本核算。 任务 2 资本公积核算。 任务 3 留存收益核算。		10	

（续表）

项目名称	教学内容	学时	SOC
项目五　财务成果核算	任务1　收入核算。 任务2　费用核算。 任务3　利润计算与核算。	16	SOC2
项目六　会计报表编制	任务1　资产负债表编制。 任务2　利润表编制。 任务3　现金流量表编制。 任务4　其他报表编制。	14	SOC3
合　计		102	

6) 与预期学习成果匹配的教学方法

本课程采用线上学习、线下答疑辅导，课程教学方法见表 3-12。

表 3-12　课程教学方法

预期学习成果	教学方法				
	讲授法	案例教学	直观演示	任务导向	角色扮演
SOC1	Y	Y	Y		
SOC2	Y	Y	Y	Y	Y
SOC3	Y	Y	Y	Y	Y

7) 与预期学习成果匹配的考核评价标准

本课程实施"三合一"考核评价模式，即课程成绩＝平时考核＋成果考核＋能力测试，平时考核占 20％。成果考核占 60％，能力测试占 20％，考核主体为企业和学校专家组成的第三方考评小组，考核标准是课程考核评价标准。

平时考核重点考核学生的团队合作精神、沟通交流能力、文案写作能力和自主学习能力等，成果考核重点考核学生的职业素质和职业能力是否形成，能力测试主要考核学生是否掌握了必需的知识和技能。

课程预期学习成果成绩由 4 个课程预期学习成果成绩构成，权重分别为 SOC1 占 20％，SOC2 占 40％，SOC3 占 20％，SOC4 占 20％，具体见表 3-13。

表 3-13 课程预期学习成果考核评价标准

课程预期成果	单元预期成果	学生预期学习成果达成度			
		合格(60~74分)	良好(75~84分)	优秀(85~100分)	权重
SOC1	SUOC1	(1) 能基本掌握会计核算岗位及其职责,正确率为60%~74%。评分要点:以上内容共20分。	(1) 能较好地掌握会计核算岗位及其职责,正确率为75%~84%。评分要点:以上内容共20分。	(1) 能熟练掌握会计核算岗位,能体验会计岗位职责,正确率为85%~100%。评分要点:以上内容共20分。	20%
		(2) 能基本准确地运用所学的知识判断某一业务事项所遵循的原则及符合的前提条件,正确率为60%~74%。评分要点:以上内容共40分。	(2) 能较准确地运用所学的知识判断某一业务事项所遵循的原则及符合的前提条件,正确率为75%~84%。评分要点:以上内容共40分。	(2) 能准确地运用所学的知识判断某一业务事项所遵循的原则及符合的前提条件,正确率为85%~100%。评分要点:以上内容共40分。	40%
	SUOC2	(1) 能基本准确地在会计核算中运用八项会计信息质量的要求,正确率为60%~74%。评分要点:以上内容共20分。	(1) 能较准确地在会计核算中运用八项会计信息质量的要求,正确率为75%~84%。评分要点:以上内容共20分。	(1) 能准确地在会计核算中运用八项会计信息质量的要求,正确率为85%~100%。评分要点:以上内容共20分。	20%
		(2) 能基本合理地选择不同的会计计量属性,正确率为60%~74%。评分要点:以上内容共20分。	(2) 能较合理地选择不同的会计计量属性,正确率为75%~84%。评分要点:以上内容共20分。	(2) 能合理地选择不同的会计计量属性,正确率为85%~100%。评分要点:以上内容共20分。	20%
SOC2	SUOC1	(1) 能基本准确地进行货币资金核算,正确率为60%~74%。评分要点:以上内容共5分。	(1) 能较准确地进行货币资金核算,正确率为75%~84%。评分要点:以上内容共5分。	(1) 能准确地进行货币资金核算,正确率为85%~100%。评分要点:以上内容共5分。	5%
		(2) 能基本准确地照规范流程和方法进行应收及预付款项业务的账务处理,正确率为60%~74%。评分要点:以上内容共10分。	(2) 能较准确地照规范流程和方法进行应收及预付款项业务的账务处理,正确率为75%~84%。评分要点:以上内容共10分。	(2) 能准确地照规范流程和方法进行应收及预付款项业务的账务处理,正确率为85%~100%。评分要点:以上内容共10分。	10%
		(3) 基本会办理存货会计核算岗位的各项工作,正确率为60%~74%。评分要点:以上内容共10分。	(3) 能较准确地进行存货计价与核算,正确率为75%~84%。评分要点:以上内容共10分。	(3) 能准确地进行存货计价与核算,正确率为85%~100%。评分要点:以上内容共10分。	10%

课程预期成果	单元预期成果	学生预期学习成果达成度			权重
		合格(60~74分)	良好(75~84分)	优秀(85~100分)	
SOC2	SUOC1	(4) 能基本正确地划分不同类型的金融资产，基本会办理投资会计核算岗位的各项工作，正确率为60%~74%。评分要点：以上内容共5分。	(4) 能较准确地划分不同类型的金融资产，按照规范流程和方法进行交易性金融资产、持有至到期投资、可供出售金融资产及长期股权投资等对外投资业务的账务处理，正确率为75%~84%。评分要点：以上内容共5分。	(4) 能准确地划分不同类型的金融资产，按照规范流程和方法进行交易性金融资产、持有至到期投资、可供出售金融资产及长期股权投资等对外投资业务的账务处理，正确率为85%~100%。评分要点：以上内容共5分。	5%
		(5) 基本会办理固定资产会计核算岗位的各项工作，正确率为60%~74%。评分要点：以上内容共10分。	(5) 能较准确地进行固定资产的初始计量、后续计量、减值、处置与清查业务等相关的会计处理，正确率为75%~84%。评分要点：以上内容共10分。	(5) 能准确地进行固定资产的初始计量、后续计量、减值、处置与清查业务等相关的会计处理，正确率为85%~100%。评分要点：以上内容共10分。	10%
		(6) 基本会办理无形资产会计核算岗位的各项工作，正确率为60%~74%。评分要点：以上内容共5分。	(6) 能较准确地按照规范流程和方法进行无形资产取得、后续支出、摊销、减值、处置和报废业务的账务处理，正确率为75%~84%。评分要点：以上内容共5分。	(6) 能准确地按照规范流程和方法进行无形资产取得、后续支出、摊销、减值、处置和报废业务的账务处理，正确率为85%~100%。评分要点：以上内容共5分。	5%
	SUOC2	(1) 基本会办理借款、往来负债账、税务、职工薪酬等会计核算岗位的各项工作，正确率为60%~74%。评分要点：以上内容共10分。	(1) 能较准确地按照规范流程和方法进行短期借款、应付款项、应付职工薪酬及应交税费等流动负债业务的账务处理，正确率为75%~84%。评分要点：以上内容共10分。	(1) 能准确地按照规范流程和方法进行短期借款、应付款项、应付职工薪酬及应交税费等流动负债业务的账务处理，正确率为85%~100%。评分要点：以上内容共10分。	10%
		(2) 基本会办理长期借款、应付债券和长期应付款等会计核算岗位的各项工作，正确率为60%~74%。评分要点：以上内容共5分。	(2) 能较准确地区分和计算出借款费用的资本化数额和费用化数额，正确率为75%~84%。评分要点：以上内容共5分。	(2) 能准确地区分和计算出借款费用的资本化数额和费用化数额，正确率为85%~100%。评分要点：以上内容共5分。	5%

（续表）

课程预期成果	单元预期成果	学生预期学习成果达成度			权重
		合格（60～74分）	良好（75～84分）	优秀（85～100分）	
SOC2	SUOC2	（3）基本可以按照规范流程和方法进行长期借款、应付债券和长期应付款等非流动负债业务的账务处理，正确率为60%～74%。 评分要点：以上内容共5分。	（3）能较准确地按照规范流程和方法进行长期借款、应付债券和长期应付款等非流动负债业务的账务处理，正确率为75%～84%。 评分要点：以上内容共5分。	（3）能准确地按照规范流程和方法进行长期借款、应付债券和长期应付款等非流动负债业务的账务处理，正确率为85%～100%。 评分要点：以上内容共5分。	5%
	SUOC3	（1）基本了解企业注入资金、验资、增资等引起工商登记相关业务的办理，正确率为60%～74%。 评分要点：以上内容共5分。	（1）较准确地了解企业注入资金、验资、增资等引起工商登记相关业务的办理，正确率为75%～84%。 评分要点：以上内容共5分。	（1）准确地了解企业注入资金、验资、增资等引起工商登记相关业务的办理，正确率为85%～100%。 评分要点：以上内容共5分。	5%
		（2）基本会办理所有者权益会计核算岗位的各项工作，正确率为60%～74%。 评分要点：以上内容共5分。	（2）能较准确地按照规范流程和方法进行投入资本、资本公积、其他综合收益及留存收益等所有业务的账务处理，正确率为75%～84%。 评分要点：以上内容共5分。	（2）能准确地按照规范流程和方法进行投入资本、资本公积、其他综合收益及留存收益等所有业务的账务处理，正确率为85%～100%。 评分要点：以上内容共5分。	5%
	SUOC4	（1）能基本准确地判断企业收入、费用的性质、类别和主次，正确率为60%～74%。 评分要点：以上内容共5分。	（1）能较准确地判断企业收入、费用的性质、类别和主次，正确率为75%～84%。 评分要点：以上内容共5分。	（1）能准确地判断企业收入、费用的性质、类别和主次，正确率为85%～100%。 评分要点：以上内容共5分。	5%
		（2）基本会办理收入、费用等会计核算岗位的各项工作，正确率为60%～74%。 评分要点：以上内容共10分。	（2）比较熟练地办理收入、费用等会计核算岗位的各项工作，正确率为75%～84%。 评分要点：以上内容共10分。	（2）能熟练地办理收入、费用等会计核算岗位的各项工作，正确率为85%～100%。 评分要点：以上内容共10分。	10%
		（3）能基本正确地核算企业当期财务成果，正确率为60%～74%。 评分要点：以上内容共10分。	（3）能较正确地按照规范流程和方法根据业务资料完成收入、费用和利润业务的账务处理，正确率为75%～84%。 评分要点：以上内容共10分。	（3）能正确地按照规范流程和方法根据业务资料完成收入、费用和利润业务的账务处理，正确率为85%～100%。 评分要点：以上内容共10分。	10%

（续表）

课程预期成果	单元预期成果	学生预期学习成果达成度			权重
		合格（60～74分）	良好（75～84分）	优秀（85～100分）	
SOC3	SUOC1	（1）基本会办理结账、试算平衡的工作，正确率为60%～74%。评分要点：以上内容共10分。	（1）较熟练地办理结账、试算平衡的工作，正确率为75%～84%。评分要点：以上内容共10分。	（1）熟练地办理结账、试算平衡的工作，正确率为85%～100%。评分要点：以上内容共10分。	10%
		（2）基本会阅读资产负债表项目，正确率为60%～74%。评分要点：以上内容共20分。	（2）比较熟悉资产负债表项目，正确率为75%～84%。评分要点：以上内容共20分。	（2）熟悉资产负债表项目，正确率为85%～100%。评分要点：以上内容共20分。	20%
		（3）基本会编制资产负债表，正确率为60%～74%。评分要点：以上内容共20分。	（3）较熟练地编制资产负债表，正确率为75%～84%。评分要点：以上内容共20分。	（3）熟练地编制资产负债表，正确率为85%～100%。评分要点：以上内容共20分。	20%
	SUOC2	（1）基本会计算利润，正确率为60%～74%。评分要点：以上内容共10分。	（1）能较熟练地计算利润，正确率为75%～84%。评分要点：以上内容共10分。	（1）能熟练地计算利润，正确率为85%～100%。评分要点：以上内容共10分。	10%
		（2）基本会编制利润表，正确率为60%～74%。评分要点：以上内容共20分。	（2）能较熟练地编制利润表，正确率为75%～84%。评分要点：以上内容共20分。	（2）能熟练地编制利润表，正确率为85%～100%。评分要点：以上内容共20分。	20%
		（3）能基本完整地撰写一个制造型中小企业案例，正确率为60%～74%。评分要点：以上内容共20分。	（3）能较完整地撰写一个制造型中小企业案例，正确率为75%～84%。评分要点：以上内容共20分。	（3）能完整地撰写一个制造型中小企业案例，正确率为85%～100%。评分要点：以上内容共20分。	20%

8）课程实施条件

（1）授课教师要求

授课教师应具有企业相关工作经验，本科以上学历，讲师以上职称，具有会计师、注册会计师等职业资格证书者优先。

（2）理实一体化教材

本课程编写或选用理实一体化教材，使用效果良好。

(3) 实践教学条件

本课程采用编写或选用模拟实训教材,使用效果良好。本课程配备有相关模拟实训教学软件。建立紧密合作的产教融合,其中以制造业为主。学生应定期深入企业了解产品生产工艺流程、企业的管理要求等。

9) 预期学生需要付出的努力

(1) 完成课程标准中要求完成的课程预期学习成果

学生应在学校、教师的指导和支持下,积极主动地参与校内外课程学习和相关实践教学活动,按质按量地完成课程成果。

(2) 确保有足够的课内时间学习

学生不能随意缺课、旷课、迟到和早退,特殊情况先请假,应按照学校教学进程的安排,完成课程标准中要求的相关理论课程和实训项目的学习。

(3) 确保足够的课外学习时间

学生按照课内学习与课外学习时间 1∶2 的比例配备课外学习,确保有足够的时间在课前、课后查阅相关资料,完成拓展的实训作品,参与企业实践和相关公益活动等。

10) 教材、参考文献和资料

(1) 教材及参考文献

[1] 陈强.财务会计实务[M].北京:高等教育出版社,2012.
[2] 财政部会计资格评价中心.初级会计实务[M].北京:中国财政经济出版社,2019.
[3] 中华人民共和国财政部会计司网站:http://kjs.mof.gov.cn/.
[4] 广东省财政厅:http://www.gdczt.gov.cn/.
[5] 会计通论坛:http://www.canet.com.cn/.
[6] 东奥会计在线论坛:http://www.dongao.com/.
[7] 中国会计视野:http://bbs.esnai.com/default.php.
[8] 中华会计网校:http://www.chinaacci.com.
[9] 中国财会网:http://www.kj2000.com/.

[10] 财考网：http://www.ck100.com.

[11] 无忧考网：http://www.51test.net/kjz/.

(2) 其他说明

按照 1∶2 比例，上课 1 小时，学生要进行 2 小时的学习活动，1 学分要求学生有 18 小时的学习，所以 1 学分学生所付出的总时间是 54 小时。

预期学生需要付出的努力及"教材、参考文献和资料"两项内容是引导学生课后自主学习的参考依据。

3. 成本核算与管理课程标准

1）课程基本信息

成本核算与管理课程基本信息见表3-14。

表3-14 成本核算与管理课程基本信息表

课程名称	成本核算与管理		课程代码	
课程类型	☐ 通识基础课程　☐ 通识拓展课程　☐ 专业基础课程 ☑ 专业核心课程　☐ 岗位综合课程　☐ 专业限选课程			
修读方式	☑ 必修课　☐ 专业拓展课　☐ 选修课			
先行课程	会计职业入门与操作		初级会计实务	
后续课程	管理会计		财务管理	审计实务
学　　时	64		学　　分	3.5
理论学时	52		实践学时	12
教学场所	☐ 教室　☐ 多媒体教室　☐ 实训/实验室　☑ 理实一体化教室 ☐ 生产性实训基地　☐ 其他（　　　）			

2）课程培养目标

本课程要求学生掌握成本费用核算、分析、控制和会计信息化等知识，熟悉国家会计法及相关法律法规，具备耐心、细致、严谨，爱岗敬业、诚实守信、客观公正、坚持准则的职业素质，成为能胜任中小企业成本会计岗位成本费用核算、成本管理、成本控制等岗位工作任务的高素质技术技能型人才。通过本课程的学习，学生应具备以下能力和素质：

通过SOC1的实施，培养学生沟通交流、文案写作、自主学习、设置成本会计机构，制定部门职责和岗位工作流程等能力，培养学生法律意识、团队合作意识、诚实守信的职业道德以及耐心、细致和严谨的职业素质。

通过SOC2的实施，培养学生自主学习、开设成本费用账簿、归集与分配要素费用、填制与审核记账凭证、登记成本费用账簿，计算产品总成本和单位成本等能力,以及耐心、细致、严谨,爱岗敬业、诚实守信、客观公正和坚持准则的职业素质。

通过 SOC3 的实施,培养学生沟通交流、文案写作、信息技术应用和成本费用分析等能力,以及耐心、细致、严谨,爱岗敬业、诚实守信和客观公正的职业素质。

通过 SOC4 的实施,培养学生沟通交流、自主学习、文案写作和成本管理等能力,以及团队合作、爱岗敬业、诚实守信和客观公正的职业素质。

3) 课程预期成果的分解及学分

将专业预期成果分解为课程预期成果和课程单元预期成果,具体见表 3-15。

表 3-15 课程预期成果与专业预期成果对应表

课程预期成果		课程单元预期成果		对应 POC	课程预期成果		课程单元预期成果		对应 POC
编号	学分	编号	学分		编号	学分	编号	学分	
SOC1	0.5	SUOC1	0.25	POC1.1 POC2.3 POC6.1	SOC3	1	SUOC1	0.5	POC2.3 POC3.2
		SUOC2	0.25				SUOC2	0.5	
SOC2	1	SUOC1	0.5	POC1.3 POC3.1	SOC4	1	SUOC1	0.5	POC4.1 POC6.1
		SUOC2	0.5				SUOC2	0.5	
		SUOC3	0.5						

4) 课程预期成果和课程单元预期成果内容

课程预期成果和课程单元预期成果内容与职业能力、素质对应关系见表 3-16。

表 3-16 课程预期成果和课程单元预期成果内容与职业能力、素质对应表

课程预期成果	课程单元预期成果	对应职业能力、素质
SOC1 内容:学生在教师指导下,自主查找资料,撰写一个中小制造企业案例,包括企业信息、产品信息和企业主要经济业务等。学生根据企业产品特点和管理要求设置成本会计机构,配备成本会计人员,设计部门职责和各岗位工作流程等。	SUOC1 内容:要求学生自主查找资料,撰写一个中小制造企业案例,包括企业信息、产品信息和企业主要经济业务等。	TY01:沟通交流能力。 TY02:团队合作精神。 TY03:文案写作能力。 TY04:创新创业能力。 HX01:自主学习能力。 HX03:法律意识与职业道德。 ZY0301:根据企业产品特点和管理要求,选择成本核算和管理方法的能力。 ZY0302:设置成本会计机构,制定机构职责和工作流程的能力。

（续表）

课程预期成果	课程单元预期成果	对应职业能力、素质
	企业主要经济业务包括资金筹集过程、供应过程、生产过程、销售过程、财务成果形成与分配等过程的经济业务，以生产过程业务为主。	
	SUOC2 内容：按照 SUOC1 案例，根据企业特点和管理要求设置成本会计机构，配备成本会计人员，设计部门职责及各岗位工作流程等。	
SOC2 内容：学生在教师指导下，采用品种法、分批法和分步法对某企业进行成本核算，计算单位产品成本和总成本。	SUOC1 内容：学生采用品种法计算某企业包括成本费用账簿的开设，要素费用的归集与分配，填制并审核记账凭证，登记成本费用总账和明细账，计算单位产品成本和总成本等。	HX01：自主学习能力。 ZY0303：开设成本费用账簿的能力。 ZY0304：归集和分配要素费用的能力。 ZY0305：填制并审核记账凭证的能力。 ZY0306：登记成本费用账簿的能力。 ZY0307：计算产品单位成本、总成本的能力。
	SUOC2 内容：采用分批法对某企业产品进行成本核算，包括分批法下成本费用账簿的开设，要素费用的归集与分配，填制并审核记账凭证，登记成本费用总账和明细账，计算每批产品总成本和单位成本等。	
	SUOC3 内容：采用分步法核算某企业产品成本，包括分步法下成本费用账簿的开设，要素费用的归集与分配，填制并审核记账凭证，登记成本费用总账和明细账，计算产品半成品成本、总成本和单位成本。	
SOC3 内容：学生在教师指导下，采用专业方法和信息技术对某企业产品成本和期间费用进行分析，为企业加强成本费用管理提供数据和信息。	SUOC1 内容：采用专业方法和信息技术分析某企业产品总成本和单位成本，撰写产品成本分析报告，为加强企业成本管理提供数据和信息。	TY01：沟通交流能力。 TTY03：文案写作能力。 HX02：信息技术应用能力。 ZY0308：成本费用分析能力。
	SUOC2 内容：采用专业方法和信息技术对某企业期间费用进行分析，撰写企业期间费用分析报告，为企业加强期间费用管理提供数据和信息。	
SOC4 内容：学生在教师指导下，分析某企业目标成本管理案例，撰写案例分析报告，制作汇报演示 PPT。	SUOC1 内容：分小组讨论、学习企业目标成本管理的原理及应用，包括相关概念，及目标成本的制定、分解及实施。	TY01：沟通交流能力。 TY02：团队合作精神。 TY03：文案写作能力。 HX01：自主学习能力。 ZY0804：成本管理能力。
	SUOC2 内容：分小组讨论、分析某企业目标成本管理案例，撰写案例分析报告，制作汇报演示 PPT。	

5）课程内容与学时安排

课程内容与学时安排见表 3-17。

表 3-17 课程内容与学时安排表

项目名称	教学内容		学时	SOC
项目一 成本会计机构设计	任务 1	成本会计机构、职责、制度和岗位工作流程设计。	6	SOC1
	任务 2	成本费用的分类及其内容。		
	任务 3	成本核算账户设置及核算程序。		
项目二 要素费用的核算	任务 1	材料费用的归集与分配。	12	
	任务 2	外购动力费用的归集与分配。		
	任务 3	薪酬费用的归集与分配。		
	任务 4	其他要素费用的归集与分配。		
	任务 5	辅助生产费用的归集与分配。		
	任务 6	制造费用的归集与分配。		
	任务 7	生产损失的归集与分配。		
	任务 8	生产费用在完工产品与在产品之间的分配。		
项目三 成本计算基本方法——品种法	任务 1	开设某企业成本费用账簿核算体系。	12	SOC2
	任务 2	某企业材料费用的归集与分配。		
	任务 3	某企业电力费用的归集与分配。		
	任务 4	某企业职工薪酬的归集与分配。		
	任务 5	某企业折旧费用的归集与分配。		
	任务 6	某企业其他费用的归集与分配。		
	任务 7	某企业待摊与预提费用的归集与分配。		
	任务 8	某企业辅助生产费用的归集与分配。		
	任务 9	某企业制造费用归集与分配。		
	任务 10	计算内胎和外胎总成本和单位成本。		
项目四 成本计算基本方法——分批法	任务 1	开设分批法下成本费用账簿核算体系。	6	
	任务 2	分批法下要素费用的归集与分配。		
	任务 3	填制并审核记账凭证。		
	任务 4	登记相关成本费用总账和明细账。		
	任务 5	计算每批产品总成本和单位产品成本。		
项目五 成本计算基本方法——分步法	任务 1	开设分步法下成本费用账簿核算体系。	8	
	任务 2	分步法下要素费用的归集与分配。		
	任务 3	填制并审核记账凭证。		
	任务 4	登记相关成本费用总账和明细账。		
	任务 5	计算产品半成品成本、总成本和单位产品成本。		
项目六 产品成本报表的编制与分析	任务 1	成本报表编制和分析方法。	10	SOC3
	任务 2	产品生产成本表的编制和分析。		
	任务 3	主要产品成本表的编制和分析。		
	任务 4	制造费用明细表的编制和分析。		
	任务 5	期间费用明细表的编制和分析。		
项目七 成本管理和控制	任务 1	目标成本管理法原理。	10	SOC4
	任务 2	目标成本管理法应用。		
合　计			64	

6）与预期学习成果匹配的教学方法

本课程采用翻转课堂教学模式，线上学习、线下答疑辅导，具体教学方法见表3-18。

表 3-18 课程教学方法

预期学习成果	教学方法				
	讲授法	案例教学	直观演示	任务导向	角色扮演
SOC1	Y	Y	Y	Y	Y
SOC2	Y	Y	Y	Y	
SOC3	Y	Y	Y		Y
SOC4	Y	Y	Y		Y

7）与预期学习成果匹配的考核评价标准

本课程实施"三合一"考核评价模式，即课程成绩＝平时考核＋成果考核＋能力测试，平时考核占20％，成果考核占60％，能力测试占20％。考核主体为企业和学校专家组成的第三方考评小组，考核标准是课程考核评价标准。

平时考核重点考核学生的团队合作精神、沟通交流能力、文案写作能力和自主学习能力等，成果考核重点考核学生的职业素质和职业能力是否形成，能力测试主要考核学生是否掌握了必需的知识和技能。

课程预期学习成果成绩由4个课程预期学习成果成绩构成，权重分别为SOC1占20％，SOC2占40％，SOC3占20％，SOC4占20％，具体见表3-19。

表 3-19 课程预期学习成果考核评价标准

课程预期学习成果	单元预期成果	学生预期学习成果达成度			权重
		合格（60～74分）	良好（75～84分）	优秀（85～100分）	
SOC1	SUOC1	（1）能基本完整地描述企业信息，正确率为60％～74％。 评分要点：以上内容共10分。	（1）能较完整地描述企业信息，正确率为75％～84％。 评分要点：以上内容共10分。	（1）能完整地描述企业信息，正确率为85％～100％； 评分要点：以上内容共10分。	10％
		（2）能基本完整地描述产品信息，正确率为60％～74％。 评分要点：以上内容共10分。	（2）能较完整地描述产品信息，正确率为75％～84％。 评分要点：以上内容共10分。	（2）能完整地描述产品信息，正确率为85％～100％。 评分要点：以上内容共10分。	10％

(续表)

课程预期成果	单元预期成果	学生预期学习成果达成度			权重
		合格(60～74分)	良好(75～84分)	优秀(85～100分)	
SOC1	SUOC1	(3) 能基本完整地描述20笔企业经济业务,以生产阶段为主,正确率为60%～74%。评分要点:每笔业务1分,共20分。	(3) 能较完整地描述20笔企业经济业务,以生产阶段为主,正确率为75%～84%。评分要点:每笔业务1分,共20分。	(3) 能完整地描述20笔企业经济业务,以生产阶段为主,正确率为85%～100%。评分要点:每笔业务1分,共20分。	20%
	SUOC2	(1) 设置的岗位、配备的成本会计人员能确保机构基本有序运转,基本达到企业管理要求。评分要点:设置岗位、配备成本会计人员各占15分,共30分。	(1) 设置的岗位、配备的成本会计人员能确保机构较好运转,较好达到企业管理要求。评分要点:设置岗位、配备成本会计人员各占15分,共30分。	(1) 设置的岗位、配备的成本会计人员能确保机构有序运转,达到企业管理要求。评分要点:设置岗位、配备成本会计人员各占15分,共30分。	30%
		(2) 设计的部门职责和岗位工作流程能确保机构基本有序运转,基本达到企业管理要求。评分要点:部门职责、岗位工作流程各占15分,共30分。	(2) 设计的部门职责和岗位工作流程能确保机构较为有序运转,较好达到企业管理要求。评分要点:部门职责、岗位工作流程各占15分,共30分。	(2) 设计的部门职责和岗位工作流程能确保机构有序运转,达到企业管理要求。评分要点:部门职责、岗位工作流程各占15分,共30分。	30%
SOC2	SUOC1	(1) 能基本正确地开设企业成本费用账簿,正确率为60%～74%。评分要点:成本账簿、费用账簿各占2.5分,共5分。	(1) 能较为正确地开设某企业的成本费用账簿,正确率为75%～84%。评分要点:成本账簿、费用账簿各占2.5分,共5分。	(1) 能正确地开设某企业的成本费用账簿,正确率为85%～100%。评分要点:成本账簿、费用账簿各占2.5分,共5分。	5%
		(2) 能基本正确地进行要素费用的归集与分配,填制并审核记账凭证,正确率为60%～74%。评分要点:要素费用归集与分配、填制并审核记账凭证各5分,共10分。	(2) 能较为正确地进行要素费用的归集与分配,填制并审核记账凭证,正确率为75%～84%。评分要点:要素费用归集与分配、填制并审核记账凭证各5分,共10分。	(2) 能正确地进行要素费用的归集与分配,填制并审核记账凭证,正确率为85%～100%。评分要点:要素费用归集与分配、填制并审核记账凭证各5分,共10分。	10%
		(3) 能基本正确地登记成本费用账簿,计算内胎和外胎单位成本和总成本,正确率为60%～74%。评分要点:登记成本费用账簿,计算内胎和外胎单位成本和总成本,各5分,共15分。	(3) 能较为正确地登记成本费用账簿,计算内胎和外胎单位成本和总成本,正确率为75%～84%。评分要点:登记成本费用账簿,计算内胎和外胎单位成本和总成本,各5分,共15分。	(3) 能正确地登记成本费用账簿,计算内胎和外胎单位成本和总成本,正确率为85%～100%。评分要点:登记成本费用账簿,计算内胎和外胎单位成本和总成本,各5分,共15分。	15%

（续表）

课程预期成果	单元预期成果	学生预期学习成果达成度			权重
		合格（60～74分）	良好（75～84分）	优秀（85～100分）	
	SUOC1	（4）能基本正确地装订、整理和归档学习成果，正确率为60%～74%。评分要点：整理、装订各占5分，共10分。	（4）能较为正确地装订、整理和归档学习成果，正确率为75%～84%。评分要点：整理、装订各占5分，共10分。	（4）能正确地装订、整理和归档学习成果，正确率为85%～100%。评分要点：整理、装订各占5分，共10分。	10%
SOC2	SUOC2	（1）能基本正确地开设分批法下成本费用账簿，正确率为60%～74%。评分要点：成本账簿、费用账簿各占2.5分，共5分。	（1）能较为正确地开设分批法下成本费用账簿，正确率为75%～84%。评分要点：成本账簿、费用账簿各占2.5分，共5分。	（1）能正确地开设分批法下成本费用账簿，正确率为85%～100%。评分要点：成本账簿、费用账簿各占2.5分，共5分。	5%
		（2）能基本正确地进行要素费用归集与分配，填制并审核记账凭证，正确率为60%～74%。评分要点：要素费用归集与分配、填制并审核记账凭证各占5分，共10分。	（2）能较为正确地进行要素费用归集与分配，填制并审核记账凭证，正确率为75%～84%。评分要点：要素费用归集与分配、填制并审核记账凭证各占5分，共10分。	（2）能正确地进行要素费用归集与分配，填制并审核记账凭证，正确率为85%～100%。评分要点：要素费用归集与分配、填制并审核记账凭证各占5分，共10分。	10%
		（3）能基本正确地登记成本费用账簿，计算每批产品总成本和单位产品成本，正确率为60%～74%。评分要点：登记成本费用账簿7分，计算每批产品总成本和单位产品成本8分，共15分。	（3）能较为正确地登记成本费用账簿，计算每批产品总成本和单位产品成本，正确率为75%～84%。评分要点：登记成本费用账簿7分，计算每批产品总成本和单位产品成本8分，共15分。	（3）能正确地登记成本费用账簿，计算每批产品总成本和单位产品成本，正确率为85%～100%。评分要点：登记成本费用账簿7分，计算每批产品总成本和单位产品成本8分，共15分。	15%
	SUOC3	（1）能基本正确开设分步法下成本费用账簿，正确率为60%～74%。评分要点：成本账簿、费用账簿各占2.5分，共5分。	（1）能较为正确地开设分步法下成本费用账簿，正确率为75%～84%。评分要点：成本账簿、费用账簿各占2.5分，共5分。	（1）能正确地开设分步法下成本费用账簿，正确率为85%～100%。评分要点：成本账簿、费用账簿各占2.5分，共5分。	5%
		（2）能基本正确地进行分步法下要素费用归集与分配，填制并审核记账凭证，正确率为60%～74%。评分要点：要素费用归集与分配、填制并审核记账凭证各占5分，共10分。	（2）能较为正确地进行分步法下要素费用归集与分配，填制并审核记账凭证，正确率为75%～84%。评分要点：要素费用归集与分配、填制并审核记账凭证各占5分，共10分。	（2）能正确地进行分步法下要素费用归集与分配，填制并审核记账凭证，正确率为85%～100%。评分要点：要素费用归集与分配、填制并审核记账凭证各占5分，共10分。	10%

(续表)

课程预期成果	单元预期成果	学生预期学习成果达成度			
		合格(60~74分)	良好(75~84分)	优秀(85~100分)	权重
SOC2	SUOC3	(3)能基本正确地登记成本费用账簿,计算产品半成品、总成本和单位成本,正确率为60%~74%。 评分要点:登记成本费用账簿7分,计算产品半成品、总成本和单位成本8分,共15分。	(3)能较为正确地登记成本费用账簿,计算产品半成品、总成本和单位成本,正确率为75%~84%。 评分要点:登记成本费用账簿7分,计算产品半成品、总成本和单位成本8分,共15分。	(3)能正确地登记成本费用账簿,计算产品半成品、总成本和单位成本,正确率为85%~100%。 评分要点:登记成本费用账簿7分,计算产品半成品、总成本和单位成本8分,共15分。	15%
SOC3	SUOC1	(1)能基本准确地分析某企业产品总成本的计划完成情况及变动趋势,正确率60%~74%。 评分要点:总成本计划完成情况及变动趋势各占7.5分,共15分。	(1)能较为准确地分析某企业产品总成本的计划完成情况及变动趋势,正确率为75%~84%。 评分要点:总成本计划完成情况及变动趋势各占7.5分,共15分。	(1)能准确地分析某企业产品总成本的计划完成情况及变动趋势,正确率为85%~100%。 评分要点:总成本计划完成情况及变动趋势各占7.5分,共15分。	15%
		(2)能基本准确地采用因素分析法,对单位产品成本的直接材料、直接人工和制造费用等成本项目进行分析,正确率为60%~74%。 评分要点:每个成本项目分析各占5分,共15分。	(2)能较为准确地采用因素分析法,对单位产品成本的直接材料、直接人工和制造费用等成本项目进行分析,正确率为75%~84%。 评分要点:每个成本项目分析各占50分,共15分。	(2)能准确地采用因素分析法,对单位产品成本的直接材料、直接人工和制造费用等成本项目进行分析,正确率为85%~100%。 评分要点:每个成本项目分析各占5分,共15分。	15%
		(3)能基本准确地撰写产品成本分析报告,为加强企业成本管理提供数据和信息。分析报告须阐述以下内容: ① 某企业产品总成本的完成情况及变动趋势。 ② 每个成本项目占单位产品成本的比例及变动趋势。 ③ 每个影响因素对单位产品成本的影响程度、原因及建议。 正确率为60%~74%。 评分要点:以上内容各占5分,共15分。	(3)能较为准确地撰写产品成本分析报告,为加强企业成本管理提供数据和信息。分析报告须阐述以下内容: ① 某企业产品总成本的完成情况及变动趋势。 ② 每个成本项目占单位产品成本的比例及变动趋势。 ③ 每个影响因素对单位产品成本的影响程度、原因及建议。 正确率为75%~84%。 评分要点:以上内容各占5分,共15分。	(3)能准确地撰写产品成本分析报告,为加强企业成本管理提供数据和信息。分析报告须阐述以下内容: ① 某企业产品总成本的完成情况及变动趋势。 ② 每个成本项目占单位产品成本的比例及变动趋势。 ③ 每个影响因素对单位产品成本的影响程度、原因及建议。 正确率为85%~100%。 评分要点:以上内容各占5分,共15分。	15%

（续表）

课程预期成果	单元预期成果	学生预期学习成果达成度			权重
		合格(60～74分)	良好(75～84分)	优秀(85～100分)	
SOC3	SUOC2	(1) 能基本准确地计算某企业期间费用的计划完成情况及变动趋势,包括以下内容: ① 计算某企业管理费用计划完成情况及变动趋势。 ② 计算某企业销售费用计划完成情况及变动趋势。 ③ 计算某企业财务费用计划完成情况及变动趋势。 正确率为60%～74%。 评分要点:以上三项内容各占5分,共15分。	(1) 能较为准确地计算某企业期间费用的计划完成情况及变动趋势,包括以下内容: ① 计算某企业管理费用计划完成情况及变动趋势。 ② 计算某企业销售费用计划完成情况及变动趋势。 ③ 计算某企业财务费用计划完成情况及变动趋势。 正确率为75%～84%。 评分要点:以上三项内容各占5分,共15分。	(1) 能准确地计算某企业期间费用的计划完成情况及变动趋势,包括以下内容: ① 计算某企业管理费用计划完成情况及变动趋势。 ② 计算某企业销售费用计划完成情况及变动趋势。 ③ 计算某企业财务费用计划完成情况及变动趋势。 正确率为85%～100%。 评分要点:以上三项内容各占5分,共15分。	15%
		(2) 能基本准确地分析某企业销售费用计划完成情况及变动趋势,正确率为60%～74%。 评分要点:销售费用计划完成情况及变动趋势各占5分,共10分。	(2) 能较为准确地分析某企业销售费用计划完成情况及变动趋势,正确率为75%～84%。 评分要点:销售费用计划完成情况及变动趋势各占5分,共10分。	(2) 能准确地分析某企业销售费用计划完成情况及变动趋势,正确率为85%～100%。 评分要点:销售费用计划完成情况及变动趋势各占5分,共10分。	10%
		(3) 能基本准确地分析某企业财务费用计划完成情况及变动趋势,正确率为60%～74%。 评分要点:财务费用计划完成情况及变动趋势各占5分,共10分。	(3) 能较为准确地分析某企业财务费用计划完成情况及变动趋势,正确率为75%～84%。 评分要点:财务费用计划完成情况及变动趋势各占5分,共10分。	(3) 能准确地分析某企业财务费用计划完成情况及变动趋势,正确率为85%～100%。 评分要点:财务费用计划完成情况及变动趋势各占5分,共10分。	10%
		(4) 能基本准确地撰写产品期间费用分析报告,为加强企业费用管理提供数据和信息。分析报告须阐述以下内容: ① 某企业管理费用计划完成情况、变动趋势及原因。 ② 某企业销售费用计划完成情况、变动趋势及原因。 ③ 某企业财务费用计划完成情况、变动趋势变动趋势及原因。 ④ 提出降低期间费用的建议。 正确率为60%～74%。 评分要点:以上四项内容各占5分,共20分。	(4) 能较为准确地撰写产品期间费用分析报告,为加强企业费用管理提供数据和信息。分析报告须阐述以下内容: ① 某企业管理费用计划完成情况、变动趋势及原因。 ② 某企业销售费用计划完成情况、变动趋势及原因。 ③ 某企业财务费用计划完成情况、变动趋势变动趋势及原因。 ④ 提出降低期间费用的建议。 正确率为75%～84%。 评分要点:以上四项内容各占5分,共20分。	(4) 能准确地撰写产品期间费用分析报告,为加强企业费用管理提供数据和信息。分析报告须阐述以下内容: ① 某企业管理费用计划完成情况、变动趋势及原因。 ② 某企业销售费用计划完成情况、变动趋势及原因。 ③ 某企业财务费用计划完成情况、变动趋势变动趋势及原因。 ④ 提出降低期间费用的建议。 正确率为85%～100%。 评分要点:以上四项内容各占5分,共20分。	20%

课程预期成果	单元预期成果	学生预期学习成果达成度			权重
		合格(60~74分)	良好(75~84分)	优秀(85~100分)	
SOC4	SUOC1	(1) 能基本清晰地阐述目标成本管理的原理、背景,正确率为60%~74%。评分要点:目标成本原理、背景各占5分,共10分。	(1) 能较为清晰地阐述目标成本管理的原理、背景,正确率为75%~84%。评分要点:目标成本原理、背景各占5分,共10分。	(1) 能清晰地阐述目标成本管理的原理、背景,正确率为85%~100%。评分要点:目标成本原理、背景各占5分,共10分。	10%
		(2) 能基本清晰地阐述目标成本管理的2个概念,正确率为60%~74%。评分要点:每个概念5分,共10分。	(2) 能较为清晰地阐述目标成本管理的2个概念,正确率为75%~84%。评分要点:每个概念5分,共10分。	(2) 能清晰地阐述目标成本管理的2个概念,正确率为85%~100%。评分要点:每个概念5分,共10分。	10%
		(3) 能基本清晰地阐述目标成本管理的意义,正确率为60%~74%。评分要点:能基本阐述10分。	(3) 能较为清晰地阐述目标成本管理的意义,正确率为75%~84%。评分要点:能基本阐述10分。	(3) 能清晰地阐述目标成本管理的意义,正确率为75%~84%。评分要点:能基本阐述10分。	10%
	SUOC2	(1) 纸质案例分析报告、演示PPT等材料基本充实、完整,充实完整率为60%~74%。评分要点:纸质材料、演示PPT各10分,共20分。	(1) 纸质案例分析报告、演示PPT等材料较为充实、完整,充实完整率为75%~84%。评分要点:纸质材料、演示PPT各10分,共20分。	(1) 纸质案例分析报告、演示PPT等材料充实、完整,充实完整率为85%~100%。评分要点:纸质材料、演示PPT各10分,共20分。	20%
		(2) PPT讲述基本清晰,包括:①基本了解案例的背景、主要事实、面临的主要难点及论点。②对案例分析基本透彻,对所存在问题的概括基本准确。③确定最终方案时,参照的标准和依据基本准确。④将各个方案进行优劣对比,说明理由,确定最终方案,对方案的实施提出的建议基本科学可行。清晰率为60%~74%。评分要点:以上四项内容各占5分,共20分。	(2) PPT讲述较清晰,包括:①较为清晰了解案例的背景、主要事实、面临的主要难点及论点。②对案例分析比较透彻,对所存在问题的概括比较准确。③确定最终方案时,参照的标准和依据比较准确。④将各个方案进行优劣对比,说明理由,确定最终方案,对方案的实施提出的建议较为科学可行。清晰率为75%~84%。评分要点:以上四项内容各占5分,共20分。	(2) PPT讲述清晰,包括:①清晰了解案例的背景、主要事实、面临的主要难点及论点。②对案例分析透彻,对所存在问题的概括准确。③确定最终方案时,参照的标准和依据准确。④将各个方案进行优劣对比,说明理由,确定最终方案,对方案的实施提出的建议科学可行。清晰率为85%~100%。评分要点:以上四项内容各占5分,共20分。	20%

（续表）

课程预期成果	单元预期成果	学生预期学习成果达成度			
		合格（60～74分）	良好（75～84分）	优秀（85～100分）	权重
SOC4	SUOC2	（3）回答问题及团队合作情况： ① 能基本回答评审老师提出的问题，思路基本清晰。 ② 团队成员分工基本合理，配合基本到位。 ③ 能提出有一定价值的建议。 评分要点：以上三项内容各占 10 分，共 30 分。	（3）回答问题及团队合作情况： ① 能较为完整回答评审老师提出的问题，思路较为清晰。 ② 团队成员分工较为合理，配合较为到位。 ③ 能提出有较为有价值的建议。 评分要点：以上三项内容各占 10 分，共 30 分。	（3）回答问题及团队合作情况： ① 能完整回答评审老师提出的问题，思路清晰。 ② 团队成员分工合理，配合到位。 ③ 能提出有价值的建议。 评分要点：以上三项内容各占 10 分，共 30 分。	30%

8）课程实施条件

(1) 授课教师要求

授课教师应具有 3 年以上企业相关工作经验，本科以上学历，讲师以上职称，具有会计师、注册会计师等职业资格证书者优先。

(2) 理实一体化教材

本课程采用编写或选用理实一体化教材，使用效果良好。

(3) 实践教学条件

本课程采用编写或选用模拟实训教材，使用效果良好。本课程配备有相关模拟实训教学软件。建立紧密合作的产教融合，其中以制造业为主。学生应定期深入企业了解产品生产工艺流程、企业的管理要求等。

9）预期学生需要付出的努力

(1) 完成课程标准中要求完成的课程预期学习成果

学生应在学校、教师的指导和支持下，积极主动地参与校内外课程学习和相关实践教学活动，按质按量地完成课程预期学习成果。

(2) 确保有足够的课内时间学习

学生不能随意缺课、旷课、迟到和早退，特殊情况先请假，应按照学校教学进

程的安排,完成课程标准中要求的相关理论课程和实训项目的学习。

(3) 确保足够的课外学习时间

学生按照课内学习与课外学习时间 1∶2 的比例配备课外学习,确保有足够的时间在课前、课后查阅相关资料,完成拓展的实训作品,参与企业实践和相关公益活动等。

10) 教材、参考文献和资料

(1) 教材及参考文献

[1] 刘志娟.成本会计[M].2 版.北京:机械工业出版社,2007.

[2] 刘爱荣,杨萍.成本会计实务[M].7 版.大连理工大学出版社,2017.

[3] 中华会计网校:http://www.chinaacci.com.

[4] 广东省财政厅会计信息服务平台:www.gdczt.gov.cn.

[5] 中国财会网:http://www.kj2000.com/.

[6] 中国注册会计师协会:http://www.cicpa.org.cn/.

[7] 财考网:http://www.ck100.com.

[8] 无忧考网:http://www.51test.net/kjz/.

(2) 其他说明

按照 1∶2 比例,上课 1 小时,学生要进行 2 小时的学习活动,1 学分要求学生有 18 小时的学习,所以 1 学分学生所付出的总时间是 54 小时。

预期学生需要付出的努力及"教材、参考文献和资料"两项内容是引导学生课后自主学习的参考依据。此外,学生还应熟悉《企业会计准则》《会计基础工作规范》《会计档案管理办法》等会计法律法规。

4. 财务管理课程标准

1）课程基本信息

财务管理课程基本信息见表 3-20。

表 3-20　财务管理课程基本信息表

课程名称	财务管理	课程代码	
课程类型	☐ 通识基础课程　☐ 通识拓展课程　☐ 专业基础课程 ☑ 专业核心课程　☐ 岗位综合课程　☐ 专业限选课程		
修读方式	☑ 必修课　☐ 专业拓展课　☐ 选修课		
先行课程	财务会计实务	经济法基础	
后续课程	管理会计	会计报表分析	
学　　时	64	学　分	3.5
理论学时	52	实践学时	12
教学场所	☐ 教室　☐ 多媒体教室　☐ 实训/实验室　☑ 理实一体化教室 ☐ 生产性实训基地　☐ 其他（　　　）		

2）课程培养目标

本课程为培养企业财务人员未来发展必备的理论知识和专业技能，通过学习资金时间价值、风险与报酬等企业财务管理基本观念、预算编制、资金筹集管理、项目投资管理、营运资金管理，利润分配与股利决策等内容，能进行筹资分析、投资分析，能运用各种方法合理进行资产、收入及利润管理，能编制企业财务计划及进行财务预测。学生可以胜任财务分析、信用分析、风险控制、财务决策等岗位。

通过本课程的学习，学生应具备以下能力和素质：

通过 SOC1 的实施，培养学生自主学习、文案写作和沟通交流等职业能力，培养学生法律意识、团队合作意识、诚实守信的职业道德以及耐心、细致和严谨的职业素质。

通过 SOC2 和 SOC3 的实施,培养学生自主学习、职业判断、财务管理与分析、企业运营等能力,以及耐心、细致、严谨,爱岗敬业、诚实守信、客观公正和坚持准则的职业素质。

通过 SOC4 的实施,培养学生沟通协调、文案写作、信息技术应用、职业判断能力和企业管理等能力,以及耐心、细致、严谨,爱岗敬业、诚实守信和客观公正的职业素质。

3) 课程预期成果的分解及学分

将专业预期成果分解为课程预期成果和课程单元预期成果,具体见表 3-21。

表 3-21　课程预期成果与专业预期成果对应表

课程预期成果		课程单元预期成果		对应 POC	课程预期成果		课程单元预期成果		对应 POC
编号	学分	编号	学分		编号	学分	编号	学分	
SOC1	0.5	SUOC1	0.25	POC1.1 POC2.3	SOC3	2	SUOC2	0.5	POC1.2 POC3.2 POC4.1 POC6.1
		SUOC2	0.25				SUOC3	0.5	
SOC2	0.5	SUOC1	0.25	POC1.2 POC3.1			SUOC4	0.5	
		SUOC2	0.25		SOC4	0.5	SUOC1	0.25	POC2.3 POC3.2
SOC3		SUOC1	0.5				SUOC2	0.25	

4) 课程预期成果和课程单元预期成果内容

课程预期成果和课程单元预期成果内容与职业能力、素质对应关系见表 3-22。

表 3-22　课程预期成果和课程单元预期成果内容与职业能力、素质对应表

课程预期成果	课程单元预期成果	对应职业能力、素质
SOC1 内容:树立财务管理目标,处理好财务关系。	SUOC1 内容:学生在教师的指导下,自主查找资料,选择财务管理目标。 SUOC2 内容:处理不同利益主体的矛盾与协调。	TY01:沟通交流。 TY02:团队合作。 HX01:自主学习。 HX03:法律意识与职业道德。 ZY08:企业运营管理。
SOC2 内容:计算时间价值,利用时间价值进行决策。	SUOC1 内容:计算复利终值与现值、计算年金终值与现值。 SUOC2 内容:利用时间价值进行决策。	HX01:自主学习。 HX05:会计职业判断。 ZY06:财务管理与分析。

（续表）

课程预期成果	课程单元预期成果	对应职业能力、素质
SOC3 内容：根据企业资金运动，能进行筹资决策、投资决策、营运管理和分配决策。	SUOC1 内容：学生在教师的指导下，能运用资金预测方法计算筹资额，运用资金成本和杠杆系数等方法进行资金结构决策。	HX01：自主学习。 ZY06：财务管理与分析。 HX05：会计职业判断。 ZY01：款项收付与资金管理。 ZY08：企业运营管理。
	SUOC2 内容：学生在教师的指导下，能理解项目投资种类，计算项目现金净流量，运用项目投资决策方法对项目投资做出正确决策。	
	SUOC3 内容：学生在教师的指导下，理解营运资金特点、功能与成本，计算现金最佳持有量，制定信用政策，对存货经济批量预测。	
	SUOC4 内容：学生在教师的指导下，能计算目标利润，理解利润分配程序和股利发放程序，比较股利分配政策。	
SOC4 内容：根据企业财务岗位，展开管理环节预测、控制与分析的活动。	SUOC1 内容：学生在教师的指导下，编制财务预算、掌握财务控制方法。 SUOC2 内容：对企业报表进行财务分析。	TY03：文案写作。 HX01：自主学习能力。 ZY06：财务管理与分析。 HX02：信息技术应用。 ZY08：企业运营管理。

5）课程内容与学时安排

课程内容与学时安排见表 3-23。

表 3-23　课程内容与学时安排

项目名称	教学内容	学时	SOC
项目一　企业财务管理机构的设置及其目的	任务 1　企业财务管理机构的设置及其职责。 任务 2　企业财务管理目标。 任务 3　企业财务活动及其关系协调。	4	SOC1
项目二　财务管理基本观念	任务 1　复利终值与现值计算。 任务 2　年金终值与现值计算。 任务 3　风险与报酬。	10	SOC2
项目三　筹资管理	任务 1　企业资金需求信息预测方法。 任务 2　资金成本计算。 任务 3　资金结构决策。	10	SOC3
项目四　项目投资管理	任务 1　项目现金流量计算。 任务 2　项目投资决策指标。 任务 3　项目评价方法的应用。	14	

（续表）

项目名称	教学内容		学时	SOC
项目五　营运资金管理	任务1 现金最佳持有量计算。 任务2 信用政策制定。 任务3 存货经济批量预测。		12	SOC3
项目六　收益及分配管理	任务1 目标利润计算。 任务2 股利分配政策制定。		6	
项目七　财务预算、控制和分析	任务1 财务预算编制、财务控制方法。 任务2 财务分析方法和分析指标。		8	SOC4
合　计			64	

6）与预期学习成果匹配的教学方法

本课程采用线上学习、线下答疑辅导，具体教学方法见表3-24。

表 3-24　教学方法

预期学习成果	教学方法				
	讲授法	案例教学	直观演示	任务导向	角色扮演
SOC1	Y	Y	Y		Y
SOC2	Y	Y	Y	Y	Y
SOC3	Y	Y	Y	Y	Y
SOC4	Y	Y	Y	Y	Y

7）与预期学习成果匹配的考核评价标准

本课程实施"三合一"考核评价模式，即课程成绩＝平时考核＋成果考核＋能力测试，平时考核占20％。成果考核占60％，能力测试占20％，考核主体为企业和学校专家组成的第三方考评小组，考核标准是课程考核评价标准。

平时考核重点考核学生的团队合作精神、沟通交流能力、文案写作能力和自主学习能力等，成果考核重点考核学生的职业素质和职业能力是否形成，能力测试主要考核学生是否掌握了必需的知识和技能。

课程预期学习成果成绩由4个课程预期学习成果成绩构成，权重分别为SOC1占20％，SOC2占40％，SOC3占20％，SOC4占20％，具体见表3-25。

表 3-25 财务管理课程预期学习成果考核评价标准

课程预期成果	单元预期成果	学生预期学习成果达成度			
		合格(60~74分)	良好(75~84分)	优秀(85~100分)	权重
SOC1	SUOC1	(1) 能基本认识企业财务管理机构的设置及其职责,正确率为60%~74%。评分要点:以上内容共10分。	(1) 能较好认识企业财务管理机构的设置及其职责,正确率为75%~84%。评分要点:以上内容共10分。	(1) 能正确认识企业财务管理机构的设置及其职责,正确率为85%~100%。评分要点:以上内容共10分。	10%
		(2) 能基本完整地描述财务管理目标内容,正确率为60%~74%。评分要点:以上内容共30分。	(2) 能较完整地描述财务管理目标内容,正确率为75%~84%。评分要点:以上内容共30分。	(3) 能完整地描述财务管理目标内容,正确率为85%~100%。评分要点:以上内容共30分。	30%
		(3) 能基本制订协调各利益主体的矛盾的方法,正确率为60%~74%。评分要点:以上内容共10分。	(3) 能制订协调各利益主体的矛盾的方法,正确率为75%~84%。评分要点:以上内容共10分。	(3) 能正确制订协调各利益主体的矛盾的方法,正确率为85%~100%。评分要点:以上内容共10分。	10%
	SUOC2	(1) 能基本完整地描述财务活动,正确率为60%~74%。评分要点:以上内容共10分。	(1) 能较完整地描述财务活动,正确率为75%~84%。评分要点:以上内容共10分。	(1) 能完整地描述财务活动,正确率为85%~100%。评分要点:以上内容共10分。	10%
		(2) 能基本完整地描述财务关系及其协调,正确率为60%~74%。评分要点:以上内容共20分。	(2) 能较完整地描述财务关系及其协调,正确率为75%~84%。评分要点:以上内容共20分。	(2) 能完整地描述财务关系及其协调,正确率为85%~100%。评分要点:以上内容共20分。	20%
		(3) 能基本完整地描述四个以上财务管理环境,正确率为60%~74%。评分要点:每笔业务5分,共20分。	(3) 能较完整地描述四个以上财务管理环境,正确率为75%~84%。评分要点:每笔业务5分,共20分。	(3) 能完整地描述四个以上财务管理环境,正确率为85%~100%。评分要点:每笔业务5分,共20分。	20%
SOC2	SUOC1	(1) 能基本正确地计算复利终值和复利现值,正确率为60%~74%。评分要点:每笔业务5分,共40分。	(1) 能较好地运用资金时间价值原理,为公司进行决策,正确率为75%~84%。评分要点:每笔业务5分,共40分。	(1) 能准确地运用资金时间价值原理,为公司进行决策,正确率为85%~100%。评分要点:每笔业务5分,共40分。	40%
	SUOC2	(1) 能基本正确地计算年金终值与年金现值,正确率为60%~74%。评分要点:每笔业务5分,共40分。	(1) 能较准确地计算年金终值与年金现值,正确率为75%~84%。评分要点:每笔业务5分,共40分。	(1) 能准确地计算年金终值与年金现值,正确率为85%~100%。评分要点:每笔业务5分,共40分。	40%

（续表）

课程预期成果	单元预期成果	学生预期学习成果达成度			权重
		合格(60~74分)	良好(75~84分)	优秀(85~100分)	
SOC2	SUOC2	(2)能基本理解风险与报酬的衡量,正确率为60%~74%。 评分要点:每笔业务5分,共20分。	(2)能较好地根据不同方案的风险与收益做出合理决策,正确率为75%~84%。 评分要点:每笔业务5分,共20分。	(2)能正确地根据不同方案的风险与收益做出合理决策,正确率为85%~100%。 评分要点:每笔业务5分,共20分。	20%
SOC3	SUOC1	(1)能基本正确地预测企业资金需求量,正确率为60%~74%。 评分要点:每笔业务5分,共10分。	(1)能较好地预测企业资金需求量,正确率为75%~84%。 评分要点:每笔业务5分,共10分。	(1)能正确预测企业资金需求量,正确率为85%~100%。 评分要点:每笔业务5分,共10分。	10%
		(2)能基本正确地计算资金成本,正确率为60%~74%。 评分要点:每笔业务5分,共10分。	(2)能较好地计算资金成本,正确率为75%~84%。 评分要点:每笔业务5分,共10分。	(2)能正确计算资金成本,正确率为85%~100%。 评分要点:每笔业务5分,共10分。	10%
		(3)能基本确定企业最佳资本结构,正确率为60%~74%。 评分要点:每笔业务5分,共10分。	(3)能较好地确定企业最佳资本结构,正确率为75%~84%。 评分要点:每笔业务1分,共10分。	(3)能正确确定企业最佳资本结构,正确率为85%~100%。 评分要点:每笔业务5分,共10分。	10%
	SUOC2	(1)基本上能正确计算项目现金净流量,正确率为60%~74%。 评分要点:每笔业务5分,共10分。	(1)能较好地正确计算项目现金净流量,正确率为75%~84%。 评分要点:每笔业务5分,共10分。	(1)能正确计算项目现金净流量,正确率为85%~100%。 评分要点:每笔业务5分,共10分。	10%
		(2)基本上能比较项目投资决策方法,正确率为60%~74%。 评分要点:每笔业务5分,共10分。	(2)能较好地比较项目投资决策方法,正确率为75%~84%。 评分要点:每笔业务5分,共10分。	(2)能正确比较项目投资决策方法,正确率为85%~100%。 评分要点:每笔业务5分,共10分。	10%
		(3)基本上能运用投资决策方法做出决策,正确率为60%~74%。 评分要点:每笔业务5分,共10分。	(3)能较好地运用投资决策方法做出决策,正确率为75%~84%。 评分要点:每笔业务5分,共10分。	(3)能选择合适的方法进行项目投资决策,正确率为85%~100%。 评分要点:每笔业务5分,共10分。	10%
	SUOC3	(1)基本上能正确计算最佳现金持有量,正确率为60%~74%。 评分要点:每笔业务5分,共10分。	(1)能较好地计算最佳现金持有量并制定本企业现金管理方法,正确率为75%~84%。 评分要点:每笔业务5分,共10分。	(1)能准确计算最佳现金持有量并制定本企业现金管理方法,正确率为85%~100%。 评分要点:每笔业务5分,共10分。	10%

（续表）

课程预期成果	单元预期成果	学生预期学习成果达成度			权重
		合格(60~74分)	良好(75~84分)	优秀(85~100分)	
SOC3	SUOC3	(2)基本上能正确制定收账政策,正确率为60%~74%。评分要点:每笔业务5分,共5分。	(2)能较好地制定收账政策和方案,正确率为75%~84%。评分要点:每笔业务5分,共5分。	(2)能正确制定收账政策和方案,正确率为85%~100%。评分要点:每笔业务5分,共5分。	5%
		(3)基本上能正确计算存货经济批量,正确率为60%~74%。评分要点:每笔业务5分,共10分。	(3)能较好地计算存货经济批量并制定本企业存货管理方法,正确率为75%~84%。评分要点:每笔业务5分,共10分。	(3)能准确计算存货经济批量并制定本企业存货管理方法,正确率为85%~100%。评分要点:每笔业务5分,共10分。	10%
	SUOC4	(1)能基本正确地计算目标利润,正确率为60%~74%。评分要点:每笔业务5分,共5分。	(1)能较准确地计算目标利润,正确率为75%~84%。评分要点:每笔业务5分,共5分。	(1)能正确计算目标利润,正确率为85%~100%。评分要点:每笔业务5分,共5分。	5%
		(2)能基本正确地理解收益分配程序与方式,正确率为60%~74%。评分要点:每笔业务5分,共5分。	(2)能较准确地理解收益分配程序与方式,正确率为75%~84%。评分要点:每笔业务5分,共5分。	(2)能正确理解收益分配程序与方式,正确率为85%~100%。评分要点:每笔业务5分,共5分。	5%
		(3)能基本正确地制定收益分配政策和收益分配的形式,正确率为60%~74%。评分要点:每笔业务5分,共5分。	(3)能较好地结合本企业实际制定收益分配的政策和选择收益分配的形式,正确率为75%~84%。评分要点:每笔业务5分,共5分。	(3)能结合本企业实际制定收益分配的政策和选择收益分配的形式,正确率为85%~100%。评分要点:每笔业务5分,共5分。	5%
SOC4	SUOC1	(1)能基本正确地编制业务预算,正确率为60%~74%。评分要点:每笔业务5分,共20分。	(1)能较准确地编制现金预算,正确率为75%~84%。评分要点:每笔业务5分,共20分。	(1)能正确编制业务预算表、专门预算表以及预计财务报表,正确率为85%~100%。评分要点:每笔业务5分,共20分。	20%
		(2)能基本准确地进行企业财务控制制度分析,正确率为60%~74%。评分要点:每笔业务5分,共20分。	(2)能较好地进行企业财务控制制度分析,正确率为75%~84%。评分要点:每笔业务5分,共20分。	(2)能正确进行企业财务控制制度分析,正确率为85%~100%。评分要点:每笔业务5分,共20分。	20%

（续表）

课程预期成果	单元预期成果	学生预期学习成果达成度			权重
		合格（60～74分）	良好（75～84分）	优秀（85～100分）	
SOC4	SUOC2	（1）能基本准确地进行财务分析，正确率为60%～74%。 评分要点：每笔业务5分，共20分。	（1）能较好地进行财务分析，正确率为75%～84%。 评分要点：每笔业务5分，共20分。	（1）能正确进行财务分析方法，正确率为85%～100%。 评分要点：每笔业务5分，共20分。	20%
		（2）能基本准确地进行财务指标分析，正确率为60%～74%。 评分要点：每笔业务5分，共40分。	（2）能较好地进行财务指标分析，正确率为75%～84%。 评分要点：每笔业务5分，共40分。	（2）能正确进行财务指标分析，正确率为85%～100%。 评分要点：每笔业务5分，共40分。	40%

8）课程实施条件

(1) 授课教师要求

授课教师应具有企业相关工作经验，本科以上学历，讲师以上职称，具有会计师、注册会计师等职业资格证书者优先。

(2) 理实一体化教材

本课程采用编写或选用理实一体化教材，使用效果良好。

(3) 实践教学条件

本课程采用编写或选用模拟实训教材，使用效果良好。本课程配备有相关模拟实训教学软件。建立紧密合作的产教融合企业，以制造业为主。学生定期深入企业了解产品生产工艺流程、企业的管理要求等。

9）预期学生需要付出的努力

(1) 完成课程标准中要求完成的课程预期学习成果

学生应在学校、教师的指导和支持下，积极主动地参与校内外课程学习和相关实践教学活动，按质按量地完成课程成果。

(2) 确保有足够的课内时间学习

学生不能随意缺课、旷课、迟到和早退，特殊情况先请假，应按照学校教学进

程的安排,完成课程标准中要求的相关理论课程和实训项目的学习。

(3) 确保足够的课外学习时间

　　学生应按照课内学习与课外学习时间 1：2 的比例配备课外学习,确保有足够的时间在课前、课后查阅相关资料,完成拓展的实训作品,参与企业实践和相关公益活动等。

10）教材、参考文献和资料

(1) 教材及参考文献

　　[1] 张远录.财务管理实务［M］.北京：高等教育出版社,2014.
　　[2] 财政部会计资格评价中心.财务管理［M］.北京：中国财政经济出版
　　　　 社,2008.
　　[3] 中华人民共和国财政部会计司网站：http://kjs.mof.gov.cn/.
　　[4] 广东省财政厅：http://www.gdczt.gov.cn/.
　　[5] 会计通论坛：http://www.canet.com.cn/.
　　[6] 东奥会计在线论坛：http://www.dongao.com/.
　　[7] 中国会计视野：http://bbs.esnai.com/default.php.
　　[8] 中华会计网校：http://www.chinaacci.com.
　　[9] 中国财会网：http://www.kj2000.com/.
　　[10] 财考网：http://www.ck100.com.
　　[11] 无忧考网：http://www.51test.net/kjz/.

(2) 其他说明

　　按照 1：2 比例,上课 1 小时,学生要进行 2 小时的学习活动,1 学分要求学生有 18 小时的学习,所以 1 学分学生所付出的总时间是 54 小时。

　　预期学生需要付出的努力及"教材、参考文献和资料"两项内容是引导学生课后自主学习的参考依据。

5. 税费计算与申报课程标准

1）课程基本信息

税费计算与申报课程基本信息见表3-26。

表3-26 税费计算与申报课程基本信息表

课程名称	成本核算与管理	课程代码	
课程类型	☐ 通识基础课程　☐ 通识拓展课程　☐ 专业基础课程 ☑ 专业核心课程　☐ 岗位综合课程　☐ 专业限选课程		
修读方式	☑ 必修课　☐ 专业拓展课　☐ 选修课		
先行课程	会计职业入门与操作	经济法基础	
后续课程	管理会计	财务报表分析	
学　时	64	学　分	3.5
理论学时	52	实践学时	12
教学场所	☐ 教室　☐ 多媒体教室　☐ 实训/实验室　☑ 理实一体化教室 ☐ 生产性实训基地　☐ 其他（　　）		

2）课程培养目标

本课程要求学生掌握税务登记、发票管理、税金计算、纳税申报、税款缴纳、涉税会计处理、税务年检等相关税收法律法规知识,具备耐心、细致、严谨,爱岗敬业、诚实守信、客观公正、坚持准则的职业素质,能胜任中小企业税务会计岗位工作任务的高素质技术技能型人才。通过本课程的学习,学生应具备以下能力和素质：

通过SOC1的实施,培养学生自主学习、税费计算与申报、企业管理、文案写作和沟通交流等职业能力,培养学生法律意识、团队合作意识、诚实守信的职业道德以及耐心、细致和严谨的职业素质。

通过SOC2的实施,培养学生自主学习、企业日常经济业务税费计算与申报能力,以及耐心、细致、严谨,爱岗敬业、诚实守信、客观公正和坚持准则的职业素质。

通过 SOC3 的实施,培养学生沟通协调、文案写作、信息技术应用、税费分析、企业管理和税收筹划等能力,以及耐心、细致、严谨,爱岗敬业、诚实守信和客观公正的职业素质。

3) 课程预期成果的分解及学分

将专业预期成果分解为课程预期成果和课程单元预期成果,具体见表 3-27。

表 3-27 课程预期成果与专业预期成果对应表

课程预期成果		课程单元预期成果		对应 POC	课程预期成果		课程单元预期成果		对应 POC
编号	学分	编号	学分		编号	学分	编号	学分	
SOC1	0.3	SUOC1	0.1	POC1.1 POC1.3 POC6.1	SOC3	0.2	SUOC1	0.1	POC2.3 POC3.2 POC6.1
		SUOC2	0.2				SUOC2	0.1	
SOC2	3	SUOC1	0.1	POC1.2 POC1.3 POC2.1 POC3.1					
		SUOC2	1.5						
		SUOC3	0.5						
		SUOC4	0.9						

4) 课程预期成果和课程单元预期成果内容

课程预期成果和课程单元预期成果内容与职业能力、素质对应关系见表 3-28。

表 3-28 课程预期成果和课程单元预期成果内容与职业能力、素质对应表

课程预期成果	课程单元预期成果	对应职业能力、素质
SOC1 内容:学生在教师的指导下,自主查找资料,撰写一个中小制造企业案例,包括企业相关信息、产品信息和企业主要经济业务等。学生根据案例中企业的产品特点和管理要求选择税费核算和申报方法,设置税务会计机构,配备税务会计人员,设计部门职责和各岗位的工作流程、开设税费账户等。	SUOC1 内容:要求学生自主查找资料,撰写一个中小制造企业案例,包括企业信息、产品信息和企业主要经济业务等。企业信息包括企业名称、企业性质、经营范围、成立时间、注册资金、员工人数和占地面积、经营状况、企业前景和社会责任等。产品信息包括产品功能、规格和价格信息等。企业主要经济业务包括资金筹集过程、供应过程、生产过程、销售过程、财务成果形成与分配等过程的经济业务,以生产过程业务为主。	TY01:沟通交流。 TY02:团队合作。 TY03:文案写作。 HX01:自主学习。 HX03:法律意识与职业道德。 ZY04:纳税核算与申报。 ZY08:企业运营管理。

（续表）

课程预期成果	课程单元预期成果	对应职业能力、素质
	SUOC2 内容：按照 SUOC1 案例，根据案例中企业产品特点和管理要求选择税费核算和申报方法，设置税务会计机构，配备税务会计人员，设计部门职责和各岗位的工作流程，开设税费账户等。	
SOC2 内容：学生在教师指导下，对某企业的各种税费进行计算与申报。	SUOC1 内容：学生在教师的指导下，对某企业的涉税业务为例进行税收征收管理的学习。	HX01：自主学习。ZY02：企业日常经济业务核算。ZY04：纳税核算与申报。
	SUOC2 内容：学生在教师的指导下，对某企业的流转税进行计算与申报，包括增值税、消费税和关税账簿核算体系的开设，应纳税额的计算，填制并审核记账凭证，登记相关税费总账和明细账，填制每种税的纳税申报表等。	
	SUOC3 内容：学生在教师的指导下，对所得税进行计算与申报，包括企业所得税和个人所得税账簿核算体系开设，应纳税额的计算，填制并审核记账凭证，登记相关税费总账和明细账，填制纳税申报表等。	
	SUOC4 内容：学生在教师的指导下，对其他小税种进行计算与申报，包括城建税、教育费附加、资源税和城镇土地使用税等税种的账簿核算体系开设，应纳税额的计算，填制并审核记账凭证，登记相关税费总账和明细账，填制纳税申报表等。	
SOC3 内容：学生在教师的指导下，采用专业方法和信息技术对某企业各种税费进行分析，为企业管理和税收筹划提供方案。	SUOC1 内容：采用专业方法和信息技术对某企业各种税费进行分析，撰写税费分析报告，为加强企业管理提供数据和信息。	TY01：沟通交流。TTY03：文案写作。HX02：信息技术应用。ZY04：纳税核算与申报。ZY08：企业运营管理。
	SUOC2 内容：在 SUOC1 的基础上，学生在教师指导下，制定某企业税收筹划方案，制作汇报演示 PPT。	

5）课程内容与学时安排

课程内容与学时安排见表 3-29。

表 3-29　课程内容与学时安排

项目名称	教学内容	学时	SOC
项目一　税务会计机构设计	任务1　税务会计机构、职责、制度及各岗位工作流程设计。 任务2　税费核算账户设置及核算程序。	2	SOC1
项目二　税收征收管理	任务1　理解税收的概念和税制构成要素。 任务2　了解我国现行税制。 任务3　了解纳税申报的基本知识。 任务4　熟悉发票的管理规定(含普通发票和增值税专用发票)。 任务5　熟悉税务登记、变更、年检的基本知识和要求。	6	
项目三　增值税的计算与申报	任务1　理解增值税基本法规知识。 任务2　掌握增值税应纳税额的计算与会计处理。 任务3　掌握进口货物应纳税额的计算与会计处理。 任务4　掌握增值税纳税申报与缴纳。 任务5　掌握增值税涉税业务的会计处理。	16	
项目四　消费税的计算与申报	任务1　理解消费税基本法规知识。 任务2　掌握消费税应纳税额的计算。 任务3　掌握消费税的纳税申报和税款缴纳。 任务4　熟悉消费税涉税业务的会计处理。	8	
项目五　关税的计算与申报	任务1　理解关税基本法规知识。 任务2　掌握进出口关税应纳税额的计算。 任务3　掌握进出口货物报关及纳税申报和税款缴纳。 任务4　熟悉关税涉税业务的会计处理。	2	
项目六　企业所得税的计算与申报	任务1　理解企业所得税基本法规知识。 任务2　掌握企业所得税的纳税调整和应纳所得额的计算。 任务3　掌握企业所得税应纳税额的计算及相关抵免规定。 任务4　掌握企业所得税的月(季)年度纳税申报及税款缴纳。 任务5　熟悉企业所得税涉税业务的会计处理。	10	SOC2
项目七　个人所得税的计算与申报	任务1　理解个人所得税基本法规知识。 任务2　掌握各项所得个人所得税应纳税额的计算。 任务3　掌握自行申报和源泉扣缴两种个人所得税的申报方式。 任务4　熟悉代扣代缴个人所得税涉税业务的会计处理。	10	
项目八　其他小税种的计算与申报	任务1　理解房产税的征税范围,熟悉其计算方法,掌握其纳税申报的规定。 任务2　理解城镇土地使用税的征税范围,熟悉其计算方法,掌握其纳税申报的规定。 任务3　理解资源税的征税范围,熟悉其计算方法,掌握其纳税申报的规定。 任务4　理解印花税的征税范围,熟悉其计算方法,掌握税款缴纳的规定。 任务5　理解城市维护建设税和教育费附加的征税范围,熟悉其计算方法,掌握其纳税申报的规定。 任务6　理解土地增值税征税范围,熟悉其计算方法,掌握其纳税申报的规定。 任务7　理解车船税征税范围,熟悉其计算方法,掌握其纳税申报的规定。 任务8　理解契税征税范围,熟悉其计算方法,掌握其纳税申报的规定。	6	

（续表）

项目名称	教学内容	学时	SOC
项目九　税费分析与筹划	任务1　税费分析方法。 任务2　各种税费分析。 任务3　简单的税收筹划方法。	2	SOC3
合　计		64	

6）与预期学习成果匹配的教学方法

本课程采用翻转课堂教学模式，线上学习、线下答疑辅导，具体教学方法见表3-30。

表 3-30　教学方法

预期学习成果	教学方法				
	讲授法	案例教学	直观演示	任务导向	角色扮演
SOC1	Y	Y	Y	Y	Y
SOC2	Y	Y	Y	Y	
SOC3	Y	Y	Y		Y

7）与预期学习成果匹配的考核评价标准

本课程实施"三合一"考核评价模式，即课程成绩＝平时考核＋成果考核＋能力测试，平时考核占20％，成果考核占60％，能力测试占20％。考核主体为企业和学校专家组成的第三方考评小组，考核标准是课程考核评价标准。

平时考核重点考核学生的团队合作精神、沟通交流能力、文案写作能力和自主学习能力等，成果考核重点考核学生的职业素质和职业能力是否形成，能力测试主要考核学生是否掌握了必需的知识和技能。

课程预期学习成果成绩由3个课程预期学习成果成绩构成，权重分别为SOC1占5％，SOC2占90％，SOC3占5％，具体见表3-31。

表 3-31　课程预期学习成果考核评价标准

课程预期成果	单元预期成果	学生预期学习成果达成度			权重
		合格（60～74分）	良好（75～84分）	优秀（85～100分）	
SOC1	SUOC1	（1）能基本完整地描述企业信息，正确率为60％～74％。	（1）能较为完整地描述企业信息，正确率为75％～84％。	（1）能完整地描述企业信息，正确率为85％～100％。	30％

（续表）

课程 预期 成果	单元预 期成果	学生预期学习成果达成度			权重
		合格(60~74分)	良好(75~84分)	优秀(85~100分)	
SOC1	SUOC1	(2) 能基本完整地描述产品信息,正确率为60%~74%。 (3) 能基本完整地描述20笔企业经济业务,以生产阶段为主,正确率为60%~74%。 评分要点:以上内容各占10分,共30分。	(2) 能较为完整地描述产品信息,正确率为75%~84%。 (3) 能较为完整地描述20笔企业经济业务,以生产阶段为主,正确率为75%~84%。 评分要点:以上内容各占10分,共30分。	(2) 能完整地描述产品信息,正确率为85%~100%。 (3) 能完整地描述20笔企业经济业务,以生产阶段为主,正确率为85%~100%。 评分要点:以上内容各占10分,共30分。	30%
	SUOC2	(1) 能基本正确地设置税务会计机构,配备税务会计人员。 (2) 能基本正确地制定企业税费核算方法、部门职责和岗位工作流程。 (3) 能基本正确地开设某企业的税费账簿体系。 评分要点:(1)(2)各占20分,(3)占30分,共70分。	(1) 能较为正确地设置税务会计机构,配备税务会计人员。 (2) 能较为正确地制定企业税费核算方法、部门职责和岗位工作流程。 (3) 能较为正确地开设某企业的税费账簿体系。 评分要点:(1)(2)各占20分,(3)占30分,共70分。	(1) 能正确地设置税务会计机构,配备税务会计人员。 (2) 能正确地制定企业税费核算方法、部门职责和岗位工作流程。 (3) 能正确地开设某企业的税费账簿体系。 评分要点:(1)(2)各占20分,(3)占30分,共70分。	70%
SOC2	SUOC1	(1) 能基本正确地理解税收的概念、税制构成要素和我国现行税制。 (2) 能基本正确地了解纳税申报的基本知识、税务登记、变更、年检的基本知识和要求。 (3) 能基本正确地熟悉发票的管理规定(含普通发票和增值税专用发票)。 评分要点:以上内容各占2分,共6分。	(1) 能较为正确地理解税收的概念、税制构成要素和我国现行税制。 (2) 能较为正确地了解纳税申报的基本知识、税务登记、变更、年检的基本知识和要求。 (3) 能较为正确地熟悉发票的管理规定(含普通发票和增值税专用发票)。 评分要点:以上内容各占5分,共15分。	(1) 能正确地理解税收的概念、税制构成要素和我国现行税制。 (2) 能正确地了解纳税申报的基本知识、税务登记、变更、年检的基本知识和要求。 (3) 能正确地熟悉发票的管理规定(含普通发票和增值税专用发票)。 评分要点:以上内容各占5分,共15分。	15%
	SUOC2	(1) 能基本正确地进行增值税的计算与申报、登记账簿。 (2) 能基本正确地进行消费税的计算与申报、登记账簿。 (3) 能基本正确地进行关税的计算与申报、登记账簿。 评分要点:(1)占20分,(2)占10分,(3)占5分,共35分。	(1) 能较为正确地进行增值税的计算与申报、登记账簿。 (2) 能较为正确地进行消费税的计算与申报、登记账簿。 (3) 能较为正确地进行关税的计算与申报、登记账簿。 评分要点:(1)占20分,(2)占10分,(3)占5分,共35分。	(1) 能正确地进行增值税的计算与申报、登记账簿。 (2) 能正确地进行消费税的计算与申报、登记账簿。 (3) 能正确地进行关税的计算与申报、登记账簿。 评分要点:(1)占20分,(2)占10分,(3)占5分,共35分。	35%

课程预期成果	单元预期成果	学生预期学习成果达成度			权重
		合格（60～74分）	良好（75～84分）	优秀（85～100分）	
SOC2	SUOC3	（1）能基本正确地进行企业所得税的计算与申报、登记账簿。 （2）能基本正确地进行个人所得税的计算与申报、登记账簿。 评分要点：以上内容各占10分，共20分。	（1）能较为正确地进行企业所得税的计算与申报、登记账簿。 （2）能较为正确地进行个人所得税的计算与申报、登记账簿。 评分要点：以上内容各占10分，共20分。	（1）能正确地进行企业所得税的计算与申报、登记账簿。 （2）能正确地进行个人所得税的计算与申报、登记账簿。 评分要点：以上内容各占10分，共20分。	20%
	SUOC4	（1）能基本准确地进行房产税的计算与申报、登记账簿。 （2）能基本准确地进行城镇土地使用税的计算与申报、登记账簿。 （3）能基本准确地进行资源税的计算与申报、登记账簿。 （4）能基本准确地进行印花税的计算与申报、登记账簿。 （5）能基本准确地进行城建税和教育费附加的计算与申报、登记账簿。 （6）能基本准确地进行土地增值税的计算与申报、登记账簿。 （7）能基本准确地进行车船税的计算与申报、登记账簿。 （8）能基本准确地进行契税的计算与申报、登记账簿。 评分要点：以上内容各占5分，共40分。	（1）能较为准确地进行房产税的计算与申报、登记账簿。 （2）能较为准确地进行城镇土地使用税的计算与申报、登记账簿。 （3）能较为准确地进行资源税的计算与申报、登记账簿。 （4）能较为准确地进行印花税的计算与申报、登记账簿。 （5）能较为准确地进行城建税和教育费附加的计算与申报、登记账簿。 （6）能较为准确地进行土地增值税的计算与申报、登记账簿。 （7）能较为准确地进行车船税的计算与申报、登记账簿。 （8）能较为准确地进行契税的计算与申报、登记账簿。 评分要点：以上内容各占5分，共40分。	（1）能准确地进行房产税的计算与申报、登记账簿。 （2）能准确地进行城镇土地使用税的计算与申报、登记账簿。 （3）能准确地进行资源税的计算与申报、登记账簿。 （4）能准确地进行印花税的计算与申报、登记账簿。 （5）能准确地进行城建税和教育费附加的计算与申报、登记账簿。 （6）能准确地进行土地增值税的计算与申报、登记账簿。 （7）能准确地进行车船税的计算与申报、登记账簿。 （8）能准确地进行契税的计算与申报、登记账簿。 评分要点：以上内容各占5分，共40分。	30%
SOC3	SUOC1	（1）能基本正确地理解税费分析的方法。 （2）能基本正确地对某目标税费案例进行分析。 评分要点：以上内容各占25分，共50分。	（1）能较为正确地理解税费分析的方法。 （2）能较为正确地对某目标税费案例进行分析。 评分要点：以上内容各占25分，共50分。	（1）能正确地理解税费分析的方法。 （2）能正确地对某目标税费案例进行分析。 评分要点：以上内容各占25分，共50分。	50%
	SUOC2	（1）能基本正确地对某企业进行简单的税收筹划。 （2）能基本正确地制作汇报演示PPT。 评分要点：以上内容各占25分，共50分。	（1）能较为正确地对某企业进行简单的税收筹划。 （2）能较为正确地制作汇报演示PPT。 评分要点：以上内容各占25分，共50分。	（1）能正确地对某企业进行简单的税收筹划。 （2）能正确地制作汇报演示PPT。 评分要点：以上内容各占25分，共50分。	50%

8）课程实施条件

（1）授课教师要求

授课教师应具有企业相关工作经验，本科以上学历，讲师以上职称，具有会计师、注册会计师等职业资格证书者优先。

（2）理实一体化教材

本课程采用编写或选用理实一体化教材，使用效果良好。

（3）实践教学条件

本课程采用编写或选用模拟实训教材，使用效果良好。本课程配备有相关模拟实训教学软件。建立紧密合作的产教融合，其中以制造业为主。学生应定期深入企业了解税费计算与申报情况、企业的管理要求等。

9）预期学生需要付出的努力

（1）完成课程标准中要求完成的学习成果

学生应在学校、教师的指导和支持下，积极主动地参与校内外课程学习和相关实践教学活动，按质按量地完成课程成果。

（2）确保有足够的课内时间学习

学生不能随意缺课、旷课、迟到和早退，特殊情况先请假，应按照学校教学进程的安排，完成课程标准中要求的相关理论课程和实训项目的学习。

（3）确保足够的课外学习时间

学生按照课内学习与课外学习时间 1∶2 的比例配备课外学习，确保有足够的时间课前、课后查阅相关资料，完成拓展的实训作品，参与企业实践和相关公益活动等。

10）教材、参考文献和资料

（1）教材及参考文献

[1] 曾秋香.税务会计[M].上海交通大学出版社,2013.

〔2〕梁伟样.税务会计[M].4 版.北京:高等教育出版社,2016.

〔3〕中华会计网校:http://www.chinaacci.com.

〔4〕广东省财政厅会计信息服务平台:www.gdczt.gov.cn.

〔5〕中国财会网:http://www.kj2000.com/.

〔6〕中国注册会计师协会:http://www.cicpa.org.cn/.

〔7〕财考网:http://www.ck100.com.

〔8〕无忧考网:http://www.51test.net/kjz/.

(2) 其他说明

按照 1:2 比例,上课 1 小时,学生要进行 2 小时的学习活动,1 学分要求学生有 18 小时的学习,所以 1 学分学生所付出的总时间是 54 小时。

预期学生需要付出的努力及"教材、参考文献和资料"两项内容是引导学生课后自主学习的参考依据。

6. 管理会计课程标准

1）课程基本信息

管理会计课程基本信息见表 3-32。

表 3-32　管理会计课程基本信息

课程名称	管理会计		课程代码	
课程类型	☐ 通识基础课程　☐ 通识拓展课程　☐ 专业基础课程 ☑ 专业核心课程　☐ 岗位综合课程　☐ 专业限选课程			
修读方式	☑ 必修课　☐ 专业拓展课　☐ 选修课			
先行课程	会计职业入门与操作、财务会计实务、成本核算与管理、税费计算与申报、财务管理			
后续课程	审计实务、企业内部控制			
学　　时	52	学　　分		3
理论学时	44	实践学时		8
教学场所	☐ 教室　☐ 多媒体教室　☐ 实训/实验室　☑ 理实一体化教室 ☐ 生产性实训基地　☐ 其他（　　　）			

2）课程培养目标

本课程要求学生能加工和运用会计信息及其他信息进行企业内部的管理预测、决策、规划、控制以及业绩考评，提高企业经营业绩，具备一定的逻辑思维和沟通协调能力，做好企业管理当局的参谋，为单位创造价值提供有力保障，培养能胜任中小企业预算、计财主管、成本管控等岗位工作任务的高素质技术技能型人才。通过本课程的学习，学生应具备以下能力和素质：

通过 SOC1 的实施，培养学生预算编制和预算管理的能力，培养学生沟通交流、团队合作和自主学习的职业素质。

通过 SOC2 的实施，培养学生结合企业的具体情况运用适当的方法进行成本管理的能力,具备一定的会计职业判断素质。

通过 SOC3 的实施,培养学生运用本量利分析、边际分析、敏感性分析等方法对企业进行营运管理的能力,具备良好的信息技术应用素质。

通过 SOC4 的实施,培养学生根据实际情况选用适当的方法进行项目投融资决策的能力,具备一定的自主学习和会计职业判断素质。

通过 SOC5 的实施,培养学生运用绩效管理基本方法进行单位绩效管理,具备良好的沟通协调能力。

通过 SOC6 的实施,培养学生构建企业中小企业管理会计信息系统、编制管理会计报告,具备管理会计职业道德素质,提高学生的沟通交流、团队合作和文案写作能力。

3) 课程预期成果的分解及学分

将专业预期成果分解为课程预期成果和课程单元预期成果,具体见表 3-33。

表 3-33　课程预期成果与专业预期成果对应表

课程预期成果		课程单元预期成果		对应POC	课程预期成果		课程单元预期成果		对应POC
编号	学分	编号	学分		编号	学分	编号	学分	
SOC1	0.5	SUOC1	0.25	POC1.2	SOC4	0.5	SUOC1	0.25	POC1.3
		SUOC2	0.25				SUOC2	0.25	
SOC2	0.5	SUOC1	0.125	POC3.1	SOC5	0.5	SUOC1	0.125	POC1.2 POC2.3
		SUOC2	0.125				SUOC2	0.125	
		SUOC3	0.125						
		SUOC4	0.125				SUOC3	0.25	
SOC3	0.5	SUOC1	0.25	POC2.3 POC4.1	SOC6	0.5	SUOC1	0.25	POC3.6 POC2.1
		SUOC2	0.125						
		SUOC3	0.125				SUOC2	0.25	

4) 课程预期成果和课程单元预期成果内容

课程预期成果和课程单元预期成果内容与职业能力、素质对应关系见表 3-34。

表 3-34 课程预期学习成果内容与职业能力、素质对应表

课程预期成果	课程单元预期成果	对应职业能力、素质
SOC1 内容:学生在教师的指导下,自主查找资料,完成一个中小企业的预算管理机构设置和体系构建工作,用固定预算法编制全面预算。	SUOC1 内容:熟悉预算管理的含义、原则、工具方法和应用环境,完成一个中小企业预算管理机构设置和体系构建工作。 SUOC2 内容:收集资料,完成SUOC1 案例的全面预算编制工作。	TY01:沟通交流。 TY02:团队合作。 HX01:自主学习。 ZY0801:确定财务部门组织架构,财务制度与内部控制制度设计。 ZY0802:企业全面预算管理。
SOC2 内容:学生在教师的指导下,了解在不同内外部环境下可选择的成本管理工具方法,并结合企业具体情况进行应用。	SUOC1 内容:理解成本管理的基本原则和基本方法的应用,结合企业具体情况科学应用目标成本法。 SUOC2 内容:理解成本管理的基本原则和基本方法的应用,结合企业具体情况科学应用作业成本法。 SUOC3 内容:理解成本管理的基本原则和基本方法的应用,结合企业具体情况科学应用标准成本法。 SUOC4 内容:理解成本管理的基本原则和基本方法的应用,结合企业具体情况科学应用变动成本法。	HX05:会计职业判断。 ZY0804:企业成本管理。
SOC3 内容:学生在教师的指导下,采用本量利分析、边际分析、敏感性分析等方法对企业进行营运管理。	SUOC1 内容:掌握营运管理的工具方法及应用程序,正确进行企业本量利分析。 SUOC2 内容:掌握营运管理的工具方法及应用程序,正确进行企业边际分析。 SUOC3 内容:掌握营运管理的工具方法及应用程序,正确进行企业敏感性分析。	HX02:信息技术应用。 ZY0803:企业营运管理。
SOC4 内容:学生在教师的指导下,采用贴现现金流法对企业投融资进行分析和决策;采用挣值法、成本效益法、价值工程法对项目投资进行决策。	SUOC1 内容:掌握投融资管理程序,根据企业实际情况应用贴现现金流法对企业投融资进行分析和决策。 SUOC2 内容:根据企业实际情况应用挣值法、成本效益法、价值工程法对项目投资进行决策。	HX01:自主学习。 HX05:会计职业判断。 ZY0602:筹资管理和项目投资管理。
SOC5 内容:学生在教师的指导下,采用关键绩效指标、经济增加值、平衡计分卡等进行企业绩效考核的设计与管理。	SUOC1 内容:掌握绩效管理的原则及应用环境,根据企业实际情况运用财务指标和非财务指标考核企业绩效管理。 SUOC2 内容:根据企业实际情况运用经济增加值考核企业绩效管理。 SUOC3 内容:根据企业实际情况运用平衡计分卡进行绩效考核的设计与管理。	TY01:沟通交流。 ZY0805:企业业绩评价与绩效管理。

（续表）

课程预期成果	课程单元预期成果	对应职业能力、素质
SOC6 内容：学生在教师的指导下，学会构建企业中小企业管理会计信息系统，编制管理会计报告。	SUOC1 内容：根据企业实际情况，编制战略层、经营层、业务层管理会计报告。	TY01：沟通交流。 TY02：团队合作。 TY03：文案写作。 HX03：法律意识与职业道德。 ZY0801：确定财务部门组织架构，财务制度与内部控制制度设计。 ZY0806：构建运营管理信息系统，编制管理会计报告。
	SUOC2 内容：构建一套中小企业管理会计信息系统，熟悉各模块的功能。	

5）课程内容与学时安排

课程内容与学时安排见表 3-35。

表 3-35　课程内容与学时安排

项目名称	教学内容	学时	SOC
项目一　预算管理	任务 1　编制预算的常用方法。 任务 2　用固定预算法编制全面预算。	10	SOC1
项目二　成本管理	任务 1　目标成本法。 任务 2　作业成本法。 任务 3　标准成本法。 任务 4　变动成本法。	12	SOC2
项目三　营运管理	任务 1　本量利分析。 任务 2　边际分析。 任务 3　敏感分析。	10	SOC3
项目四　投融资管理	任务 1　贴现现金流法。 任务 2　项目管理。	6	SOC4
项目五　绩效管理	任务 1　关键绩效指标法。 任务 2　经济增加值法。 任务 3　平衡计分卡。	10	SOC5
项目六　管理会计报告与管理会计信息系统	任务 1　管理会计报告。 任务 2　管理会计信息系统。	4	SOC6
合计		52	

6）与预期学习成果匹配的教学方法

本课程采用翻转课堂教学模式，线上学习、线下答疑辅导，具体教学方法见表 3-36。

表 3-36　教学方法

预期学习成果	教学方法				
	课堂讲授	案例教学	直观演示	任务导向	角色扮演
SOC1	Y	Y	Y	Y	Y
SOC2	Y	Y	Y	Y	
SOC3	Y	Y	Y		
SOC4	Y	Y	Y		
SOC5	Y	Y	Y	Y	
SOC6	Y	Y	Y		Y

7) 与预期学习成果匹配的考核评价体系

本课程实施"三合一"考核评价模式,即课程成绩＝平时考核＋成果考核＋能力测试,平时考核占 20％,成果考核占 60％,能力测试占 20％。考核主体为企业和学校专家组成的第三方考评小组,考核标准是课程考核评价标准。

平时考核重点考核学生的团队合作精神、沟通交流能力、文案写作能力和自主学习能力等,成果考核重点考核学生的职业素质和职业能力是否形成,能力测试主要考核学生是否掌握了必需的知识和技能。

课程预期学习成果成绩由 6 个课程预期学习成果成绩构成,权重分别为SOC1 占 20％,SOC2 占 20％,SOC3 占 20％,SOC4 占 15％,SOC5 占 15％,SOC6 占 10％,具体见表 3-37。

表 3-37　课程预期学习成果考核评价标准

课程预期成果	单元预期成果	学生预期学习成果达成度			
		合格(60~74 分)	良好(75~84 分)	优秀(85~100 分)	权重
SOC1	SUOC1	能基本完成预算管理机构设置和体系构建工作。	能较好完成预算管理机构设置和体系构建工作。	能正确完成预算管理机构设置和体系构建工作。	30％
	SUOC2	能基本正确地收集资料并科学编制预算,正确率为 60％~74％。	能较正确地收集资料并科学编制预算,正确率为 75％~84％。	能正确地收集资料并科学编制预算,正确率为 85％~100％。	70％
SOC2	SUOC1	能基本掌握目标成本法及其应用环境,基本正确应用目标成本法,正确率为 60％~74％。	能掌握目标成本法及其应用环境,较正确应用目标成本法,正确率为 75％~84％。	能熟练掌握目标成本法及其应用环境,正确应用目标成本法,正确率为 85％~100％。	25％
	SUOC2	能基本掌握作业成本法及其应用环境,基本正确应用目标成本法,正确率为 60％~74％。	能掌握作业成本法及其应用环境,较正确应用目标成本法,正确率为 75％~84％。	能熟练掌握作业成本法及其应用环境,正确应用目标成本法,正确率为 85％~100％。	25％

（续表）

课程预期成果	单元预期成果	学生预期学习成果达成度			权重
		合格（60~74分）	良好（75~84分）	优秀（85~100分）	
SOC1	SUOC3	能基本掌握标准成本法及其应用环境，基本正确应用目标成本法，正确率为60%~74%。	能掌握标准成本法及其应用环境，较正确应用目标成本法，正确率为75%~84%。	能熟练掌握标准成本法及其应用环境，正确应用目标成本法，正确率为85%~100%。	25%
	SUOC4	能基本掌握变动成本法及其应用环境，基本正确应用目标成本法，正确率为60%~74%。	能掌握变动成本法及其应用环境，较正确应用目标成本法，正确率为75%~84%。	能熟练掌握变动成本法及其应用环境，正确应用目标成本法，正确率为85%~100%。	25%
SOC3	SUOC1	基本掌握营运管理的工具方法及应用程序，能基本正确进行企业本量利分析，正确率为60%~74%。	掌握营运管理的工具方法及应用程序，较正确进行企业本量利分析，正确率为75%~84%。	熟练掌握营运管理的工具方法及应用程序，正确进行企业本量利分析，正确率为85%~100%。	40%
	SUOC2	基本掌握营运管理的工具方法及应用程序，能基本正确进行企业边际分析，正确率为60%~74%。	掌握营运管理的工具方法及应用程序，较正确进行企业边际分析，正确率为75%~84%。	熟练掌握营运管理的工具方法及应用程序，正确进行企业边际分析，正确率为85%~100%。	30%
	SUOC3	基本掌握营运管理的工具方法及应用程序，能基本正确进行企业敏感性分析，正确率为60%~74%。	掌握营运管理的工具方法及应用程序，较正确进行企业敏感性分析，正确率为75%~84%。	熟练掌握营运管理的工具方法及应用程序，正确进行企业敏感性分析，正确率为85%~100%。	30%
SOC4	SUOC1	基本掌握投融资管理程序，能根据企业实际情况，基本正确地应用贴现现金流法对企业投融资进行分析和决策，正确率为60%~74%。	掌握投融资管理程序，能根据企业实际情况，较正确地应用贴现现金流法对企业投融资进行分析和决策，正确率为75%~84%。	熟练投融资管理程序，能根据企业实际情况，正确地应用贴现现金流法对企业投融资进行分析和决策，正确率为85%~100%。	50%
	SUOC2	能根据企业实际情况，基本正确地应用挣值法、成本效益法、价值工程法对项目投资进行决策，正确率为60%~74%。	能根据企业实际情况，较正确地应用挣值法、成本效益法、价值工程法对项目投资进行决策，正确率为75%~84%。	能根据企业实际情况，正确地应用挣值法、成本效益法、价值工程法对项目投资进行决策，正确率为85%~100%。	50%
SOC5	SUOC1	基本掌握绩效管理的原则及应用环境，能根据企业实际情况，基本正确地运用财务指标和非财务指标考核企业绩效，正确率为60%~74%。	掌握绩效管理的原则及应用环境，能根据企业实际情况，较正确地运用财务指标和非财务指标考核企业绩效，正确率为75%~84%。	熟练掌握绩效管理的原则及应用环境，能根据企业实际情况，正确地运用财务指标和非财务指标考核企业绩效，正确率为85%~100%。	40%
	SUOC2	能基本正确地运用经济增加值考核企业绩效，正确率为60%~74%。	能较正确地运用经济增加值考核企业绩效，正确率为75%~84%。	能正确地运用经济增加值考核企业绩效，正确率为85%~100%。	30%

（续表）

课程预期成果	单元预期成果	学生预期学习成果达成度			
		合格（60～74分）	良好（75～84分）	优秀（85～100分）	权重
SOC5	SUOC3	能基本正确地运用平衡计分卡进行绩效考核的设计与管理，正确率为60%～74%。	能较正确地运用平衡计分卡进行绩效考核的设计与管理，正确率为75%～84%。	能正确地运用平衡计分卡进行绩效考核的设计与管理，正确率为85%～100%。	30%
SOC6	SUOC1	能基本认识到管理会计报告的重要性，基本正确地编制管理会计报告。	能认识到管理会计报告的重要性，较正确地编制管理会计报告。	能充分认识到管理会计报告的重要性，正确地编制管理会计报告。	50%
	SUOC2	能基本合理地建立和应用管理会计信息系统，为企业内部管理提供信息。	能较合理地建立和应用管理会计信息系统，为企业内部管理提供信息。	能合理地建立和应用管理会计信息系统，为企业内部管理提供信息。	50%

8）课程实施条件

(1) 授课教师要求

授课教师应具有企业相关工作经验，本科以上学历，讲师以上职称，具有会计师、注册会计师等职业资格证书者优先。

(2) 理实一体化教材

本课程采用编写或选用理实一体化教材，使用效果良好。

(3) 实践教学条件

本课程采用编写或选用模拟实训教材，使用效果良好。本课程配备有相关模拟实训教学软件。建立紧密合作的产教融合，学生应定期深入企业了解企业运营管理和财务管理应用实际等。

9）预期学生需要付出的努力

(1) 完成课程标准中要求完成的学习成果

学生应在学校、教师的指导和支持下，积极主动地参与校内外课程学习和相关实践教学活动，按质按量地完成课程成果。

(2) 确保有足够的课内时间学习

学生不能随意缺课、旷课、迟到和早退，特殊情况先请假，应按照学校教学进

程的安排,完成课程标准中要求的相关理论课程和实训项目的学习。

(3) 确保足够的课外学习时间

学生按照课内学习与课外学习时间 1∶2 的比例配备课外学习,确保有足够的时间在课前、课后查阅相关资料,完成拓展的实训作品,参与企业实践和相关公益活动等。

10) 教材、参考文献和资料

(1) 教材及参考文献

[1] 周阅,丁增稳.管理会计实务[M].北京:高等教育出版社,2018.

[2] 张献英,国秀芹.管理会计实务[M].北京:教育科学出版社,2013.

[3] 中国注册会计师协会:http://www.cicpa.org.cn/.

[4] 广东省管理会计师协会:http://www.gamachina.org/#/cn.

[5] 美国管理会计师协会:https://www.imanet.org.cn/.

[6] 中华会计网校:http://www.chinaacci.com.

[7] 中国财会网:http://www.kj2000.com/.

(2) 其他说明

按照 1∶2 比例,上课 1 小时,学生要进行 2 小时的学习活动,1 学分要求学生有 18 小时的学习,所以 1 学分学生所付出的总时间是 54 小时。

预期学生需要付出的努力及"教材、参考文献和资料"两项内容是引导学生课后自主学习的参考依据。此外,学生还应熟悉《管理会计基本指引》《管理会计应用指引》等会计法律法规。

7. 会计信息化课程标准

1) 课程基本信息

会计信息化课程基本信息见表 3-38。

表 3-38　会计信息化课程基本信息表

课程名称	会计信息化		课程代码	
课程类型	☐ 通识基础课程　☐ 通识拓展课程　☐ 专业基础课程 ☐ 专业核心课程　☑ 岗位综合课程　☐ 专业限选课程			
修读方式	☑ 必修课　☐ 专业拓展课　☐ 选修课			
先行课程	会计职业入门与操作		财务会计实务	
后续课程	ERP 软件应用			
学　　时	68		学　分	3.5
理论学时	34		实践学时	34
教学场所	☐ 教室　☐ 多媒体教室　☑ 实训/实验室　☐ 理实一体化教室 ☐ 生产性实训基地　☐ 其他（　　　）			

2) 课程培养目标

本课程要求学生掌握会计信息化软件的财务会计、固定资产、薪资系统等业务功能模块的基本业务流程和软件应用技术等知识，熟悉国家会计法及相关法律法规，具备耐心、细致、严谨，爱岗敬业、诚实守信、客观公正、坚持准则的职业素质，能进行数据处理、利用会计信息化软件快速完成岗位工作任务。通过本课程的学习，学生应具备以下能力和素质：

通过 SOC1 的实施，培养学生会计信息化环境配置的职业能力，培养学生法律意识、团队合作意识以及耐心、细致和严谨的职业素质。

通过 SOC2 的实施，培养学生自主学习、用会计信息化软件进行财务凭证业务处理、出纳业务处理等能力,以及团队合作意识、耐心、细致、严谨,爱岗敬业、诚实守信、客观公正和坚持准则的职业素质。

通过 SOC3 的实施,培养学生自主学习、用会计信息化软件进行工资业务处理的能力,以及团队合作意识、耐心、细致、严谨,爱岗敬业、诚实守信、客观公正和坚持准则的职业素质。

通过 SOC4 的实施,培养学生自主学习、用会计信息化软件进行固定资产业务处理的能力,以及团队合作意识、耐心、细致、严谨,爱岗敬业、诚实守信、客观公正和坚持准则的职业素质。

通过 SOC5 的实施,培养学生自主学习、用会计信息化软件处理会计分期每期期末调汇、结转等业务的能力,以及团队合作意识、耐心、细致、严谨,爱岗敬业、诚实守信、客观公正和坚持准则的职业素质。

通过 SOC6 的实施,培养学生自主学习、用会计信息化软件编制不同类型财务报表的能力,以及耐心、细致、严谨,爱岗敬业、诚实守信和客观公正的职业素质。

3) 课程预期成果的分解及学分

将专业预期成果分解为课程预期成果和课程单元预期成果,具体见表 3-39。

表 3-39 　课程预期成果与专业预期成果对应表

课程预期成果		课程单元预期成果		对应 POC	课程预期成果		课程单元预期成果		对应 POC
编号	学分	编号	学分		编号	学分	编号	学分	
SOC1	0.5	SUOC1	0.1	POC2.3 POC3.2 POC5.1	SOC4	0.5	SUOC1	0.25	POC1.2 POC1.3 POC3.2 POC3.6
		SUOC2	0.4				SUOC2	0.25	
SOC2	1	SUOC1	0.7		SOC5	0.5	SUOC1	0.25	
		SUOC2	0.3				SUOC2	0.25	
SOC3	0.5	SUOC1	0.25	POC1.2 POC1.3 POC3.2 POC3.6	SOC6	0.5	SUOC1	0.25	POC3.2 POC3.5
		SUOC2	0.25				SUOC2	0.25	

4) 课程预期成果和课程单元预期成果内容

课程预期成果和课程单元预期成果内容与职业能力、素质对应关系见表 3-40。

表 3-40　课程预期成果和课程单元预期成果内容与职业能力、素质对应表

课程预期成果	课程单元预期成果	对应职业能力、素质
SOC1 内容:学生在教师的指导下,学生能构建一个中小制造企业账套,学生根据企业产品特点和管理要求,设置操作人员的工作权限,并完成并企业各项财务基本档案的处理。	SUOC1 内容:要求学生熟悉角色、用户、权限及账套的概念及系统管理操作流程,能根据企业核算要求建立账套,并进行备份、修改以及引入操作。	TY01:沟通交流。 TY02:团队合作。 HX01:自主学习。 HX03:法律意识与职业道德。 ZY0501:能熟练进行会计信息化软件系统的环境配置、安装及数据管理维护。 ZY0502:能熟练进行系统基础设置和初始化。
	SUOC2 内容:按照 SUOC1 案例,根据企业特点和管理要求在企业应用平台中设置系统启用和建立各项基础档案的方法,并理解各项基础档案在系统中所起的作用及各项目的含义。	
SOC2 内容:学生在教师的指导下,学生能使用会计信息化软件的总账模块、出纳模块,完成凭证处理业务、出纳日常业务等。	SUOC1 内容:学生熟悉总账管理凭证处理内容,能依据企业业务填制凭证、审核凭证、凭证记账、红字冲销、账簿设置等工作流程。	TY01:沟通交流。 TY02:团队合作。 HX01:自主学习。 HX02:信息技术应用。 HX03:法律意识与职业道德。 HX05:会计职业判断。 ZY0503:能熟练操作维护总账管理系统。
	SUOC2 内容:学生熟悉总账管理系统出纳处理、能处理银行日记账期初、日常银行对账单、支票处理、银行对账等。	
SOC3 内容:学生在教师的指导下,开展工资业务处理,使用会计信息化软件完成工资系统设置、当期工资变动处理、工资凭证处理等。	SUOC1 内容:了解薪资管理的功能,理解薪资管理与其他系统的关系,掌握薪资管理的操作流程;掌握薪资管理初始化内容和薪资管理初始化操作方法。	TY01:沟通交流。 TY02:团队合作。 HX01:自主学习。 HX02:信息技术应用。 HX03:法律意识与职业道德。 HX05:会计职业判断。 ZY0504:能熟练操作维护工资、固定资产、应收应付管理系统。
	SUOC2 内容:学生熟悉掌握职工工资及其所得税计算、日常数据处理以及薪资管理期末业务处理操作等。	
SOC4 内容:学生在教师的指导下,开展固定资产业务,使用会计信息化软件完成正常企业固定资产系统档案处理、当期固定资产增减变动、计提折旧等。	SUOC1 内容:了解固定资产系统管理的功能,理解薪资管理与其他系统的关系,掌握薪资管理的操作流程;掌握固定资产系统管理初始化内容和固定资产初始化卡片操作方法。	
	SUOC2 内容:学生熟悉掌握固定资产初始化操作方法、固定资产增减、变动、资产评估等日常业务处理操作方法以及计提减值准备、计提折旧、对账和结账等期末业务处理操作。	
SOC5 内容:学生在教师的指导下,在 SOC2、SOC3、SOC4 业务数据基础上,开展期末核算业务。	SUOC1 内容:了解总账系统管理的期末处理功能,掌握自定义转账设置内容和生成转账凭证的操作方法。	TY01:沟通交流。 TY02:团队合作。 HX01:自主学习。 HX02:信息技术应用。 HX03:法律意识与职业道德。 HX05:会计职业判断。 ZY0503:能熟练操作维护总账管理系统。
	SUOC2 内容:学生熟悉掌握了解总账系统管理的期末处理功能,掌握汇兑设置、模式转账内容和生成转账凭证的操作方法、掌握期末对账和结账等期末业务处理操作。	

（续表）

课程预期成果	课程单元预期成果	对应职业能力、素质
SOC6 内容：学生在教师的指导下，分析某企业业务数据，编制出财务财务报表和企业各种数据分析报表。	SUOC1 内容：了解 UFO 报表处理业务流程及基本概念，理解报表模板的使用，掌握报表模板的使用修改以及报表生成的相关操作。 SUOC2 内容：学生掌握使用报表系统管理的自定义报表功能，掌握报表设置、报表公式内容和生成报表的操作方法。	TY01：沟通交流。 HX01：自主学习。 HX02：信息技术应用。 HX05：会计职业判断。 ZY05：会计信息化应用。 ZY0806：构建运营管理信息系统，编制管理会计报告。

5）课程内容与学时安排

课程内容与学时安排见表 3-41。

表 3-41　课程内容与学时安排

项目名称	教学内容	学时	SOC
项目一　会计信息化系统设置	任务 1　账套管理、用户管理。 任务 2　基础档案设置。 任务 3　会计科目设置。 任务 4　总账系统参数设置。 任务 5　总账期初余额处理。 任务 6　银行对账期初数据处理。	12	SOC1
项目二　基础账务业务	任务 1　如何编制凭证。 任务 2　如何作废整理凭证。 任务 3　如何审核和记账。 任务 4　如何红字冲销。 任务 5　如何反审核记账。 任务 6　如何查账簿。 任务 7　如何编制账簿。 任务 8　如何登记支票。 任务 9　如何银行对账。	14	SOC2
项目三　企业工资核算业务	任务 1　工资参数设置。 任务 2　工资项目处理。 任务 3　工资公示设置。 任务 4　工资变动数据处理。 任务 5　工资分摊设置。 任务 6　编制工资记账凭证。 任务 7　工资凭证其他处理。	14	SOC3
项目四　企业固定资产核算业务	任务 1　固定资产系统设置。 任务 2　固定资产原始卡片处理。 任务 3　固定资产新增业务。 任务 4　固定资产减少业务。 任务 5　计提折旧。 任务 6　固定资产变动处理。 任务 7　固定资产卡片管理。	14	SOC4

（续表）

项目名称	教学内容	学时	SOC
项目五 企业期末核算业务	任务1 期末调汇业务。 任务2 自定义转账处理。 任务3 结转成本处理。 任务4 结转损益处理。	8	SOC5
项目六 企业报表处理	任务1 用模板编制各种报表。 任务2 自己编制会计报表。	6	SOC6
合　计		68	

6）与预期学习成果匹配的教学方法

课程教学方法见表3-42。

表 3-42　教学方法

预期学习成果	教学方法				
	讲授法	直观演示	任务导向	角色扮演	案例教学
SOC1	Y	Y	Y		Y
SOC2	Y	Y	Y	Y	
SOC3	Y	Y	Y	Y	
SOC4	Y	Y	Y	Y	
SOC5	Y	Y	Y		Y
SOC6	Y	Y	Y		Y

7）与预期学习成果匹配的考核评价标准

本课程实施"三合一"考核评价模式，即课程成绩＝平时考核＋成果考核＋能力测试，平时考核占20％，成果考核占60％，能力测试占20％。考核主体为企业和学校专家组成的第三方考评小组，考核标准是课程考核评价标准。

平时考核重点考核学生的团队合作精神、沟通交流能力、文案写作能力和自主学习能力等；成果考核重点考核学生的职业素质和职业能力是否形成；能力测试主要考核学生是否掌握了必需的知识和技能。

课程预期学习成果成绩由6个课程预期学习成果成绩构成，权重分别为SOC1占10％，SOC2占30％，SOC3占20％，SOC4占20％，SOC5占10％，SOC6占10％，具体见表3-43。

表 3-43　课程预期学习成果考核标准

课程预期成果	单元预期成果	学生预期学习成果达成度			权重
		合格(60~74分)	良好(75~84分)	优秀(85~100分)	
SOC1	SUOC1	(1)能基本正确地建立一个中小制造企业账套,正确率为60%~74%。评分要点:以上内容共20分。	(1)能比较正确地建立一个中小制造企业账套,正确率为75%~84%。评分要点:以上内容共20分。	(1)能正确地建立一个中小制造企业账套,正确率为85%~100%。评分要点:以上内容共20分。	20%
		(2)能基本准确地设置操作用户及其权限,正确率为60%~74%。评分要点:以上内容共20分。	(2)能比较正确地设置操作用户及其权限,正确率为75%~84%。评分要点:以上内容共20分。	(2)能准确地设置操作用户及其权限,正确率为85%~100%。评分要点:以上内容共20分。	20%
	SUOC2	(3)能基本准确地设置基本档案,正确率为60%~74%。评分要点:以上内容共30分。	(3)能比较正确地设置基础档案,正确率为75%~84%。评分要点:以上内容共30分。	(3)能准确地设置基本档案,正确率为85%~100%。评分要点:以上内容共30分。	30%
		(4)财务初始化结果基本准确,正确率为60%~74%。评分要点:以上内容共30分。	(4)财务初始化结果比较正确,正确率为75%~84%。评分要点:以上内容共30分。	(4)财务初始化结果准确,正确率为85%~100%。评分要点:以上内容共30分。	30%
SOC2	SUOC1	(1)能基本正确地处理凭证业务,正确率为60%~74%。评分要点:以上内容共40分。	(1)能比较正确地处理凭证业务,正确率为75%~84%。评分要点:以上内容共40分。	(1)能正确地处理凭证业务,正确率为85%~100%。评分要点:以上内容共40分。	40%
		(2)能基本正确地设置和查阅账簿,正确率为60%~74%。评分要点:以上内容共10分。	(2)能比较正确地设置和查阅账簿,正确率为75%~84%。评分要点:以上内容共10分。	(2)能正确地设置和查阅账簿,正确率为85%~100%。评分要点:以上内容共10分。	10%
		(3)能基本正确地完成错账更正处理,正确率为60%~74%。评分要点:以上内容共30分。	(3)能比较正确地完成错账更正处理,正确率为75%~84%。评分要点:以上内容共30分。	(3)能正确地完成错账更正处理,正确率为85%~100%。评分要点:以上内容共30分。	30%
	SUOC2	(1)能基本正确地进行支票登记,正确率为60%~74%。评分要点:以上内容共10分。	(1)能比较正确地进行支票登记,正确率为75%~84%。评分要点:以上内容共10分。	(1)能正确地进行支票登记,正确率为85%~100%。评分要点:以上内容共10分。	10%

（续表）

课程 预期 成果	单元预 期成果	学生预期学习成果达成度			权重
		合格(60~74分)	良好(75~84分)	优秀(85~100分)	
SOC2	SUOC2	(2) 能基本正确地完成本期银行对账,正确率为60%~74%。 评分要点:以上内容共10分。	(2) 能比较正确地完成本期银行对账,正确率为75%~84%。 评分要点:以上内容共10分。	(2) 能正确完成本期银行对账,正确率为85%~100%。 评分要点:以上内容共10分。	10%
SOC3	SUOC1	(1) 能基本准确地完成工资系统设置,正确率为60%~74%。 评分要点:以上内容共50分。	(1) 能比较准确地完成工资系统设置,正确率为75%~84%。 评分要点:以上内容共50分。	(1) 能准确地完成工资系统设置,正确率为85%~100%。 评分要点:以上内容共50分。	50%
	SUOC2	(2) 能基本准确地完成当月工资凭证处理流程,正确率为60%~74%。 评分要点:以上内容共50分。	(2) 能比较准确地完成当月工资凭证处理流程,正确率为75%~84%。 评分要点:以上内容共50分。	(2) 能准确地完成当月工资凭证处理流程。评分要点:正确率为85%~100%。 评分要点:以上内容共50分。	50%
SOC4	SUOC1	(1) 能基本准确地完成固定资产系统初始化,正确率为60%~74%。 评分要点:以上内容共30分。	(1) 能较为准确地完成固定资产系统初始化,正确率为75%~84%。 评分要点:以上内容共30分。	(1) 能准确地完成固定资产系统初始化。评分要点,正确率为85%~100%。 评分要点:以上内容共30分。	30%
	SUOC2	(2) 能基本准确地操作固定资产增减业务,正确率为60%~74%。 评分要点:以上内容共50分。	(2) 能较为准确地操作固定资产增减业务,正确率为75%~84%。 评分要点:以上内容共50分。	(2) 能准确地操作固定资产增减业务。评分要点,正确率为85%~100%。 评分要点:以上内容共50分。	50%
	SUOC3	(3) 某企业固定资产折旧处理结果基本准确,正确率为60%~74%。 评分要点:以上内容共20分。	(3) 某企业固定资产折旧处理结果较为准确,正确率为75%~84%。 评分要点:以上内容共20分。	(3) 某企业固定资产折旧处理结果准确,正确率为85%~100%。 评分要点:以上内容共20分。	20%
SOC5	SUOC1	(1) 能基本准确地完成自定义结转,正确率为60%~74%。 评分要点:以上内容共50分。	(1) 能较为准确地完成自定义结转,正确率为75%~84%。 评分要点:以上内容共50分。	(1) 能准确地完成自定义结转,正确率为85%~100%。 评分要点:以上内容共50分。	50%
	SUOC1	(2) 某企业外币调汇业务,结转成本处理,结转损益处理结果,正确率为60%~74%。 评分要点:以上内容共50分。	(2) 某企业外币调汇业务,结转成本处理,结转损益处理结果,正确率为75%~84%。 评分要点:以上内容共50分。	(2) 某企业外币调汇业务,结转成本处理,结转损益处理结果,正确率为85%~100%。 评分要点:以上内容共50分。	50%

（续表）

课程预期成果	单元预期成果	学生预期学习成果达成度			权重
		合格（60～74分）	良好（75～84分）	优秀（85～100分）	
SOC6	SUOC1	（1）能基本正确地用软件模板编制会计报表正确率为60%～74%。评分要点：以上内容共50分。	（1）能比较正确地用软件模板编制会计报表，正确率为75%～84%。评分要点：以上内容共50分。	（1）能正确地用软件模板编制会计报表，正确率为85%～100%。评分要点：以上内容共50分。	50%
	SUOC1	（2）能基本正确地用软件自定义各种报表，正确率为60%～74%。评分要点：以上内容共50分。	（2）能比较正确地用软件自定义各种报表，正确率为75%～84%。评分要点：以上内容共50分。	（2）能正确地用软件自定义各种报表，正确率为85%～100%。评分要点：以上内容共50分。	50%

8）课程实施条件

（1）授课教师要求

授课教师应具有会计信息化应用经验，能熟练使用会计信息化软件，本科及以上学历，讲师及以上职称。

（2）理实一体化教材

本课程采用编写或选用理实一体化教材，使用效果良好。

（3）实践教学条件

本课程采用编写或选用模拟实训教材，使用效果良好。本课程配备有相关模拟实训教学软件。建立紧密合作的产教融合，其中以制造业为主。学生应定期深入企业了解产品生产工艺流程、企业的管理要求等。

9）预期学生需要付出的努力

（1）完成课程标准中要求完成的课程预期学习成果

学生应在学校、教师的指导和支持下，积极主动地参与校内外课程学习和相关实践教学活动，按质按量地完成课程成果。

（2）确保有足够的课内时间学习

学生不能随意缺课、旷课、迟到和早退，特殊情况先请假，应按照学校教学进

程的安排,完成课程标准中要求的相关理论课程和实训项目的学习。

(3) 确保足够的课外学习时间

学生按照课内学习与课外学习时间1∶2的比例配备课外学习,确保有足够的时间在课前、课后查阅相关资料,完成拓展的实训作品,参与企业实践和相关公益活动等。

10) 教材、参考文献和资料

(1) 教材及参考文献

[1] 张俊龙,等.会计信息化理论与实务(上)(用友 ERP-U8 V10.1)[M].北京:中国商业出版社,2016.

[2] 陆群.会计电算化项目化教程[M].上海交通大学出版社,2016.

[3] 郑惠尹.会计电算化项目化教程实训[M].上海交通大学出版社,2016.

[4] 毛华扬.会计信息系统原理与应用——基于金蝶 K/3WISE[M].北京:中国人民大学出版社,2014.

[5] 广东省财政厅会计信息服务平台:www.gdczt.gov.cn.

(2) 其他说明

按照1∶2比例,上课1小时,学生要进行2小时的学习活动,1学分要求学生有18小时的学习,所以1学分学生所付出的总时间是54小时。

预期学生需付出的努力及“教材、参考文献和资料”两项内容是引导学生课后自主学习的参考依据。

8. 审计实务课程标准

1）课程基本信息

审计实务课程基本信息见表 3-44。

表 3-44 审计实务课程基本信息表

课程名称	审计实务	课程代码	
课程类型	☐ 通识基础课程 ☐ 通识拓展课程 ☐ 专业基础课程 ☐ 专业核心课程 ☑ 岗位综合课程 ☐ 专业限选课程		
修读方式	☑ 必修课 ☐ 专业拓展课 ☐ 选修课		
先行课程	财务会计实务、成本核算与管理、税费计算与申报		
后续课程	毕业顶岗实习		
学　时	48	学　分	3
理论学时	40	实践学时	8
教学场所	☐ 教室 ☐ 多媒体教室 ☐ 实训/实验室 ☑ 理实一体化教室 ☐ 生产性实训基地 ☐ 其他（　　）		

2）课程培养目标

本课程要求学生掌握审计业务处理和会计信息化等知识，熟悉国家会计法、审计法及相关法律法规，具备耐心、细致、严谨，爱岗敬业、诚实守信、客观公正、坚持准则的职业素质，能胜任会计师事务所的审计助理岗位工作任务。通过本课程的学习，学生应具备以下能力和素质：

通过 SOC1 的实施，培养学生自主学习、审计业务处理、文案写作和沟通交流等职业能力，培养学生法律意识、团队合作意识、诚实守信的职业道德以及耐心、细致和严谨的职业素质。

通过 SOC2、SOC3、SOC4 的实施，培养学生自主学习、审计日常经济业务处理等能力，以及耐心、细致、严谨，爱岗敬业、诚实守信、客观公正和坚持准则的职业素质。

通过 SOC5 的实施,培养学生沟通协调、文案写作、信息技术应用、审计业务处理等能力,以及耐心、细致、严谨,爱岗敬业、诚实守信和客观公正的职业素质。

通过 SOC6 的实施,培养学生的沟通协调、文案写作、自主学习、审计业务处理等能力,以及爱岗敬业、诚实守信和客观公正的职业素质。

3) 课程预期成果的分解及学分

将专业预期成果分解为课程预期成果和课程单元预期成果,具体见表 3-45。

表 3-45　课程预期成果与专业预期成果对应表

课程预期成果		课程单元预期成果		对应 POC	课程预期成果		课程单元预期成果		对应 POC
编号	学分	编号	学分		编号	学分	编号	学分	
SOC1	0.5	SUOC1	0.2	POC1.1 POC2.3	SOC4	0.8	SUOC1	0.4	POC2.3 POC3.2
		SUOC2	0.3				SUOC2	0.4	
SOC2	0.5	SUOC1	0.1	POC1.3 POC3.1	SOC5	0.3	SUOC1	0.3	POC3.2
		SUOC2	0.2						
		SUOC3	0.2						
SOC3	0.3	SUOC1	0.1	POC3.1 POC1.3	SOC6	0.6	SUOC1	0.2	POC3.6 POC4.1 POC6.1
		SUOC2	0.2				SUOC2	0.2	
							SUOC3	0.2	

4) 课程预期成果和课程单元预期成果内容

课程预期成果和课程单元预期成果内容与职业能力、素质对应关系见表 3-46。

表 3-46　课程预期成果和课程单元预期成果内容与职业能力、素质对应表

课程预期成果	课程单元预期成果	对应职业能力、素质
SOC1 内容:学生在教师指导下,自主查找资料,撰写一个会计师事务所的审计案例,包括审计业务的相关信息和相关业务的各种资料等。学生根据审计的特点和管理要求设置会计师事务所的机构、从业人员、设计各部门职责和各岗位工作流程等。	SUOC1 内容:学生在教师的指导下,自主查找资料,撰写一个会计师事务所的审计案例,包括审计业务的相关信息和相关业务的各种资料等。学生根据案例中审计业务的特点和管理要求选择适当的审计方法,设置审计助理等岗位的工作流程等。	TY01:沟通交流。 TY02:团队合作。 TY03:文案写作。 HX01:自主学习能力。 HX03:法律意识与职业道德。 ZY0701:了解被审计单位基本情况,评估审计风险。
	SUOC2 内容:按照审计案例要求,设置会计师事务所的机构、从业人员、设计各部门职责和各岗位工作流程等。	

（续表）

课程预期成果	课程单元预期成果	对应职业能力、素质
SOC2 内容：学生在教师的指导下，了解被审计单位情况，编制审计计划，实施实质性审计程序，编制、复核、使用和管理审计工作底稿，编制审计报告。	SUOC1 内容：学生在教师的指导下，了解被审计单位情况、编制审计计划。	
	SUOC2 内容：学生在教师的指导下，实施实质性审计程序。	
	SUOC3 内容：学生在教师的指导下，编制、复核、使用和管理审计工作底稿、编制审计报告。	
SOC3 内容：学生在教师指导下，采用专业方法和信息技术识别有效证据，规范工作过程，判断重要审计事项，收集、整理与分析具体审计证据。	SUOC1 内容：学生在教师的指导下，识别有效证据，规范工作过程。	HX01：自主学习。ZY0702：制定审计策略，编制审计计划。ZY0703：实施审计过程，收集审计证据。
	SUOC2 内容：学生在教师的指导下，判断重要审计事项，收集、整理与分析具体审计证据。	
SOC4 内容：学生在教师指导下，分析审计实务案例，利用合适的审计方法，对具体的审计业务进行审计，撰写案例分析报告，制作汇报演示 PPT。	SUOC1 内容：学生在教师的指导下，选择合适的审计方法。	
	SUOC2 内容：学生在教师的指导下，利用合适的审计方法，对具体的审计业务进行审计。	
SOC5 内容：学生在教师的指导下，采用专业方法和信息技术对审计证据进行分析，为审计人员提供材料。	SUOC1 内容：学生在教师的指导下，采用专业方法和信息技术对审计证据进行分析，实施审计过程，为审计人员提供材料。	TY01：沟通交流。TTY03：文案写作。HX02：信息技术应用。ZY0703 实施审计过程，收集审计证据。
SOC6 内容：学生在教师的指导下，编写与复核审计工作底稿，调整审计差异的能力撰写审计报告，指导培训审计助理人员的能力。	SUOC1 内容：学生在教师的指导下，为审计人员编写审计报告提供依据，编写与复核审计工作底稿。	TY01：沟通交流。TY02：团队合作。TY03：文案写作。HX01：自主学习。ZY0704：编写与复核审计工作底稿，调整审计差异。ZY0705：撰写审计报告，指导培训审计助理人员。
	SUOC2 内容：学生在教师的指导下，调整审计差异的能力撰写审计报告。	
	SUOC3 内容：学生在教师的指导下，指导培训审计助理人员的能力。	

5）课程内容与学时安排

课程内容与学时安排见表 3-47。

表 3-47 课程内容与学时安排

项目名称	教学内容	学时	SOC
项目一 审计证据的收集与鉴别	任务 1 证据的形式要件,证据的证明力。 任务 2 证据的收集方法,证据的保存方法。 任务 3 证据的鉴别,判断证据是否有效合法。	6	SOC1
项目二 审计质量控制	任务 1 会计师事务所内部控制规范。 任务 2 外勤工作规范、审计程序流程控制。 任务 3 审计质量控制与审计风险控制。	4	SOC2
项目三 审计项目环境资料收集	任务 1 外部产业环境资料的收集。 任务 2 内部控制环境资料的收集与整理。 任务 3 金融环境资料的收集。	4	
项目四 会计账务资料收集与整理	任务 1 相关会计报告的收集与整理。 任务 2 主要会计账簿的收集、整理与初步分析。 任务 3 重要会计凭证的收集、整理与鉴别。	2	SOC3
项目五 实物资产资料收集与整理	任务 1 现金、存货与固定资产资料的收集与整理。 任务 2 监盘现金、存货与固定资产。 任务 3 投资(含金融工具)与无形资产权利资料的收集、整理,价值初步判断。	17	SOC4
项目六 债权债务及股东权益资料收集与整理	任务 1 债权债务资料的收集与整理。 任务 2 函证债权债务,取得重要事项的律师意见函。 任务 3 股东权益资料收集与整理。 任务 4 上市公司股票价值变化资料财务报表编制和分析方法。	11	SOC5
项目七 计算机审计技术(审计助理)	任务 1 会计电算化系统与网络财务软件内部控制资料的收集与整理。 任务 2 专用审计软件的应用。 任务 3 电子数据资料的收集与保存审计管理方法原理及应用。	4	SOC6
合 计		48	

6)与预期学习成果匹配的教学方法

本课程采用翻转课堂教学模式,线上学习、线下答疑辅导,具体教学方法见表 3-48。

表 3-48 教学方法

预期学习成果	教学方法				
	讲授法	案例教学	直观演示	任务导向	角色扮演
SOC1	Y	Y	Y	Y	Y
SOC2	Y				
SOC3	Y	Y	Y	Y	

（续表）

预期学习成果	教学方法				
	讲授法	案例教学	直观演示	任务导向	角色扮演
SOC4	Y	Y	Y	Y	Y
SOC5	Y	Y	Y	Y	Y
SOC6	Y		Y		

7）与预期学习成果匹配的考核评价标准

本课程实施"三合一"考核评价模式，即课程成绩＝平时考核＋成果考核＋能力测试，平时考核占 20％，成果考核占 60％，能力测试占 20％。考核主体为企业和学校专家组成的第三方考评小组，考核标准是课程考核评价标准。

平时考核重点考核学生的团队合作精神、沟通交流能力、文案写作能力和自主学习能力等，成果考核重点考核学生的职业素质和职业能力是否形成，能力测试主要考核学生是否掌握了必需的知识和技能。

课程预期学习成果成绩由 4 个课程预期学习成果成绩构成，权重分别为 SOC1 占 10％，SOC2 占 10％，SOC3 占 10％，SOC4 占 35％，SOC5 占 10％，SOC6 占 25％，具体见表 3-49。

表 3-49　课程预期学习成果考核评价标准

课程预期成果	单元预期成果	学生预期学习成果达成度			权重
		合格(60～74 分)	良好(75～84 分)	优秀(85～100 分)	
SOC1	SUOC1	(1) 能基本掌握证据的形式要件，证据的证明力，正确率为 60％～74％。评分要点：以上内容共 30 分。	(1) 能掌握证据的形式要件，证据的证明力，正确率为 75％～84％。评分要点：以上内容共 30 分。	(1) 能熟练掌握证据的形式要件，证据的证明力，正确率为 85％～100％。评分要点：以上内容共 30 分。	30％
		(2) 能基本掌握证据的收集方法及其保存方法，正确率为 60％～74％。评分要点：以上内容共 30 分。	(2) 能掌握证据的收集方法及其保存方法，正确率为 75％～84％。评分要点：以上内容共 30 分。	(2) 能熟练掌握证据的收集方法及其保存方法，正确率为 85％～100％。评分要点：以上内容共 30 分。	30％
	SUOC2	(3) 能基本掌握证据的鉴别，判断证据是否有效合法，正确率为 60％～74％。评分要点：以上内容共 40 分。	(3) 能掌握证据的鉴别，判断证据是否有效合法，正确率为 75％～84％。评分要点：以上内容共 40 分。	(3) 能熟练掌握证据的鉴别，判断证据是否有效合法，正确率为 85％～100％。评分要点：以上内容共 40 分。	40％

（续表）

课程预期成果	单元预期成果	学生预期学习成果达成度			权重
		合格（60～74分）	良好（75～84分）	优秀（85～100分）	
SOC2	SUOC1	(1) 能基本掌握会计师事务所内部控制规范、外勤工作规范，正确率为60%～74%。评分要点：以上内容共25分。	(1) 能掌握会计师事务所内部控制规范、外勤工作规范，正确率为75%～84%。评分要点：以上内容共25分。	(1) 能熟练掌握会计师事务所内部控制规范、外勤工作规范，正确率为85%～100%。评分要点：以上内容共25分。	25%
	SUOC2	(2) 能基本掌握审计程序流程控制，正确率为60%～74%。评分要点：以上内容共50分。	(2) 能掌握审计程序流程控制，正确率为75%～84%。评分要点：以上内容共50分。	(2) 能熟练掌握审计程序流程控制，正确率为85%～100%。评分要点：以上内容共50分。	50%
	SUOC3	(3) 能够基本按照审计工作规范完成审计程序，正确率为60%～74%。评分要点：以上内容共25分。	(3) 能够按照审计工作规范完成审计程序，正确率为75%～84%。评分要点：以上内容共25分。	(3) 能够熟练按照审计工作规范完成审计程序，正确率为85%～100%。评分要点：以上内容共25分。	25%
SOC3	SUOC1	(1) 能基本掌握审计项目外部行业环境、金融环境和企业内部控制环境资料的收集与整理，正确率为60%～74%。评分要点：以上内容共50分。	(1) 能掌握审计项目外部行业环境、金融环境和企业内部控制环境资料的收集与整理，正确率为75%～84%。评分要点：以上内容共50分。	(1) 能熟练掌握审计项目外部行业环境、金融环境和企业内部控制环境资料的收集与整理，正确率为85%～100%。评分要点：以上内容共50分。	50%
	SUOC2	(2) 能基本上能够根据审计项目性质和实际情况收集整理审计项目相关环境证据资料，正确率为60%～74%。评分要点：以上内容共50分。	(2) 能够根据审计项目性质和实际情况收集整理审计项目相关环境证据资料，正确率为75%～84%。评分要点：以上内容共50分。	(2) 能够熟练根据审计项目性质和实际情况收集整理审计项目相关环境证据资料，正确率为85%～100%。评分要点：以上内容共50分。	50%
SOC4	SUOC1	(1) 能基本上能够掌握凭证、账簿、报表等会计资料的收集与整理，熟悉审计项目会计资料收集整理策略设计的原则和实施，正确率为60%～74%。评分要点：以上内容共50分。	(1) 能掌握凭证、账簿、报表等会计资料的收集与整理，熟悉审计项目会计资料收集整理策略设计的原则和实施，正确率为75%～84%。评分要点：以上内容共50分。	(1) 能熟练掌握凭证、账簿、报表等会计资料的收集与整理，熟悉审计项目会计资料收集整理策略设计的原则和实施，正确率为85%～100%。评分要点：以上内容共50分。	50%
	SUOC2	(2) 基本上能够根据审计项目的性质和实际情况收集整理会计资料，正确率为60%～74%。评分要点：以上内容共50分。	(2) 能够根据审计项目的性质和实际情况收集整理会计资料，正确率为75%～84%。评分要点：以上内容共50分。	(2) 能熟练根据审计项目的性质和实际情况收集整理会计资料，正确率为85%～100%。评分要点：以上内容共50分。	50%

(续表)

课程预期成果	单元预期成果	学生预期学习成果达成度			权重
		合格(60~74分)	良好(75~84分)	优秀(85~100分)	
SOC5	SUOC1	(1) 能基本掌握存货与固定资产资料的收集与整理,正确率为60%~74%。评分要点:以上内容共30分。	(1) 能掌握存货与固定资产资料的收集与整理,正确率为75%~84%。评分要点:以上内容共30分。	(1) 能熟练掌握存货与固定资产资料的收集与整理,正确率为85%~100%。评分要点:以上内容共30分。	30%
		(2) 能基本掌握监盘存货与固定资产,正确率为60%~74%。评分要点:以上内容共40分。	(2) 能掌握监盘存货与固定资产,正确率为75%~84%。评分要点:以上内容共40分。	(2) 能熟练掌握监盘存货与固定资产,正确率为85%~100%。评分要点:以上内容共40分。	40%
		(3) 能基本掌握投资与无形资产权利资料的收集、整理,价值初步判断,正确率为60%~74%。评分要点:以上内容共30分。	(3) 能掌握投资与无形资产权利资料的收集、整理,价值初步判断,正确率为75%~84%。评分要点:以上内容共30分。	(3) 能熟练掌握投资与无形资产权利资料的收集、整理,价值初步判断,正确率为85%~100%。评分要点:以上内容共30分。	30%
SOC6	SUOC1	(1) 能基本掌握债权债务资料的收集与整理,正确率60%~74%。评分要点:以上内容共15分。	(1) 能掌握债权债务资料的收集与整理,正确率为75%~84%。评分要点:以上内容共15分。	(1) 能熟练掌握债权债务资料的收集与整理,正确率85%~100%。评分要点:以上内容共15分。	15%
		(2) 能基本掌握函证债权债务,取得重要事项的律师意见函,正确率为60%~74%。评分要点:以上内容共15分。	(2) 能掌握函证债权债务,取得重要事项的律师意见函,正确率为75%~84%。评分要点:以上内容共15分。	(2) 能熟练掌握函证债权债务,取得重要事项的律师意见函,正确率为85%~100%。评分要点:以上内容共15分。	15%
	SUOC2	(3) 能基本掌握股东权益资料收集与整理,正确率为60%~74%。评分要点:以上内容共15分。	(3) 能掌握股东权益资料收集与整理,正确率为75%~84%。评分要点:以上内容共15分。	(3) 能熟练掌握股东权益资料收集与整理,正确率为85%~100%。评分要点:以上内容共15分。	15%
		(4) 能基本掌握上市公司股票价值变化资料收集,正确率为60%~74%。评分要点:以上内容共15分。	(4) 能掌握上市公司股票价值变化资料收集,正确率为75%~84%。评分要点:以上内容共15分。	(4) 能熟练掌握上市公司股票价值变化资料收集,正确率为85%~100%。评分要点:以上内容共15分。	15%
	SUOC3	(5) 能基本掌握根据审计工作底稿编制审计报告,正确率为60%~74%。评分要点:以上内容共40分。	(5) 能掌握根据审计工作底稿编制审计报告,正确率为75%~84%。评分要点:以上内容共40分。	(5) 能熟练掌握根据审计工作底稿编制审计报告,正确率为85%~100%。评分要点:以上内容共40分。	40%

8）课程实施条件

(1) 授课教师要求

授课教师应具有 3 年以上企业相关工作经验,本科以上学历,讲师以上职称,具有会计师、注册会计师等职业资格证书者优先。

(2) 理实一体化教材

本课程采用编写或选用理实一体化教材,使用效果良好。

(3) 实践教学条件

本课程采用编写或选用模拟实训教材,使用效果良好。本课程配备有相关模拟实训教学软件。建立紧密合作的产教融合,其中以制造业为主。学生应定期深入企业了解产品生产工艺流程、企业的管理要求等。

9）预期学生需要付出的努力

(1) 完成课程标准中要求完成的学习成果

学生应在学校、教师的指导和支持下,积极主动地参与校内外课程学习和相关实践教学活动,按质按量地完成课程成果。

(2) 确保有足够的课内时间学习

学生不能随意缺课、旷课、迟到和早退,特殊情况先请假,应按照学校教学进程的安排,完成课程标准中要求的相关理论课程和实训项目的学习。

(3) 确保足够的课外学习时间

学生按照课内学习与课外学习时间 1∶2 的比例配备课外学习,确保有足够的时间课前、课后查阅相关资料,完成拓展的实训作品,参与企业实践和相关公益活动等。

10）教材、参考文献和资料

(1) 教材及参考文献

［1］赵杰.审计学［M］.沈阳:辽宁大学出版社,2018.

［2］赵霞.审计基础与实务［M］.2 版.沈阳:东北大学出版社,2017.

［3］中华会计网校:http://www.chinaacci.com.

［4］广东省财政厅会计信息服务平台:www.gdczt.gov.cn.

［5］中国财会网:http://www.kj2000.com/.

［6］中国注册会计师协会:http://www.cicpa.org.cn/.

［7］财考网:http://www.ck100.com.

［8］无忧考网:http://www.51test.net/kjz/.

(2) 其他说明

按照 1∶2 比例,上课 1 小时,学生要进行 2 小时的学习活动,1 学分要求学生有 25.5 小时的学习,所以 2 学分学生所付出的总时间是 51 小时。

预期学生需要付出的努力及"教材、参考文献和资料"两项内容是引导学生课后自主学习的参考依据。此外,学生还应熟悉《中华人民共和国国家审计准则》《注册会计师法》和《中国注册会计师鉴证业务基本准则》等审计法律法规。

9. 经济法基础课程标准

1）课程基本信息

经济法基础课程信息见表 3-50。

表 3-50　经济法基础课程基本信息表

课程名称	经济法基础	课程代码	
课程类型	☐ 通识基础课程　☐ 通识拓展课程　☑ 专业基础课程 ☐ 专业核心课程　☐ 岗位综合课程　☐ 专业限选课程		
修读方式	☑ 必修课　☐ 专业拓展课　☐ 选修课		
先行课程	会计职业入门与操作		
后续课程	税费计算与申报、企业内部控制		
学　　时	68	学　分	3.5
理论学时	56	实践学时	12
教学场所	☐ 教室　☐ 多媒体教室　☐ 实训/实验室　☑ 理实一体化教室 ☐ 生产性实训基地　☐ 其他（　　　）		

2）课程目标

本课程要求学生掌握一定的法律基础知识，熟悉会计人员所必备的会计、支付结算、税收、劳动合同和社会保险相关法律法规，能主动加强会计职业道德修养，遵守财经法规与职业道德规范，为助理会计师考试和今后从事专业工作打下坚实基础。通过本课程的学习，要求学生具备以下能力和素质：

通过 SOC1 的实施，使学生掌握会计核算和监督的相关法律规定，明确会计机构和会计人员的相关职责，熟悉会计工作违法的法律责任，培养学生沟通交流、团队合作、法律意识与职业道德素质，提高学生的企业运营管理能力。

通过 SOC2 的实施，使学生掌握支付结算法律制度，会使用各种非现金支付工具，了解结算纪律和法律责任，培养学生沟通交流、法律意识与职业道德素质，提高学生的信息技术应用能力与款项收付与资金管理能力。

通过 SOC3 的实施,使学生掌握流转税、所得税、房产税等其他税种法律制度,会进行税费计算与申报,熟悉税收征管法律规定,培养学生依法纳税的法律意识与职业道德素质,提高纳税核算与申报能力。

通过 SOC4 的实施,使学生掌握劳动合同法和社会保险没法律制度,能协助企业完成劳动合同和社保管理相关事务,培养学生的职业安全意识和职业道德素质,提高企业运营管理能力。

3) 课程预期成果的分解及学分

将专业预期成果分解为课程预期成果和课程单元预期成果,具体见表 3-51。

表 3-51 课程预期成果与专业预期成果对应表

课程预期成果		课程单元预期成果		对应POC	课程预期成果		课程单元预期成果		对应POC
编号	学分	编号	学分		编号	学分	编号	学分	
SOC1	0.6	SUOC1	0.15	POC1.1 POC2.2	SOC3	1.2	SUOC1	0.5	POC1.3 POC2.2
		SUOC2	0.15				SUOC2	0.5	
		SUOC3	0.15				SUOC3	0.1	
		SUOC4	0.15				SUOC4	0.1	
SOC2	1.0	SUOC1	0.1	POC4.1 POC2.2	SOC4	0.7	SUOC1	0.35	POC2.3 POC3.4
		SUOC2	0.5						
		SUOC3	0.2				SUOC2	0.35	
		SUOC4	0.1						
		SUOC5	0.1						

4) 课程预期成果和课程单元预期成果内容

课程预期成果和课程单元预期成果内容与职业能力、素质对应表见表 3-52。

表 3-52 课程预期成果和课程单元预期成果内容与职业能力、素质对应表

课程预期成果	课程单元预期成果	对应职业能力、素质
SOC1 内容:学生在教师的指导下,完成一个企业的会计机构设置、人员配备和体系构建工作,掌握会计核算和监督的相关法律规定,掌握违反会计法律制度的责任。	SUOC1 内容:掌握会计核算与监督的基本要求,会管理会计档案。	TY01:沟通交流。 TY02:团队合作。 HX03:法律意识与职业道德。 ZY0801:确定财务部门组织架构,设计财务制度与内部控制制度。
	SUOC2 内容:完成一个企业的会计机构设置、人员配备和体系构建工作。	

（续表）

课程预期成果	课程单元预期成果	对应职业能力、素质
	SUOC3 内容：明确会计职业道德的基本要求，具备良好的职业道德意识。	
	SUOC4 内容：掌握违反会计法律制度的责任，理解职业道德与法律的区别联系。	
SOC2 内容：学生在教师的指导下，会使用各种非现金支付工具，掌握结算纪律和法律责任。	SUOC1 内容：掌握银行结算账户的分类及开户、使用、变更、撤销等基本要求和流程。	HX02：信息技术应用。 HX03：法律意识与职业道德。 TY01：沟通交流。 ZY0101：办理收付款业务，妥善保管有价证券、票据资料和相关档案资料。
	SUOC2 内容：掌握票据、银行卡等非现金支付工具的应用。	
	SUOC3 内容：掌握汇兑、托收承付等非现金支付工具的应用。	
	SUOC4 内容：掌握网上支付的方法和程序。	
	SUOC5 内容：掌握结算纪律与法律责任，具备良好的职业道德。	
SOC3 内容：学生在教师的指导下，会进行增值税、消费税、企业所得税、个人所得税、房产税等税种的计算和申报，熟悉税收征管法律规定。	SUOC1 内容：掌握增值税、消费税的计算、申报与税收优惠。	HX03：法律意识与职业道德。 ZY0401：办理税务登记、管理发票。 ZY0402：税费计算、申报和缴纳。 ZY0403：所得税汇算清缴。 ZY0404：办理年检与税务变更。 ZY0405：根据企业实际情况进行纳税筹划与管理。
	SUOC2 内容：掌握企业所得税、个人所得税的计算、申报与税收优惠。	
	SUOC3 内容：掌握房产税、契税等其他小税种的计算、申报与税收优惠。	
	SUOC4 内容：掌握税收征收管理法律制度	
SOC4 内容：学生在教师的指导下，熟悉劳动合同法和社会保险没法律制度，能协助企业完成劳动合同和社保管理相关事务。	SUOC1 内容：掌握劳动合同法律制度及基本应用。	HX03：法律意识与职业道德。 TY05：职业安全。 ZY0807：业务流程改进，人员培训，工商、税务、银行等对外关系管理。
	SUOC2 内容：掌握社会保险法律制度用基本应用。	

5）课程内容与学时安排

课程内容与学时安排见表3-53。

表 3-53　课程内容与学时安排

项目名称	教学内容		学时	SOC
项目一　会计法律制度	任务1　会计核算与监督。 任务2　会计机构和会计人员。 任务3　会计职业道德。 任务4　违反会计法律制度的责任。		12	SOC1
项目二　支付结算法律制度	任务1　银行结算账户。 任务2　非现金支付工具(票据、银行卡)。 任务3　非现金支付工具(结算方式)。 任务4　网上支付。 任务5　结算纪律与法律责任。		20	SOC2
项目三　税收法律制度	任务1　流转税法律制度。 任务2　所得税法律制度。 任务3　房产税、契税等其他税收法律制度。 任务4　税收征收管理法律制度。		28	SOC3
项目四　劳动合同和社会保险法律制度	任务1　劳动合同法律制度。 任务2　社会保险法律制度。		8	SOC4
合　计			68	

6) 与预期学习成果匹配的教学方法

本课程采用翻转课堂教学模式,线上学习、线下答疑辅导,具体教学方法见表 3-54。

表 3-54　教学方法

预期学习成果	教学方法				
	课堂讲授	案例教学	直观演示	任务导向	角色扮演
SOC1	Y	Y		Y	Y
SOC2	Y	Y	Y		
SOC3	Y	Y	Y	Y	Y
SOC4	Y	Y			Y

7) 与预期学习成果匹配的考核评价体系

本课程实施"三合一"考核评价模式,即课程成绩＝平时考核＋成果考核＋能力测试,平时考核占 20%,成果考核占 60%,能力测试占 20%。考核主体为企业和学校专家组成的第三方考评小组,考核标准是课程考核评价标准。

平时考核重点考核学生的团队合作精神、沟通交流能力、文案写作能力和自主学习能力等,成果考核重点考核学生的职业素质和职业能力是否形成,能力测试主要考核学生是否掌握了必需的知识和技能。

课程预期学习成果成绩由 4 个课程预期学习成果成绩构成,权重分别为 SOC1 占 20%,SOC2 占 25%,SOC3 占 35%,SOC4 占 20%,具体见表 3-55。

表 3-55　经济法基础课程学习成果考核标准

课程预期成果	单元预期成果	学生预期学习成果达成度			
		合格(60~74分)	良好(75~84分)	优秀(85~100分)	权重
SOC1	SUOC1	基本掌握会计核算与监督的要求,会管理会计档案。	较好地掌握会计核算与监督的要求,会管理会计档案。	熟练掌握会计核算与监督的要求,会管理会计档案。	25%
	SUOC2	基本完成企业会计机构设置和体系构建工作,基本明确会计机构和会计人员的相关职责。	较好地完成企业会计机构设置和体系构建工作,较明确会计机构和会计人员的相关职责。	熟练完成企业会计机构设置和体系构建工作,明确会计机构和会计人员的相关职责。	25%
	SUOC3	基本掌握会计职业道德要求,具备基本的职业德意识。	较好地掌握会计职业道德要求,具备较好的职业道德意识。	熟练掌握会计职业道德要求,具备优良的职业德意识。	25%
	SUOC4	基本掌握会计工作违法的法律责任。	较好地掌握会计工作违法的法律责任。	熟练掌握会计工作违法的法律责任。	25%
SOC2	SUOC1	基本掌握银行结算账户的分类及开户、使用、变更、撤销等基本要求和流程。	较好地掌握银行结算账户的分类及开户、使用、变更、撤销等基本要求和流程。	熟练掌握银行结算账户的分类及开户、使用、变更、撤销等基本要求和流程。	20%
	SUOC2	基本掌握票据、银行卡等非现金支付工具的应用。	较好地掌握票据、银行卡等非现金支付工具的应用。	熟练掌握票据、银行卡等非现金支付工具的应用。	32%
	SUOC3	基本掌握汇兑、托收承付等非现金支付工具的应用。	较好地掌握汇兑、托收承付等非现金支付工具的应用。	熟练掌握汇兑、托收承付等非现金支付工具的应用。	20%
	SUOC4	基本掌握网上支付的方法和程序。	较好地掌握网上支付的方法和程序。	熟练掌握网上支付的方法和程序。	8%
	SUOC5	基本掌握结算纪律与法律责任,具备一定的职业道德意识。	较好地掌握结算纪律与法律责任,具备良好的职业道德意识。	熟练掌握结算纪律与法律责任,具备优良的职业道德意识。	20%
SOC3	SUOC1	基本掌握增值税、消费税的计算、申报与税收优惠。	较好地掌握增值税、消费税的计算、申报与税收优惠。	熟练掌握增值税、消费税的计算、申报与税收优惠。	33%
	SUOC2	基本掌握企业所得税、个人所得税的计算、申报与税收优惠。	较好地掌握企业所得税、个人所得税的计算、申报与税收优惠。	熟练掌握企业所得税、个人所得税的计算、申报与税收优惠。	33%

（续表）

课程预期成果	单元预期成果	学生预期学习成果达成度			权重
		合格（60～74分）	良好（75～84分）	优秀（85～100分）	
SOC3	SUOC3	基本掌握房产税、契税等其他小税种的计算、申报与税收优惠。	较好地掌握房产税、契税等其他小税种的计算、申报与税收优惠。	熟练掌握房产税、契税等其他小税种的计算、申报与税收优惠。	24%
	SUOC4	基本掌握税收征收管理法律制度。	较好地掌握税收征收管理法律制度。	熟练掌握税收征收管理法律制度。	10%
SOC4	SUOC1	基本掌握劳动合同法律制度及基本应用。	较好地掌握劳动合同法律制度及基本应用。	熟练掌握劳动合同法律制度及基本应用。	50%
	SUOC2	基本掌握社会保险法律制度用基本应用。	较好地掌握社会保险法律制度用基本应用。	熟练掌握社会保险法律制度用基本应用。	50%

8）课程实施条件

（1）授课教师要求

授课教师应具备本科以上学历，具有扎实的理论基础和职业工作经历，熟悉法律法规及会计工作过程，具备一定的教学能力，能将法律实践工作与教学密切结合，进行示范教学。

（2）理实一体化教材

本课程采用编写或选用理实一体化教材，使用效果良好。

（3）实践教学条件

本课程配备相关财经法律法规，如《会计法》《会计基础工作规范》《人民币银行结算账户管理办法》《票据法》等，有条件时可编制案例库。建立紧密合作的产教融合，学生应定期深入企业了解企业运营管理和法务工作等。

9）预期学生需要付出的努力

（1）完成课程标准中要求完成的学习成果

学生应在学校、教师的指导和支持下，积极主动地参与校内外课程学习和相关实践教学活动，按质按量地完成课程成果。

（2）确保有足够的课内时间学习

学生不能随意缺课、旷课、迟到和早退，特殊情况先请假，应按照学校教学进

程的安排,完成课程标准中要求的相关理论课程和实训项目的学习。

(3) 确保足够的课外学习时间

学生按照课内学习与课外学习时间 1∶2 的比例配备课外学习,确保有足够的时间在课前、课后查阅相关资料,完成拓展的实训作品,参与企业实践和相关公益活动等。

10) 教材、参考文献和资料

(1) 教材及参考文献

[1] 财政部会计资格评价中心.经济法基础[M].北京:经济科学出版社,2018.

[2] 中华会计网校:http://www.chinaacci.com.

[3] 中国财会网:http://www.kj2000.com/.

[4] 财政部:http://www.mof.gov.cn/index.htm.

[5] 国家税务总局:http://www.chinatax.gov.cn/.

(2) 其他说明

按照 1∶2 比例,上课 1 小时,学生要进行 2 小时的学习活动,1 学分要求学生有 18 小时的学习,所以 1 学分学生所付出的总时间是 54 小时。

预期学生需要付出的努力及"教材、参考文献和资料"两项内容是引导学生课后自主学习的参考依据。此外,学生还应熟悉最新《会计法》《注册会计师法》《会计档案管理办法》《代理记账管理办法》《企业内部控制基本规范》《会计基础工作规范》《票据法》《支付结算办法》《人民币银行结算账户管理办法》《增值税暂行条例》《消费税暂行条例》《企业所得税法》《个人所得税法》《税收征收管理法》《劳动合同法》《社会保险法》等。

10. 企业经营沙盘模拟实训课程标准

1) 课程基本信息

企业经营沙盘模拟实训课程基本信息见表 3-56。

表 3-56 企业经营沙盘模拟实训课程基本信息表

课程名称	企业经营沙盘模拟实训		课程代码	
课程类型	☐ 通识基础课程　☐ 通识拓展课程　☐ 专业基础课程 ☐ 专业核心课程　☑ 岗位综合课程　☐ 专业限选课程			
修读方式	☑ 必修课　☐ 专业拓展课　☐ 选修课			
先行课程	财务会计实务		财务管理	
后续课程	管理会计		会计综合模拟实训	多行业企业运营实训
学　　时	24		学　分	1
理论学时			实践学时	24
教学场所	☐ 教室　☐ 多媒体教室　☑ 实训/实验室　☐ 理实一体化教室 ☐ 生产性实训基地　☐ 其他（　　　）			

2) 课程培养目标

本课程通过学生分组扮演企业经营每一环节的重要角色,在激烈的市场竞争中体验企业供产销营运全过程,让学生了解企业经营管理中财务预决策、财务核算分析的重要性,并让学生深刻体会团队协作的重要性。通过本课程的学习,学生应具备以下能力和素质:

通过 SOC1 的实施,培养学生自主学习、组织协调能力、沟通协作能力、诚实守信的职业道德以及耐心、细致和严谨的职业素质。

通过 SOC2、SOC3 的实施,培养学生自主学习、团结互助学习能力、沟通协作能力、企业管理能力总结分析能力,以及耐心、细致、严谨,爱岗敬业、诚实守信、客观公正和坚持准则的职业素质。

通过 SOC4 的实施,培养学生自主学习、沟通协调、分工合作文案写作、信息技术应用、PPT 制作设计能力,以及耐心、细致、严谨,爱岗敬业、诚实守信和客观公正的职业素质。

通过 SOC5 的实施,培养学生的语言表达能力、沟通协调、自主学习能力,以及爱岗敬业、诚实守信和客观公正的职业素质。

3) 课程预期成果的分解及学分

将专业预期成果分解为课程预期成果和课程单元预期成果,具体见表 3-57。

表 3-57 课程预期成果与专业预期成果对应表

课程预期成果		课程单元预期成果		对应 POC	课程预期成果		课程单元预期成果		对应 POC
编号	学分	编号	学分		编号	学分	编号	学分	
SOC1	0.1	SUOC1	0.1	POC1.1 POC2.3 POC3.6	SOC3	0.4	SUOC1	0.4	POC1.3 POC1.3 POC2.3 POC3.2 POC6.1
SOC2	0.1	SUOC1	0.1	POC1.3 POC3.1 POC3.6	SOC4	0.4	SUOC1	0.4	POC3.2 POC3.4 POC3.5 POC3.6 POC4.1

4) 课程预期成果和课程单元预期成果内容

课程预期成果和课程单元预期成果内容与职业能力、素质对应关系见表 3-58。

表 3-58 课程预期成果和课程单元预期成果内容与职业能力、素质对应表

课程预期成果	课程单元预期成果	对应职业能力、素质
SOC1 内容:学生在教师集中指导下,划分多个学习小组,每组为一个团队共 5 人,每团队各代表一家不同的虚拟公司,每个小组的学生将分别担任公司中的 5 个重要职位,包括总经理、财务总监、市场总监、生产总监和采购总监。	SUOC1 内容:教师集中讲授并指导组队,明确级队规则和岗位职责,让学生懂得各自岗位职责和工作任务。学生在教师的案例教学、集中讲授和演示指导下,学习企业经营沙盘软件的操作和虚拟市场营运规则,要求每个团队成员互动学习了解沙盘软件操作和营运规则。	TY01:沟通交流。 TY02:团队合作。 HX01:自主学习。 HX03:法律意识与职业道德。

（续表）

课程预期成果	课程单元预期成果	对应职业能力、素质
SOC2 内容：各小组学生在教师巡查和演示指导下进行沙盘软件操作和企业试营运年度，要求学生熟悉掌握企业经营沙盘软件的操作和虚拟市场营运规则。	SUOC1 内容：要求每个团队之间和团队成员之间互动学习，尽快熟练掌握沙盘软件操作和企业市场营运规则。	TY01：沟通交流。 TY02：团队合作。 HX01：自主学习。 ZY0802：企业全面预算管理。
SOC3 内容：学生在教师集中讲授、演示和巡查指导下，各小组共同协商规划企业年度经营和企业发展方案，小组内落实岗位职任，做好企业年度预决策。	SUOC1 内容：各小组团结一致通力协作模拟企业第1～6年的经营，并对企业各年经营成果和财务状况进行财务核算分析报告，从中总结成败经验，调整企业年度经营规划，迎接下一年度经营挑战。	TY01：沟通交流。 TY02：团队合作能力。 ZY0803：企业营运管理。 TTY03：文案写作。 HX02：信息技术应用。 ZY06：财务与管理分析。 ZY0805：企业业绩评价与绩效管理。
SOC4 内容：学生在教师的案例教学集中讲授、演示和巡查指导下完成团队经营数据整理备份设计制作 ppt 总结分析。	SUOC1 内容：学生在教师的指导下，各小组进行经营 PK，结果通过 PPT 进行分析总结汇报，由教师对各个团队及岗位角色表现进行评价考核。	TY01：沟通交流。 TY02：团队合作。 TY03：文案写作。 HX01：自主学习。 HX02：信息技术应用。 ZY06：财务管理与分析。 ZY0308：成本费用分析。 ZY0805：企业业绩评价与绩效管理。

5) 课程内容与学时安排

课程内容与学时安排见表 3-59。

表 3-59 课程内容与学时安排

项目名称	教学内容	学时	SOC
项目一　企业经营模拟营运规则	任务1　将班级分成若干个小组，每个小组5名学生，每个小组的学生将分别担任公司中的5个重要职位，包括总经理、财务总监、市场总监、生产总监、采购总监。 任务2　以小组为单位共同学习企业运营规则，小组成员了解岗位工作内容和岗位职责。	2	SOC1
项目二　企业经营沙盘系统操作	任务1　各小组模拟一个企业经营单位学习系统试营运操作。 任务2　各小组模拟企业第1年度经营并熟悉掌握操作方法。 任务3　各小组学习制定企业年度发展规划和年度预算。	8	SOC2

（续表）

项目名称	教学内容	学时	SOC
项目三　各小组模拟企业1～6年经营	任务1　各小组制定年度经营规划。 任务2　各小组完成年度经营，并总结分析年度经营数据和调整预算和企业发展方案。 任务3　各小组完成企业1～6年经营。	10	SOC3
项目四　各小组对各年经营成果进行总结分析	任务1　各小组对各年经营成果数据进行收集整理。 任务2　各小组对各年经营成果进行总结分析。 任务3　各小组将经营成败数据进行技术处理，并设计制作PPT进行总结。	4	SOC4
合　计		24	

6）与预期学习成果匹配的教学方法

课程教学方法见表3-60。

表3-60　教学方法

预期学习成果	教学方法				
	讲授法	案例教学	直观演示	任务导向	角色扮演
SOC1	Y		Y	Y	Y
SOC2	Y		Y	Y	Y
SOC3		Y	Y	Y	Y
SOC4	Y	Y	Y	Y	Y

7）与预期学习成果匹配的考核评价标准

本课程实施"三合一"考核评价模式，即课程成绩＝平时考核＋成果考核＋能力测试，平时考核占20％，成果考核占60％，能力测试占20％。考核主体为企业和学校专家组成的第三方考评小组，考核标准是课程考核评价标准。

过程考核重点考核学生的团队合作精神、沟通交流能力、动手能力和自主学习能力等，成果考核重点考核学生的职业素质和职业能力是否形成，能力测试主要考核学生是否掌握了必需的知识和技能。

课程预期学习成果成绩由4个课程预期学习成果成绩构成，权重分别为SOC1占10％，SOC2占10％，SOC3占40％，SOC4占40％，具体见表3-61。

表 3-61　企业经营沙盘实训课程学习成果考核评价标准

课程预期成果	单元预期成果	学生预期学习成果达成度			
		合格(60～75分)	良好(75～84分)	优秀(85～100分)	权重
SOC1	SUOC1	基本能按要求分组协同,互动学习程度为60%～74%。评分要点:以上内容共100分。	能较好按要求分组协同,互动学习程度为75%～84%。评分要点:以上内容共100分。	优化团队组合,互动学习程度为85%～100%。评分要点:以上内容共100分。	100%
SOC2	SUOC1	基本了解企业经营规则和系统操作,正确率为60%～74%。评分要点:以上内容共100分。	能较好了解企业经营规则和系统操作,正确率为75%～84%。评分要点:以上内容共100分。	能熟悉掌握企业经营规则和系统操作,正确率为85%～100%。评分要点:以上内容共100分。	100%
SOC3	SUOC1	团队基本能制定企业经营发展规划,制定实施财务预决算并分析总结企业年度经营情况调整财务预算和企业发展方案,完成情况为60%～74%。评分要点:以上内容共100分。	团队能较好制定企业经营发展规划,制定实施财务预决算并分析总结企业年度经营情况调整财务预算和企业发展方案,完成情况为75%～84%。评分要点:以上内容共100分。	团队能完整制定企业经营发展规划,制定实施财务预决算并及时分析总结企业年度经营情况调整财务预算和企业发展方案,完成情况为85%～100%。评分要点:以上内容共100分。	100%
SOC4	SUOC1	团队能基本分工协同完成企业各年经营,并基本能收集整理分析数据,团队总结汇报完成情况为60%～74%。评分要点:以上内容共100分。	团队能较好分工协调组织完成企业各年经营,并基本能收集整理分析数据,团队总结汇报完成情况为75%～84%。评分要点:以上内容共100分。	团队科学分工协同完成企业各年经营,并基本能收集整理分析数据,团队总结汇报完成情况为85%～100%。评分要点:以上内容共100分。	100%

8) 课程实施条件

(1) 授课教师要求

授课教师应具有 3 年以上企业相关工作经验,本科以上学历,讲师以上职称,具有会计师、注册会计师等职业资格证书者优先。

(2) 实践教学条件

本课程使用约创企业经营模拟实训平台,配备系统操作和企业经营规则相关课件。各小组分工协同接手同一基础条件的企业完成 4～6 年经营 PK。

9）预期学生需要付出的努力

（1）完成课程标准中要求完成的课程预期学习成果

学生应在学校、教师的指导和支持下，积极主动地参与校内外课程学习和相关实践教学活动，按质按量地完成课程预期学习成果。

（2）确保有足够的课内时间学习

学生不能随意缺课、旷课、迟到和早退，特殊情况先请假，应按照学校教学进程的安排，完成课程标准中要求的相关理论课程和实训项目的学习。

（3）确保足够的课外学习时间

学生按照课内学习与课外学习时间 1∶0.5 的比例配备课外学习，确保有足够的时间在课前、课后查阅相关资料，完成拓展的实训作品，参与企业实践和相关公益活动等。

10）教材、参考文献和资料

（1）教材及参考文献

［1］约创沙盘经营软件操作云端：http：//www.staoedu.com.
［2］约创沙盘经营软件操作本地服务器：http：//192.168.11.252：3003.
［3］广东省财政厅会计信息服务平台：www.gdczt.gov.cn.
［4］中国财会网：http：//www.kj2000.com/.
［5］中国注册会计师协会：http：//www.cicpa.org.cn/.
［6］财考网：http：//www.ck100.com.
［7］无忧考网：http：//www.51test.net/kjz/.

（2）其他说明

按照 1∶2 比例，上课 1 小时，学生要进行 2 小时的学习活动，1 学分要求学生有 18 小时的学习，所以 1 学分学生所付出的总时间是 54 小时。由于该课程是仿真实训课共 1 个学分，一周课内共 26 小时，课内实训强度较高，因此课后要求按 1∶0.5 的课内与课外学习时间比例进行课外学习。

预期学生需付出的努力及"教材、参考文献和资料"两项内容是引导学生课后自主学习的参考依据。

11. 会计分岗位模拟实训课程标准

1）课程基本信息

会计分岗位模拟实训课程基本信息见表 3-62。

表 3-62　会计分岗位模拟实训课程基本信息表

课程名称	会计分岗位模拟实训		课程代码		254027C
课程类型	☐ 通识基础课程　☐ 通识拓展课程　☐ 专业基础课程 ☐ 专业核心课程　☑ 岗位综合课程　☐ 专业限选课程				
修读方式	☑ 必修课　☐ 专业拓展课　☐ 选修课				
先行课程	会计职业入门与操作		财务会计实务		会计基础技能实训
后续课程	纳税核算与申报实训		会计综合模拟实训		多行业财会综合实训
学　　时	24		学分		1
理论学时	0		实践学时		24
教学场所	☐ 教室　☐ 多媒体教室　☑ 实训/实验室　☐ 理实一体化教室 ☐ 生产性实训基地　☐ 其他（　　　）				

2）课程培养目标

本课程要求学生了解企业组织形式,熟悉会计工作业务流程,明确企业各会计岗位职责和内容,树立职业道德规范,熟悉企业会计准则、小企业会计准则、国家会计法及相关法律法规,具备出纳岗位能力、会计核算岗位能力、会计监督能力、会计管理能力等会计职业岗位能力,具备耐心、细致、严谨,爱岗敬业、诚实守信、客观公正、坚持准则的职业素质,具备交流与沟通能力、团队协作能力和进行职业判断的能力,成为能胜任中小企业会计岗位工作任务的高素质技术技能型人才。通过本课程的学习,学生应具备以下能力和素质:

通过 SOC1 的实施,培养学生沟通交流、团队合作、文案写作、自主学习、法律意识与职业道德、构建财务部门组织架构、设计财务制度和内部控制制度等职业能力,培养学生团队合作意识、诚实守信的职业道德以及耐心、细致和严谨的职业素质。

通过 SOC2、SOC3、SOC4 的实施,培养学生的沟通交流、团队合作、自主学习、信息技术应用、会计职业判断、办理收付款业务,妥善保管有价证券、票据资料和相关档案资料、管理现金和银行账户、会登记日记账、核算企业日常经济业务的能力,填制会计凭证、登记账簿、对账、结账、编制会计报表、熟练进行系统基础设置和初始化、熟练操作维护总账管理系统、熟练操作维护工资、固定资产、应收应付管理系统等职业能力,以及耐心、细致、严谨,爱岗敬业、诚实守信、客观公正和坚持准则的职业素质。

通过 SOC5 的实施,培养学生沟通交流、团队合作、文案写作、整理、装订会计档案等能力,以及耐心、细致、严谨,爱岗敬业、诚实守信和客观公正的职业素质。

3) 课程预期成果的分解及学分

将专业预期成果分解为课程预期成果和课程单元预期成果,具体见表 3-63。

表 3-63　课程预期成果与专业预期成果对应表

课程预期成果		课程单元预期成果		对应 POC	课程预期成果		课程单元预期成果		对应 POC
编号	学分	编号	学分		编号	学分	编号	学分	
SOC1	0.05	SUOC1	0.02	POC1.1 POC6.1	SOC4	0.29	SUOC1	0.05	POC1.2 POC1.3 POC2.1 POC3.1 POC3.2 POC3.6 POC4.1
							SUOC2	0.05	
		SUOC2	0.03				SUOC3	0.09	
							SUOC4	0.10	
SOC2	0.29	SUOC1	0.05	POC1.2 POC1.3 POC2.1 POC3.1 POC3.2 POC3.6 POC4.1	SOC5	0.08	SUOC1	0.04	POC2.3 POC3.6
		SUOC2	0.05						
		SUOC3	0.09				SUOC2	0.04	
		SUOC4	0.10						
SOC3	0.29	SUOC1	0.05	POC1.2 POC1.3 POC2.1 POC3.1 POC3.2 POC3.6 POC4.1					
		SUOC2	0.05						
		SUOC3	0.09						
		SUOC4	0.10						

4）课程预期成果和课程单元预期成果内容

课程预期成果和课程单元预期成果内容与职业能力、素质对应关系见表3-64。

表3-64　课程预期成果和课程单元预期成果内容与职业能力、素质对应表

课程预期成果	课程单元预期成果	对应职业能力、素质
SOC1 内容：学生在教师的指导下，自行组建实训小组，每个小组3名学生，每组选出组长1名，统筹小组工作，各小组自主查找资料，以组为单位，共同撰写一个中小制造企业案例，包括企业基本信息、产品信息、经营范围、主营业务等，根据案例中企业性质、所处行业、产品特点、组织架构、管理要求和所遵循的小企业会计制度等，具体设置企业财务部门各岗位。	SUOC1 内容：撰写一个中小制造企业案例，包括企业基本信息、产品信息、经营范围和主营业务等。企业基本信息包括企业名称、企业性质、成立时间、所处行业、注册资金、员工人数、占地面积和组织架构等。产品信息包括产品功能、规格和价格信息等。企业主要经济业务包括资金筹集过程、供应过程、生产过程、销售过程、财务成果形成与分配等过程的经济业务。 SUOC2 内容：根据案例中企业性质、所处行业、产品特点、组织架构、管理要求和所遵循的小企业会计制度等，具体设置企业财务部门各岗位。 （1）财务部门各岗位包括会计主管岗位、出纳岗位、存货核算岗位、成本费用核算岗位、固定资产核算岗位、往来结算岗位、工资核算岗位、资金核算岗位、财务成果核算岗位、税务核算岗位、总账报表岗位、稽核岗位和档案管理岗位。 （2）各岗位职责和应遵守的会计制度和道德守则。	TY01：沟通交流。 TY02：团队合作。 TY03：文案写作。 HX01：自主学习。 HX03：法律意识与职业道德。 ZY0801：确定财务部门组织架构，设计财务制度与内部控制制度。
SOC2 内容：学生在教师的指导下，以小组为单位，各组自行安排，为组内3名成员分配角色，分别扮演总账会计、明细账会计和出纳人员的角色。每个角色承担多个岗位，开展制造企业经济业务分岗位综合实训之第一轮轮岗实训。实训中还需要进行两次岗位的轮换，保证每位同学都模拟到三个岗位。	SUOC1 内容：学生在教师的指导下，以小组为单位，3名学生分别扮演总账会计、明细账会计、出纳员，明确所扮演角色的岗位职责。 （1）总账会计角色对应的岗位有会计主管、稽核、总账报表和档案管理。 （2）明细账会计角色对应的岗位有财产物资核算岗位、工资核算岗位、成本费用核算岗位、财务成果岗位、资金核算岗位和往来核算岗位。 （3）出纳员角色对应的岗位有出纳岗。 各小组组长组织本组队员熟悉模拟实训要求、模拟企业内部会计制度和各岗位的实验目的和要求，讨论各岗位之间的业务传递关系。 组长领取并分发模拟实验所需的记账凭证、各种账页等实用品。 SUOC2 内容：学生在教师的指导下，开展第一次轮岗实训的第一部分，即"建账并登记期初余额"。 （1）建账：总账会计建立总账，出纳建立日记账，明细账会计建立明细账。 （2）登记期初余额：总账会计登记总账期初余额，出纳登记日记账期初余额，明细账会计登记明细账期初余额。	TY01：沟通交流。 TY02：团队合作。 HX01：自主学习。 HX02：信息技术应用。 HX05：会计职业判断。 ZY0101：办理收付款业务，妥善保管有价证券、票据资料和相关档案资料。 ZY0102：管理现金和银行账户，会登记日记账。 ZY0201：核算企业日常经济业务。 ZY0202：填制会计凭证、登记账簿。 ZY0203：编制会计报表。 ZY0204：对账与结账，整理装订会计档案。

（续表）

课程预期成果	课程单元预期成果	对应职业能力、素质
	SUOC3 内容:学生在教师的指导下,开展第一次轮岗实训的第二部分,即"审核原始凭证、编制记账凭证和登记账簿"。 (1) 审核和传递原始凭证:会计主管接受外来或自制的原始凭证或原始凭证汇总表,对其进行合法性、合规性、合理性审核,同时签署审核意见;将审核无误的原始凭证传递给明细账会计。 (2) 填制记账凭证:企业采用复式通用记账凭证,会计凭证按月连续编号;明细账会计取得已审核的原始凭证填制记账凭证,然后在记账凭证的"制单"处签名或盖章;将已填制完成的记账凭证及所附的原始凭证传递给会计主管。 (3) 审核记账凭证:会计主管接受明细账会计转来的记账凭证及所附的原始凭证,进行认真审核,经审核无误后,应在记账凭证的"审核"处签名或盖章;将审核后的记账凭证,再传递给明细账会计。 (4) 传递记账凭证:明细账会计将与现金银行存款收付业务有关的记账凭证及所附原始凭证传递给出纳。 (5) 登记日记账:出纳接受明细账会计转来的与现金银行存款收付业务有关的记账凭证及所附原始凭证,登记"现金日记账"或"银行存款日记账";登记日记账完成后,在记账凭证的"出纳"处签名或盖章;再将记账凭证及所附原始凭证传递给明细账会计。 (6) 登记明细账:明细账会计接受会计主管传递来的转账凭证及所附原始凭证或出纳传递来的与现金银行存款收付业务有关的记账凭证及所附原始凭证;据此逐笔登记所属明细分类账;完成登账工作后,在记账凭证的"√"栏内注明入账符号,并且在"记账"处签名或盖章;将已经完成登记日记账和明细账的记账凭证及所附原始凭证转给总账会计。 (7) 登记总账:总账会计接受记账凭证;根据记账凭证定期(本实训为 10 天)编制一次科目汇总表,登记总分类账。	
	SUOC4 内容:学生在教师的指导下,开展第一次轮岗实训的第三部分,即"对账、编制试算平衡表和结账、编制会计报表"。 (1) 期末对账:总账会计、明细账会计和出纳分别对总账、明细账和日记账进行核对,检查是否相符。出纳定期(本实训为 10 天)编制出纳报告,与总账会计进行核对。	

课程预期成果	课程单元预期成果	对应职业能力、素质
	（2）期末结账：总账会计负责编制试算平衡表；总账会计、明细账会计和出纳分别进行总账、明细账和日记账的期末结账工作。 （3）编制报表：总账会计编制资产负债表、利润表、企业所得税纳税申报表和增值税纳税申报表。 （4）审核报表：编制完毕的会计报表仍由会计主管进行审核并签名盖章。	
SOC3 内容：学生在教师的指导下，各组自行安排，组长组织，组员重新分配角色，按照第一轮分岗实训的操作程序进行第二轮分岗实训。	该部分内容和 SOC2 的内容一致，只是小组内重新分配角色开展。	TY01：沟通交流 TY02：团队合作。 HX01：自主学习。 HX02：信息技术应用。 HX05：会计职业判断。 ZY0101：办理收付款业务，妥善保管有价证券、票据资料和相关档案资料。 ZY0102：管理现金和银行账户，会登记日记账。 ZY0201：核算企业日常经济业务。 ZY0202：填制会计凭证、登记账簿。 ZY0203：编制会计报表。 ZY0204：对账与结账，整理装订会计档案。
SOC4 内容：学生在教师的指导下，各组自行安排，组长组织组员重新分配角色，按照第一轮分岗实训的操作程序进行第三轮分岗实训。	该部分内容和 SOC2 的内容一致，只是小组内重新分配角色开展。	TY01：沟通交流。 TY02：团队合作。 HX01：自主学习。 HX02：信息技术应用。 HX05：会计职业判断。 ZY0101：办理收付款业务，妥善保管有价证券、票据资料和相关档案资料。 ZY0102：管理现金和银行账户，会登记日记账。 ZY0201：核算企业日常经济业务。 ZY0202：填制会计凭证、登记账簿。 ZY0203：编制会计报表。 ZY0204：对账与结账，整理装订会计档案。
SOC5 内容：学生在教师的指导下，以小组为单位，各组整理和装订会计资料，讨论模拟实验情况并撰写实验报告。	SUOC1 内容：学生在教师的指导下，对模拟实训的各项会计资料进行整理和装订，具体如下： （1）总账会计将原始凭证或原始凭证汇总表作为记账凭证的附件，记账凭证按顺序编号，折叠整齐；按照装订凭证的规定，加具封面，注明单位名称、年度、月份和起讫日期，并由装订人签	TY01：沟通交流。 TY02：团队合作。 TY03：文案写作。 ZY0204：对账与结账，整理装订会计档案。

（续表）

课程预期成果	课程单元预期成果	对应职业能力、素质
	名或盖章。 (2) 明细账会计将各种账页按不同格式（或类别）装订成册，附上账簿启用登记表。 (3) 总账会计将全部会计报表附上会计报表封面，注明单位名称、年度和月份。 (4) 所有会计档案送交会计主管审核；审核合格后，会计主管归档保管待上交。	
	SUOC2 内容：学生在教师的指导下，各组展开讨论模拟实验中所学到的知识、所遇到的问题及解决手段、仍然不理解的操作以及自己的心得体会，组员之间分享模拟实训的经验心得，并各自撰写一份实验报告。	

5) 课程内容与学时安排

课程内容与学时安排见表 3-65。

表 3-65　课程内容与学时安排

项目名称	教学内容		学时	SOC
项目一　会计岗位设置与会计分岗位实训导入	任务 1　会计岗位认知。 任务 2　会计分岗位实训认知。		1	SOC1
项目二　制造业经济业务分岗位轮岗实训	任务 1　岗位角色分配。 任务 2　建账并登记期初余额。 任务 3　审核原始凭证。 任务 4　编制记账凭证。 任务 5　登记账簿。 任务 6　对账。 任务 7　编制试算平衡表。 任务 8　结账。 任务 9　编制会计报表。		22	SOC2 SOC3 SOC4
项目三　模拟实训总结	任务 1　组内分享模拟实验经验和交流实验情况。 任务 2　撰写实验报告。		1	SOC5
合计			24	

6) 与预期学习成果匹配的教学方法

课程教学方法见表 3-66。

表 3-66 教学方法

预期学习成果	教学方法				
	讲授法	案例教学	直观演示	任务导向	角色扮演
SOC1	Y	Y		Y	Y
SOC2		Y	Y	Y	Y
SOC3		Y	Y	Y	Y
SOC4		Y	Y	Y	Y
SOC5	Y	Y	Y	Y	Y

7) 与预期学习成果匹配的考核评价标准

本课程实施"三合一"考核评价模式,即课程成绩＝平时考核＋成果考核＋能力测试,平时考核占 20%,成果考核占 60%,能力测试占 20%。考核主体为企业和学校专家组成的第三方考评小组,考核标准是课程考核评价标准。

平时考核重点考核学生的团队合作精神、沟通交流能力、文案写作能力和自主学习能力等,成果考核重点考核学生的职业素质和职业能力是否形成,能力测试主要考核学生是否掌握了必需的知识和技能。

课程预期学习成果成绩由 5 个课程预期学习成果成绩构成,权重分别为SOC1 占 10%,SOC2 占 25%,SOC3 占 25%,SOC4 占 25%,SOC5 占 15%,具体见表 3-67。

表 3-67 课程预期学习成果考核评价标准

课程预期成果	单元预期成果	学生预期学习成果达成度			权重
		合格(60~74 分)	良好(75~84 分)	优秀(85~100 分)	
SOC1	SUOC1	(1) 能基本完整地描述企业信息,正确率为60%~74%。 评分要点:以上内容共10 分。	(1) 能较完整地描述企业信息,正确率为 75%~84%。 评分要点:以上内容共10 分。	(1) 能完整地描述企业信息,正确率为 85%~100%。 评分要点:以上内容共10 分。	10%
		(2) 能基本完整地描述产品信息,正确率为 60%~74%。 评分要点:以上内容共10 分。	(2) 能较完整地描述产品信息,正确率为 75%~84%。 评分要点:以上内容共10 分。	(2) 能完整地描述产品信息,正确率为 85%~100%。 评分要点:以上内容共10 分。	10%
		(3) 能基本完整地描述 20 笔企业经济业务,以生产阶段为主,正确率为60%~74%。 评分要点:每笔业务 1分,共20 分。	(3) 能较完整地描述 20笔企业经济业务,以生产阶段为主,正确率为75%~84%。 评分要点:每笔业务 1分,共20 分。	(3) 能完整地描述 20 笔企业经济业务,以生产阶段为主,正确率为85%~100%。 评分要点:每笔业务 1分,共20 分。	20%

（续表）

课程预期成果	单元预期成果	学生预期学习成果达成度			
		合格（60～74分）	良好（75～84分）	优秀（85～100分）	权重
SOC1	SUOC2	（1）设置的岗位、配备的会计人员能确保机构基本有序运转，基本达到企业管理要求。 评分要点：设置岗位、配备会计人员各占15分，共30分。	（1）设置的岗位、配备的会计人员能确保机构较好运转，较好达到企业管理要求。 评分要点：设置岗位、配备会计人员各占15分，共30分。	（1）设置的岗位、配备的会计人员能确保机构有序运转，达到企业管理要求。 评分要点：设置岗位、配备会计人员各占15分，共30分。	30%
		（2）设计的部门职责和岗位工作流程能确保机构基本有序运转，基本达到企业管理要求。 评分要点：部门职责、岗位工作流程各占15分，共30分。	（2）设计的部门职责和岗位工作流程能确保机构较为有序运转，较好达到企业管理要求。 评分要点：部门职责、岗位工作流程各占15分，共30分。	（2）设计的部门职责和岗位工作流程能确保机构有序运转，达到企业管理要求。 评分要点：部门职责、岗位工作流程各占15分，共30分。	30%
SOC2	SUOC1	（1）能基本正确地分配好岗位角色，了解各角色对应的岗位和职责，正确率为60%～74%。 评分要点：角色分配和岗位认知各占1分，共2分。	（1）能较为正确地分配好岗位角色，熟悉各角色和职责，正确率为75%～84%。 评分要点：角色分配和岗位认知各占1分，共2分。	（1）能正确地分配好岗位角色，熟记各角色对应的岗位和职责，正确率为85%～100%。 评分要点：角色分配和岗位认知各占1分，共2分。	2%
		（2）能基本正确地知道实训过程中需要用到哪些会计工具和需要用多少，正确率为60%～74%。 评分要点：领取会计资料占1分，共1分。	（2）能较为正确地知道实训过程中需要用到哪些会计工具和需要用多少，正确率为75%～84%。 评分要点：领取会计资料占1分，共1分。	（2）能正确地知道实训过程中需要用到哪些会计工具和需要用多少，正确率为85%～100%。 评分要点：领取会计资料占1分，共1分。	1%
	SUOC2	（1）能基本正确地进行建账（总账会计建立总账、出纳建立日记账、明细账会计建立明细账），正确率为60%～74%。 评分要点：总账、日记账、明细账的建立各占1分，共3分。	（1）能较为正确地进行建账（总账会计建立总账、出纳建立日记账、明细账会计建立明细账），正确率为75%～84%。 评分要点：总账、日记账、明细账的建立各占1分，共3分。	（1）能正确地进行建账（总账会计建立总账、出纳建立日记账、明细账会计建立明细账），正确率为85%～100%。 评分要点：总账、日记账、明细账的建立各占1分，共3分。	3%
		（2）能基本正确地登记账目期初余额，（总账会计登记总账期初余额、出纳登记日记账期初余额、明细账会计登记明细账期初余额），正确率为60%～74%。 评分要点：总账期初余额、日记账期初余额和明细账期初余额各占1分，共3分。	（2）能较为正确地登记账目期初余额，（总账会计登记总账期初余额、出纳登记日记账期初余额、明细账会计登记明细账期初余额），正确率为75%～84%。 评分要点：总账期初余额、日记账期初余额和明细账期初余额各占1分，共3分。	（2）能正确地登记账目期初余额，（总账会计登记总账期初余额、出纳登记日记账期初余额、明细账会计登记明细账期初余额），正确率为85%～100%。 评分要点：总账期初余额、日记账期初余额和明细账期初余额各占1分，共3分。	3%

（续表）

课程预期成果	单元预期成果	学生预期学习成果达成度			权重
		合格（60~74分）	良好（75~84分）	优秀（85~100分）	
SOC2	SUOC3	(1) 能基本正确地审核和传递原始凭证，正确率为60%~74%。评分要点：原始凭证的审核占6分，原始凭证的传递占2分，共8分。	(1) 能较为正确地审核和传递原始凭证，正确率为75%~84%。评分要点：原始凭证的审核占6分，原始凭证的传递占2分，共8分。	(1) 能正确地审核和传递原始凭证，正确率为85%~100%。评分要点：原始凭证的审核占6分，原始凭证的传递占2分，共8分。	8%
		(2) 能基本正确地填制记账凭证，正确率为60%~74%。评分要点：记账凭证借贷项目和金额填写占8分，编制记账凭证类型、记账凭证日期、业务摘要、附件张数、制单签名填写、将记账凭证及所附原始凭证传递给会计主管、凭证连续编号各占1分，共15分。	(2) 能较为正确地填制记账凭证，正确率为75%~84%。评分要点：记账凭证借贷项目和金额填写占8分，编制记账凭证类型、记账凭证日期、业务摘要、附件张数、制单签名填写、将记账凭证及所附原始凭证传递给会计主管、凭证连续编号各占1分，共15分。	(2) 能正确地填制记账凭证，正确率为85%~100%。评分要点：记账凭证借贷项目和金额填写占8分，编制记账凭证类型、记账凭证日期、业务摘要、附件张数、制单签名填写、将记账凭证及所附原始凭证传递给会计主管、凭证连续编号各占1分，共15分。	15%
		(3) 能基本正确地审核记账凭证，正确率为60%~74%。评分要点：会计主管审核凭证并签名盖章占4分，传递审核后的记账凭证给明细账会计占1分，共5分。	(3) 能较为正确地审核记账凭证，正确率为75%~84%。评分要点：会计主管审核凭证并签名盖章占4分，传递审核后的记账凭证给明细账会计占1分，共5分。	(3) 能正确地审核记账凭证，正确率为85%~100%。评分要点：会计主管审核凭证并签名盖章占4分，传递审核后的记账凭证给明细账会计占1分，共5分。	5%
		(4) 能基本正确地传递记账凭证，正确率为60%~74%。评分要点："明细账会计将与现金银行存款收付业务有关的记账凭证及所附原始凭证传递给出纳"中传递人、传递程序和接收人各占1分，共3分。	(4) 能较为正确地传递记账凭证，正确率为75%~84%。评分要点："明细账会计将与现金银行存款收付业务有关的记账凭证及所附原始凭证传递给出纳"中传递人、传递程序和接收人各占1分，共3分。	(4) 能正确地传递记账凭证，正确率为85%~100%。评分要点："明细账会计将与现金银行存款收付业务有关的记账凭证及所附原始凭证传递给出纳"中传递人、传递程序和接收人各占1分，共3分。	3%
		(5) 能基本正确地登记日记账，正确率为60%~74%。评分要点："现金日记账"和"银行存款日记账"的登记各占3分，记账凭证的"出纳"处签名或盖章、记账凭证及所附原始凭证的传递各占1分，共8分。	(5) 能较为正确地登记日记账，正确率为75%~84%。评分要点："现金日记账"和"银行存款日记账"的登记各占3分，记账凭证的"出纳"处签名或盖章、记账凭证及所附原始凭证的传递各占1分，共8分。	(5) 能正确地登记日记账，正确率为85%~100%。评分要点："现金日记账"和"银行存款日记账"的登记各占3分，记账凭证的"出纳"处签名或盖章、记账凭证及所附原始凭证的传递各占1分，共8分。	8%

（续表）

课程预期成果	单元预期成果	学生预期学习成果达成度			权重
		合格（60～74分）	良好（75～84分）	优秀（85～100分）	
SOC2	SUOC3	（6）能基本正确地登记明细账，正确率为 60%～74%。 评分要点：明细分类账的登记占 5 分，入账注明、"记账"处签名或盖章、将已经完成登记日记账和明细账的记账凭证及所附原始凭证转给总账会计各占 1 分，共 8 分。	（6）能较为正确地登记明细账，正确率为 75%～84%。 评分要点：明细分类账的登记占 5 分，入账注明、"记账"处签名或盖章、将已经完成登记日记账和明细账的记账凭证及所附原始凭证转给总账会计各占 1 分，共 8 分。	（6）能正确地登记明细账，正确率为 85%～100%。 评分要点：明细分类账的登记占 5 分，入账注明、"记账"处签名或盖章、将已经完成登记日记账和明细账的记账凭证及所附原始凭证转给总账会计各占 1 分，共 8 分。	8%
		（7）能基本正确地登记总账，正确率为 60%～74%。 评分要点：科目汇总表编制占 3 分，总分类账登记占 5 分，共 8 分。	（7）能较为正确地登记总账，正确率为 75%～84%。 评分要点：科目汇总表编制占 3 分，总分类账登记占 5 分，共 8 分。	（7）能正确地登记总账，正确率为 85%～100%。 评分要点：科目汇总表编制占 3 分，总分类账登记占 5 分，共 8 分。	8%
	SUOC4	（1）能基本正确地进行期末对账，正确率为 60%～74%。 评分要点：总账、明细账和日记账相互核对占 3 分，出纳核对占 3 分，共 6 分。	（1）能较为正确地进行期末对账，正确率为 75%～84%。 评分要点：总账、明细账和日记账相互核对占 3 分，出纳核对占 3 分，共 6 分。	（1）能正确地进行期末对账，正确率为 85%～100%。 评分要点：总账、明细账和日记账相互核对占 3 分，出纳核对占 3 分，共 6 分。	6%
		（2）能基本正确地进行期末结账，正确率为 60%～74%。 评分要点：试算平衡表的编制占 3 分，总账、明细账和日记账的期末结账各占 1 分，共 5 分。	（2）能较为正确地进行期末结账，正确率为 75%～84%。 评分要点：试算平衡表的编制占 3 分，总账、明细账和日记账的期末结账各占 1 分，共 5 分。	（2）能正确地进行期末结账，正确率为 85%～100%。 评分要点：试算平衡表的编制占 3 分，总账、明细账和日记账的期末结账各占 1 分，共 5 分。	6%
		（3）能基本正确地编制报表，正确率为 60%～74%。 评分要点：资产负债表、利润表、企业所得税纳税申报表、增值税纳税申报表的编制各占 4 分，共 16 分。	（3）能较为正确地编制报表，正确率为 75%～84%。 评分要点：资产负债表、利润表、企业所得税纳税申报表、增值税纳税申报表的编制各占 4 分，共 16 分。	（3）能正确地编制报表，正确率为 85%～100%。 评分要点：资产负债表、利润表、企业所得税纳税申报表、增值税纳税申报表的编制各占 4 分，共 16 分。	16%
		（4）能基本正确地审核报表，正确率为 60%～74%。 评分要点：会计主管审核资产负债表、利润表、企业所得税纳税申报表、增值税纳税申报表各占 2 分，共 8 分。	（4）能较为正确地审核报表，正确率为 75%～84%。 评分要点：会计主管审核资产负债表、利润表、企业所得税纳税申报表、增值税纳税申报表各占 2 分，共 8 分。	（4）能正确地审核报表，正确率为 85%～100%。 评分要点：会计主管审核资产负债表、利润表、企业所得税纳税申报表、增值税纳税申报表各占 2 分，共 8 分。	8%

（续表）

课程预期成果	单元预期成果	学生预期学习成果达成度			权重
		合格（60～74分）	良好（75～84分）	优秀（85～100分）	
SOC3		评分内容与评分要点与SOC2一致。	评分内容与评分要点与SOC2一致。	评分内容与评分要点与SOC2一致。	100%
SOC4		评分内容与评分要点与SOC2一致。	评分内容与评分要点与SOC2一致。	评分内容与评分要点与SOC2一致。	100%
SOC5	SUOC1	(1) 能基本正确地整理装订原始凭证和记账凭证。评分要点：原始凭证及其汇总表的整理8分，记账凭证的整理占8分，凭证的装订事项占8分，共24分。	(1) 能较为正确地整理装订原始凭证和记账凭证。评分要点：原始凭证及其汇总表的整理8分，记账凭证的整理占8分，凭证的装订事项占8分，共24分。	(1) 能正确地整理装订原始凭证和记账凭证。评分要点：原始凭证及其汇总表的整理8分，记账凭证的整理占8分，凭证的装订事项占8分，共24分。	24%
		(2) 能基本正确地整理装订会计账簿。评分要点：账页整理装订占5分，共5分。	(2) 能较为正确地整理装订会计账簿。评分要点：账页整理装订占5分，共5分。	(2) 能正确地整理装订会计账簿。评分要点：账页整理装订占5分，共5分。	5%
		(3) 能基本正确地整理会计报表。评分要点：会计报表的整理占2分，共2分。	(3) 能较为正确地整理会计报表。评分要点：会计报表的整理占2分，共2分。	(3) 能正确地整理会计报表。评分要点：会计报表的整理占2分，共2分。	2%
		(4) 能基本正确地审核、归档、保管会计档案。评分要点：会计报表的审核占1分，归档、保管、审核合格的会计报表占2分，共3分。	(4) 能较为正确地审核、归档、保管会计档案。评分要点：会计报表的审核占1分，归档、保管、审核合格的会计报表占2分，共3分。	(4) 能正确地审核、归档、保管会计档案。评分要点：会计报表的审核占1分，归档、保管、审核合格的会计报表占2分，共3分。	3%
	SUOC2	能基本正确地撰写实训报告。实训报告应包含以下内容：(1) 实训内容：详细具体清晰地阐述自己扮演不同角色岗位中所做的实训版块、步骤及操作等。(2) 实训中遇到的问题及解决方式：详细具体清晰地描述自己在实训中遇到的实训操作上、团队沟通协作上及其他方面的问题，面对这些问题，自己所采取的应对措施及解决成效。(3) 所学到的知识：详细地阐述自己在	能较为正确地撰写实训报告。实训报告应包含以下内容：(1) 实训内容：详细具体清晰地阐述自己扮演不同角色岗位中所做的实训版块、步骤及操作等。(2) 实训中遇到的问题及解决方式：详细具体清晰地描述自己在实训中遇到的实训操作上、团队沟通协作上及其他方面的问题，面对这些问题，自己所采取的应对措施，及解决成效。(3) 所学到的知识：详细地阐述自己在	能正确地撰写实训报告。实训报告应包含以下内容：(1) 实训内容：详细具体清晰地阐述自己扮演不同角色岗位中所做的实训版块、步骤及操作等。(2) 实训中遇到的问题及解决方式：详细具体清晰地描述自己在实训中遇到的实训操作上、团队沟通协作上及其他方面的问题，面对这些问题，自己所采取的应对措施及解决成效。(3) 所学到的知识：详细地阐述自己在专业知识和技能、团队协	

（续表）

课程预期成果	单元预期成果	学生预期学习成果达成度			权重
		合格（60~74分）	良好（75~84分）	优秀（85~100分）	
SOC5	SUOC2	专业知识和技能、团队协作沟通、职业道德素质、个人心理素质等方面的所学。 （4）不足及疑问：详细地阐述通过轮岗实训后，在专业技能、职业道德、个人沟通表达能力、个人心理素质等方面存在的不足和疑问。 评分要点：实训内容、实训中遇到的问题及解决方式各占22分，所学到的知识占22分，不足及疑问占22分，共66分。	专业知识和技能、团队协作沟通、职业道德素质、个人心理素质等方面的所学。 （4）不足及疑问：详细地阐述通过轮岗实训后，在专业技能、职业道德、个人沟通表达能力、个人心理素质等方面存在的不足和疑问。 评分要点：实训内容、实训中遇到的问题及解决方式各占22分，所学到的知识占22分，不足及疑问占22分，共66分。	作沟通、职业道德素质、个人心理素质等方面的所学。 （4）不足及疑问：详细地阐述通过轮岗实训后，在专业技能、职业道德、个人沟通表达能力、个人心理素质等方面存在的不足和疑问。 评分要点：实训内容、实训中遇到的问题及解决方式各占22分，所学到的知识占22分，不足及疑问占22分，共66分。	66%

8）课程实施条件

（1）授课教师要求

授课教师应具有3年以上企业相关工作经验，本科以上学历，讲师以上职称，具有会计师、注册会计师等职业资格证书者优先。

（2）理实一体化教材

本课程采用编写或选用理实一体化教材，使用效果良好。

（3）实践教学条件

本课程采用编写或选用模拟实训教材，使用效果良好。本课程配备有相关模拟实训教学软件。建立紧密合作的产教融合，其中以制造业为主。学生应定期深入企业了解企业会计部门各岗位的工作情况、企业的管理要求等。

9）预期学生需要付出的努力

（1）完成课程标准中要求完成的课程预期学习成果

学生应在学校、教师的指导和支持下，积极主动地参与校内外课程学习和相关实践教学活动，按质按量地完成课程预期学习成果。

(2) 确保有足够的课内时间学习

学生不能随意缺课、旷课、迟到和早退,特殊情况先请假,应按照学校教学进程的安排,完成课程标准中要求的相关理论课程和实训项目的学习。

(3) 确保足够的课外学习时间

学生按照课内学习与课外学习时间 1∶2 的比例配备课外学习,确保有足够的时间在课前、课后查阅相关资料,完成拓展的实训作品,参与企业实践和相关公益活动等。

10) 教材、参考文献和资料

(1) 教材及参考文献

［1］舒岳.会计分岗位实训[M].北京:中国金融出版社,2012.
［2］孙振丹,郭军.会计分岗位实训[M].北京:中国人民大学出版社,2012.
［3］中华会计网校:http://www.chinaacci.com.
［4］广东省财政厅会计信息服务平台:www.gdczt.gov.cn.
［5］中国财会网:http://www.kj2000.com/.
［6］中国注册会计师协会:http://www.cicpa.org.cn/.
［7］财考网:http://www.ck100.com.
［8］无忧考网:http://www.51test.net/kjz/.

(2) 其他说明

按照 1∶2 比例,上课 1 小时,学生要进行 2 小时的学习活动,1 学分要求学生有 18 小时的学习,所以 1 学分学生所付出的总时间是 54 小时。

预期学生需要付出的努力及"教材、参考文献和资料"两项内容是引导学生课后自主学习的参考依据。此外,学生还应熟悉《企业会计准则》《小企业会计准则》《会计基础工作规范》和《会计档案管理办法》等会计法律法规。

12. 会计综合模拟实训课程标准

1）课程基本信息

会计综合模拟实训课程基本信息见表 3-68。

表 3-68　会计综合模拟实训课程基本信息表

课程名称	会计综合模拟实训	课程代码	
课程类型	☐ 通识基础课程　☐ 通识拓展课程　☐ 专业基础课程 ☐ 专业核心课程　☑ 岗位综合课程　☐ 专业限选课程		
修读方式	☑ 必修课　☐ 专业拓展课　☐ 选修课		
先行课程	财务会计实务	成本核算与管理	税费计算与申报
后续课程	审计实务		
学　　时	48	学　分	2
理论学时	0	实践学时	48
教学场所	☐ 教室　☐ 多媒体教室　☑ 实训/实验室　☐ 理实一体化教室 ☐ 生产性实训基地　☐ 其他（　　　）		

2）课程培养目标

本课程要求学生掌握财务会计业务和成本费用的核算和会计信息化等知识，熟悉国家会计法及相关法律法规，具备耐心、细致、严谨，爱岗敬业、诚实守信、客观公正、坚持准则的职业素质，成为能胜任中小企业会计核算与管理相关岗位工作任务的高素质技术技能型人才。通过本课程的学习，学生应具备以下能力和素质：

通过 SOC1 的实施，培养学生自主学习、企业管理、文案写作和沟通交流等职业能力，培养学生法律意识、团队合作意识、诚实守信的职业道德以及耐心、细致和严谨的职业素质。

通过 SOC2 的实施，培养学生自主学习、企业日常经济业务核算等能力，以及耐心、细致、严谨，爱岗敬业、诚实守信、客观公正和坚持准则的职业素质。

通过 SOC3 的实施,培养学生沟通协调、文案写作、信息技术应用和企业管理等能力,以及耐心、细致、严谨,爱岗敬业、诚实守信和客观公正的职业素质。

通过 SOC4 的实施,培养学生的沟通协调、文案写作、自主学习和企业管理等能力,以及爱岗敬业、诚实守信和客观公正的职业素质。

3）课程预期成果的分解及学分

将专业预期成果分解为课程预期成果和课程单元预期成果,具体见表 3-69。

表 3-69　课程预期成果与专业预期成果对应表

课程预期成果		课程单元预期成果		对应POC	课程预期成果		课程单元预期成果		对应POC
编号	学分	编号	学分		编号	学分	编号	学分	
SOC1	0.4	SUOC1	0.1	POC1.1 POC2.3	SOC3	0.6	SUOC1	0.3	POC2.3 POC3.2
		SUOC2	0.3				SUOC2	0.3	
SOC2	0.5	SUOC1	0.25	POC1.3 POC3.1	SOC4	0.5	SUOC1	0.3	POC4.1 POC6.1
		SUOC2	0.25				SUOC2	0.2	

4）课程预期成果和课程单元预期成果内容

课程预期成果和课程单元预期成果内容与职业能力、素质对应关系见表 3-70。

表 3-70　课程预期成果和课程单元预期成果内容与职业能力、素质对应表

课程预期成果	课程单元预期成果	对应职业能力、素质
SOC1 内容:学生在教师的指导下,自主查找资料,模拟成都永兴建材有限责任公司作为案例,包括企业相关信息、产品信息和企业主要经济业务等。学生根据该公司产品特点和管理要求选择会计和成本核算方法,设置会计机构,设计部门职责和各岗位的工作流程等。	SUOC1 内容:要求学生在教师的指导下,自主查找资料,模拟成都永兴建材有限责任公司作为案例,包括企业相关信息、产品信息和企业主要经济业务等。	TY01:沟通交流。 TY02:团队合作。 TY03:文案写作。 HX01:自主学习。 HX03:法律意识与职业道德。 ZY02:企业日常经济业务核算。 ZY03:成本核算与管理。
	SUOC2 内容:要求学生在教师的指导下,学生根据该公司产品特点和管理要求选择会计和成本核算方法,设置会计机构,设计部门职责和各岗位的工作流程等。	

（续表）

课程预期成果	课程单元预期成果	对应职业能力、素质
SOC2 内容：学生在教师的指导下，对永兴建材有限责任公司进行会计处理和成本计算，对永兴建材有限责任公司的各项业务进行会计处理。	SUOC1 内容：学生在教师的指导下，对永兴建材有限责任公司进行会计处理和成本计算，包括各账簿的开设。	HX01：自主学习。 ZY02：公司日常经济业务核算。
	SUOC2 内容：学生在教师的指导下，对永兴建材有限责任公司的各项业务的会计处理和成本核算等。	
SOC3 内容：学生在教师的指导下，采用各种方法对某企业的业务进行会计处理和进行成本核算，包括各账簿核算体系开设，对各会计要素进行处理，填制并审核记账凭证，登记相关账户的总账和明细账。	SUOC1 内容：学生在教师的指导下，采用各种方法对某企业的业务进行会计处理和进行成本核算，包括资产、负债、所有者权益、收入、费用、利润账簿核算体系的开设，填制并审核记账凭证，登记相关账户的总账和明细账等。	
	SUOC2 内容：学生在教师的指导下，采用各种方法对该公司的业务进行处理，并进行成本核算，包括各账簿核算体系开设，对各会计要素进行处理，填制并审核记账凭证，登记相关账户的总账和明细账。	
SOC4 内容：学生在教师的指导下，采用专业方法和信息技术对该公司的日常业务和成本资料进行核算和分析，为企业管理提供方案。分析某企业财务管理目标，总结企业财务管理的经验。	SUOC1 内容：学生在教师的指导下，采用专业方法和信息技术对该公司的日常业务和成本资料进行核算和分析，为企业管理提供方案。	TY01：沟通交流。 TTY03：文案写作。 HX02：信息技术应用。 ZY02：企业日常经济业务核算。 ZY08：企业运营管理。
	SUOC2 内容：学生在教师的指导下，分析某企业财务管理目标，总结企业财务管理的经验。	TY01：沟通交流。 TY02：团队合作。 TY03：文案写作。 HX01：自主学习。 ZY02：企业日常经济业务核算。 ZY08：企业运营管理。

5）课程内容与学时安排

课程内容与学时安排见表 3-71。

表 3-71 课程内容与学时安排

项目名称	教学内容	学时	SOC
项目一 填制记账凭证	任务1 填制各种原始凭证和记账凭证。 任务2 计算材料采购和产品成本。 任务3 计算各种税费。	18	SOC1
项目二 登记日记账	任务1 登记各种日记账。 任务2 对日记账进行结账和对账。	6	SOC2
项目三 登记明细账	任务1 登记各种明细账。 任务2 对明细账进行结账和对账。	6	SOC3
项目四 登记总账	任务1 建立和登记总账。 任务2 利用记账凭证定期编制科目汇总表。 任务3 根据科目汇总表登记总账。	8	SOC3
项目五 编制会计报表	任务1 编制资产负债表。 任务2 编制利润表。	8	SOC3
项目六 整理和装订会计资料	任务1 整理会计资料。 任务2 装订会计资料。	2	SOC4
合　计		48	

6) 与预期学习成果匹配的教学方法

课程教学方法见表 3-72。

表 3-72 教学方法

预期学习成果	教学方法				
	讲授法	案例教学	直观演示	任务导向	角色扮演
SOC1	Y	Y	Y	Y	Y
SOC2	Y	Y	Y	Y	Y
SOC3	Y	Y	Y	Y	Y
SOC4	Y	Y	Y		

7) 与预期学习成果匹配的考核评价标准

成立由校外企业和学校的专家组成的第三方考核评价小组,以成果为导向,以课程考核标准为考核依据,重点考查学生是否基本无差错地完成了各项成果的内容。

课程成绩＝平时考核＋成果考核＋能力测试。

课程预期学习成果成绩由 4 个课程预期学习成果成绩构成,权重分别为 SOC1 占 20％,SOC2 占 40％,SOC3 占 20％,SOC4 占 20％,具体见表 3-73。

表 3-73　课程预期学习成果考核评价标准

课程预期成果	单元预期成果	学生预期学习成果达成度			权重
		合格	良好	优秀	
SOC1	SUOC1	(1) 能基本掌握各种会计凭证的格式,正确率为 60％～74％。评分要点:以上内容共 30 分。	(1) 能掌握各种会计凭证的格式,正确率为 75％～84％。评分要点:以上内容共 30 分。	(1) 能熟练掌握各种会计凭证的格式,正确率为 85％～100％。评分要点:以上内容共 30 分。	30％
	SUOC2	(2) 能基本掌握各种原始凭证和记账凭证的编制方法,正确率为 60％～74％。评分要点:以上内容共 70 分。	(2) 能掌握各种原始凭证和记账凭证的编制方法,正确率为 75％～84％。评分要点:以上内容共 70 分。	(2) 能熟练掌握各种原始凭证和记账凭证的编制方法,正确率为 85％～100％。评分要点:以上内容共 70 分。	70％
SOC2	SUOC1	(1) 基本熟悉企业制单岗位工作内容与凭证流转程序,正确率为 60％～74％。评分要点:以上内容共 70 分。	(1) 熟悉企业制单岗位工作内容与凭证流转程序,正确率为 75％～84％。评分要点:以上内容共 70 分。	(1) 非常熟悉企业制单岗位工作内容与凭证流转程序,正确率为 85％～100％。评分要点:以上内容共 70 分。	70％
	SUOC2	(2) 能基本掌握各种日记账的格式及应用范围,正确率为 60％～74％。评分要点:以上内容共 30 分。	(2) 能掌握各种日记账的格式及应用范围,正确率为 75％～84％。评分要点:以上内容共 30 分。	(2) 能熟练掌握各种日记账的格式及应用范围,正确率为 85％～100％。评分要点:以上内容共 30 分。	30％
SOC3	SUOC1	(1) 能基本掌握各种日记账的建立方法、登记方法、结账和对账方法,正确率为 60％～74％。评分要点:以上内容共 15 分。	(1) 能掌握各种日记账的建立方法、登记方法、结账和对账方法,正确率为 75％～84％。评分要点:以上内容共 15 分。	(1) 能熟练掌握各种日记账的建立方法、登记方法、结账和对账方法,正确率为 85％～100％。评分要点:以上内容共 15 分。	15％
		(2) 基本熟悉出纳岗位的工作内容与凭证流转程序,正确率为 60％～74％。评分要点:以上内容共 10 分。	(2) 熟悉出纳岗位的工作内容与凭证流转程序,正确率为 75％～84％。评分要点:以上内容共 10 分。	(2) 非常熟悉出纳岗位的工作内容与凭证流转程序,正确率为 85％～100％。评分要点:以上内容共 10 分。	10％

（续表）

课程预期成果	单元预期成果	学生预期学习成果达成度			权重
		合格	良好	优秀	
SOC3	SUOC1	（3）能基本掌握各种明细账的格式及应用范围，正确率为 60%～74%。评分要点：以上内容共 10 分。	（3）能掌握各种明细账的格式及应用范围，正确率为 75%～84%。评分要点：以上内容共 10 分。	（3）能熟练掌握各种明细账的格式及应用范围，正确率为 85%～100%。评分要点：以上内容共 10 分。	10%
		（4）能基本掌握各种明细账的建立方法、登记方法、结账和对账方法，正确率为 60%～74%。评分要点：以上内容共 7.5 分。	（4）能掌握各种明细账的建立方法、登记方法、结账和对账方法，正确率为 75%～84%。评分要点：以上内容共 7.5 分。	（4）能熟练掌握各种明细账的建立方法、登记方法、结账和对账方法，正确率为 85%～100%。评分要点：以上内容共 7.5 分。	7.5%
		（5）基本熟悉明细账岗位的工作内容与凭证流转程序，正确率为 60%～74%。评分要点：以上内容共 7.5 分。	（5）熟悉明细账岗位的工作内容与凭证流转程序，正确率为 75%～84%。评分要点：以上内容共 7.5 分。	（5）熟练掌握明细账岗位的工作内容与凭证流转程序，正确率为 85%～100%。评分要点：以上内容共 7.5 分。	7.5%
	SUOC2	（1）能基本掌握材料及库存商品的期末成本及发出成本的计算，正确率为 60%～74%。评分要点：以上内容共 10 分。	（1）能掌握材料及库存商品的期末成本及发出成本的计算，正确率为 75%～84%。评分要点：以上内容共 10 分。	（1）能熟练掌握材料及库存商品的期末成本及发出成本的计算，正确率为 85%～100%。评分要点：以上内容共 10 分。	10%
		（2）能基本掌握各种总账的格式及应用范围，正确率为 60%～74%。评分要点：以上内容共 5 分。	（2）能掌握各种总账的格式及应用范围，正确率为 75%～84%。评分要点：以上内容共 5 分。	（2）能熟练掌握各种总账的格式及应用范围，正确率为 85%～100%。评分要点：以上内容共 5 分。	5%
		（3）能基本掌握各种总账的建立方法、登记方法、结账和对账方法，正确率为 60%～74%。评分要点：以上内容共 15 分。	（3）能掌握各种总账的建立方法、登记方法、结账和对账方法，正确率为 75%～84%。评分要点：以上内容共 15 分。	（3）能熟练掌握各种总账的建立方法、登记方法、结账和对账方法，正确率为 85%～100%。评分要点：以上内容共 15 分。	15%

（续表）

课程预期成果	单元预期成果	学生预期学习成果达成度			权重
		合格	良好	优秀	
SOC3	SUOC2	(4) 基本熟悉总账岗位的工作内容与凭证流转程序，正确率为 60%～74%。评分要点：以上内容共10分	(4) 熟悉总账岗位的工作内容与凭证流转程序，正确率为 75%～84%。评分要点：以上内容共10分	(4) 非常熟悉总账岗位的工作内容与凭证流转程序，正确率为 85%～100%。评分要点：以上内容共10分	10%
		(5) 能基本掌握各种会计核算形式的异同，正确率为 60%～74%。评分要点：以上内容共10分	(5) 能掌握各种会计核算形式的异同，正确率为 75%～84%。评分要点：以上内容共10分	(5) 能熟练掌握各种会计核算形式的异同，正确率为 85%～100%。评分要点：以上内容共10分	10%
SOC4	SUOC1	(1) 能基本掌握资产负债表的编制方法，正确率为 60%～74%。评分要点：以上内容共40分。	(1) 能掌握资产负债表的编制方法，正确率为 75%～84%。评分要点：以上内容共40分。	(1) 能熟练掌握资产负债表的编制方法，正确率为 85%～100%。评分要点：以上内容共40分。	40%
		(2) 能基本掌握利润表的编制方法，正确率为 60%～74%。评分要点：以上内容共30分。	(2) 能掌握利润表的编制方法，正确率为 75%～84%。评分要点：以上内容共30分。	(2) 能熟练掌握利润表的编制方法，正确率为 85%～100%。评分要点：以上内容共30分。	30%
		(3) 能基本掌握现金流量表的编制方法，正确率为 60%～74%。评分要点：以上内容共10分。	(3) 能掌握现金流量表的编制方法，正确率为 75%～84%。评分要点：以上内容共10分。	(3) 能熟练掌握现金流量表的编制方法，正确率为 85%～100%。评分要点：以上内容共10分。	10%
	SUOC2	(1) 能基本整理会计资料，正确率为 60%～74%。评分要点：以上内容共10分。	(1) 能整理会计资料，正确率为 75%～84%。评分要点：以上内容共10分。	(1) 能熟练整理会计资料，正确率为 85%～100%。评分要点：以上内容共10分。	10%
		(2) 能基本正确地装订会计资料，正确率为 60%～74%。评分要点：以上内容共10分。	(2) 能较为正确地装订会计资料，正确率为 75%～84%。评分要点：以上内容共10分。	(2) 能正确地装订会计资料，正确率为 85%～100%。评分要点：以上内容共10分。	10%

8）课程实施条件

（1）授课教师要求

授课教师应具有 3 年以上企业相关工作经验，本科以上学历，讲师以上职称，具有会计师、注册会计师等职业资格证书者优先。

（2）实践教学条件

本课程采用编写或选用模拟实训教材，使用效果良好。本课程配备有相关模拟实训教学软件。建立紧密合作的产教融合，其中以制造业为主。学生应定期深入企业了解产品生产工艺流程、企业的管理要求等。

9）预期学生需要付出的努力

（1）完成课程标准中要求完成的学习成果

学生应在学校、教师的指导和支持下，积极主动地参与校内外课程学习和相关实践教学活动，按质按量地完成课程成果。

（2）确保有足够的课内时间学习

学生不能随意缺课、旷课、迟到和早退，特殊情况先请假，应按照学校教学进程的安排，完成课程标准中要求的相关理论课程和实训项目的学习。

（3）确保足够的课外学习时间

学生按照课内学习与课外学习时间 1：2 的比例配备课外学习，确保有足够的时间在课前、课后查阅相关资料，完成拓展的实训作品，参与企业实践和相关公益活动等。

10）教材、参考文献和资料

（1）教材及参考文献

[1] 刘燕.企业会计综合实训[M].3 版.沈阳：东北大学出版社，2017.
[2] 周美容.企业会计综合实训[M].上海交通大学出版社，2017.
[3] 中华会计网校：http://www.chinaacci.com.

〔4〕广东省财政厅会计信息服务平台：www.gdczt.gov.cn.

〔5〕中国财会网：http://www.kj2000.com/.

〔6〕中国注册会计师协会：http://www.cicpa.org.cn/.

〔7〕财考网：http://www.ck100.com.

〔8〕无忧考网：http://www.51test.net/kjz/.

(2) 其他说明

按照 1∶2 比例，讲课 1 小时，学生要进行 2 小时的实践活动，1 学分要求学生有 48 小时的学习，所以 1 学分学生所付出的总时间是 48 小时。

预期学生需付出的努力及"教材、参考文献和资料"两项内容是引导学生课后自主学习的参考依据。此外，学生还应熟悉《企业会计准则》《会计基础工作规范》和《会计档案管理办法》等会计法律法规。

13. Excel 财务应用课程标准

1）课程基本信息

Excel 财务应用课程基本信息见表 3-74。

表 3-74　Excel 财务应用课程基本信息表

课程名称	Excel 财务应用	课程代码	
课程类型	☐ 通识基础课程　☐ 通识拓展课程　☑ 专业基础课程 ☐ 专业核心课程　☐ 岗位综合课程　☐ 专业限选课程		
修读方式	☑ 必修课　☐ 专业拓展课　☐ 选修课		
先行课程	会计职业入门与操作	财务会计实务	财务管理
后续课程	管理会计	财务报表分析	
学　　时	34	学　分	2
理论学时	17	实践学时	17
教学场所	☐ 教室　☐ 多媒体教室　☑ 实训/实验室　☐ 理实一体化教室 ☐ 生产性实训基地　☐ 其他（　　）		

2）课程培养目标

　　本课程要求学生掌握用 Excel 各种操作方法解决企业会计核算和财务管理中的问题，熟悉国家会计法及相关法律法规，具备耐心、细致、严谨、爱岗敬业、诚实守信、客观公正的职业素质，成为能胜任中小企业相关会计岗位工作任务的高素质技术技能型人才。通过本课程的学习，要求学生具备以下能力和素质：

　　通过 SOC1 的实施，培养学生自主学习及信息技术应用等能力，以及耐心、细致、严谨，爱岗敬业的职业素质。

　　通过 SOC2、SOC3、SOC4、SOC5 的实施，培养学生沟通交流、自主学习、信息技术应用、款项收付与资金管理、企业日常经济业务核算、企业运营管理等能力，以及耐心、细致、严谨，爱岗敬业、诚实守信、客观公正的职业素质。

　　通过 SOC6 的实施，培养学生的沟通交流、团队合作、自主学习、信息技术应用、财务管理与分析能力等能力,培养学生团队合作意识、诚实守信的职业道德以及耐心、细致和严谨的职业素质。

3) 课程预期成果的分解及学分

将专业预期成果分解为课程预期成果和课程单元预期成果,具体见表 3-75。

表 3-75 课程预期成果与专业预期成果对应表

课程预期成果		课程单元预期成果		对应 POC
编号	学分	编号	学分	
SOC1	0.2	SUOC1	0.2	POC1.2 POC2.3
SOC2	0.5	SUOC1	0.2	POC1.2 POC3.2
		SUOC2	0.2	
		SUOC3	0.1	
SOC3	0.3	SUOC1	0.1	POC1.2 POC3.2
		SUOC2	0.2	
SOC4	0.3	SUOC1	0.1	POC1.2 POC3.2
		SUOC2	0.2	
SOC5	0.3	SUOC1	0.1	POC1.2 POC3.2
		SUOC2	0.2	
SOC6	0.4	SUOC1	0.2	POC1.3 POC3.5
		SUOC2	0.2	

4) 课程预期成果和课程单元预期成果内容

课程预期成果和课程单元预期成果内容与职业能力、素质对应关系见表 3-76。

表 3-76 课程预期成果和课程单元预期成果内容与职业能力、素质对应表

课程预期成果	课程单元预期成果	对应职业能力、素质
SOC1 内容:学生在教师的指导下,自主复习 Excel 的基本操作方法,尤其会利用 Excel 各种快捷键、常用函数、数据分析工具以及制作图表功能解决企业会计核算和财务管理中各种问题。	SUOC1 内容:利用 Excel 各种快捷键、常用函数、数据分析工具以及制作图表功能解决企业会计核算和财务管理中各种问题。	HX01:自主学习。 HX02:信息技术应用。

课程预期成果	课程单元预期成果	对应职业能力、素质
SOC2 内容：学生在教师的指导下，使用 Excel 进行会计核算的整体流程，从编制会计凭证开始，到设置和登记会计账簿，最后建立和编制会计报表，比较手工账和使用 Excel 进行会计核算区别。	SUOC1 内容：选用一个中小企业 1 个月发生的经济业务为案例，使用 Excel 编制会计凭证。 SUOC2 内容：在 SUOC1 基础上，使用 Excel 设置和登记会计账簿。 SUOC3 内容：在 SUOC2 基础上，使用 Excel 建立和编制会计报表。	TY01：沟通交流。 HX01：自主学习。 HX02：信息技术应用。 ZY0201：核算企业日常经济业务。 ZY0503：熟练操作维护总账管理系统。
SOC3 内容：学生在教师的指导下，使用 Excel 基本功能制作员工工资表，运用相关函数对工资项目进行设置，利用数据功能进行工资数据查询与汇总分析，最后设置员工工资发放条。	SUOC1 内容：根据案例资料，使用 Excel 基本功能制作员工工资表，运用相关函数对工资项目进行设置。 SUOC2 内容：在 SOUC1 的基础上，利用数据功能进行工资数据查询与汇总分析，并设置员工工资发放条。	TY01：沟通交流。 HX01：自主学习能力。 HX02：信息技术应用能力。 ZY0504：熟练操作维护工资、固定资产、应收应付管理系统。
SOC4 内容：学生在教师的指导下，使用 Excel 基本功能建立并登记应收账款明细账，运用相关函数分析逾期应收账款和应收账款账龄，最后计算应收账款坏账准备。	SUOC1：内容：根据案例资料，使用 Excel 基本功能建立并登记应收账款明细账。 SUOC2 内容：在 SUOC1 的基础上，运用相关函数分析逾期应收账款和应收账款账龄，并计算应收账款坏账准备。	TY01：沟通交流。 HX01：自主学习。 HX02：信息技术应用。 ZY0504：熟练操作维护工资、固定资产、应收应付管理系统。
SOC5 内容：学生在教师的指导下，使用 Excel 基本功能进行固定资产卡片账的建立与登记，采用不同的固定资产折旧函数计提固定资产的累计折旧，最后计算固定资产的账面价值。	SUOC1 内容：根据案例资料，使用 Excel 基本功能进行固定资产卡片账的建立与登记。 SUOC2 内容：在 SUOC1 的基础上，采用不同的固定资产折旧函数计提固定资产的累计折旧，并计算固定资产的账面价值。	TY01：沟通交流。 HX01：自主学习。 HX02：信息技术应用。 ZY0504：熟练操作维护工资、固定资产、应收应付管理系统。

（续表）

课程预期成果	课程单元预期成果	对应职业能力、素质
SOC6 内容：学生在教师的指导下，使用 Excel 相关功能进行财务管理中的筹资与投资决策，以及利用 Excel 进行财务分析，并对分析结果进行评价。	SUOC1 内容：根据案例资料，使用 Excel 相关功能进行财务管理中的筹资与投资决策。	TY01：沟通交流。 TY02：团队合作。 HX01：自主学习。 HX02：信息技术应用。 ZY0602：筹资管理和项目投资管理。
	SUOC2 内容：根据案例资料，利用 Excel 进行财务分析，并对分析结果进行评价。	ZY0605：计算各项财务指标，编制财务分析报告。

5）课程内容与学时安排

课程内容与学时安排见表 3-77。

表 3-77 课程内容与学时安排

项目名称	教学内容	学时	SOC
项目一　Excel 概述	任务 1　公式与函数。 任务 2　数据管理与分析。 任务 3　Excel 图表。	2	SOC1
项目二　Excel 在会计凭证中的应用	任务 1　建立和处理会计科目表。 任务 2　建立会计凭证表。	4	
项目三　Excel 在会计账簿中的应用	任务 1　日记账。 任务 2　分类账。 任务 3　自动更新数据透视表。 任务 4　科目汇总表。 任务 5　科目余额表。	4	SOC2
项目四　Excel 在会计报表中的应用	任务 1　Excel 在资产负债表中的应用。 任务 2　Excel 在利润表中的应用。 任务 3　Excel 在现金流量表中的应用。	2	
项目五　Excel 在工资核算中的应用	任务 1　工资项目的设置。 任务 2　工资数据的查询与汇总分析。 任务 3　工资发放条。	4	SOC3
项目六　Excel 在应收账款管理中的应用	任务 1　应收账款统计。 任务 2　逾期应收账款分析。 任务 3　应收账款账龄分析。	4	SOC4
项目七　Excel 在固定资产中的应用	任务 1　固定资产卡片账的管理。 任务 2　固定资产折旧。	4	SOC5

（续表）

项目名称		教学内容		学时	SOC
项目八	Excel 在财务管理中的应用	任务 1 任务 2 任务 3	货币时间价值的计量。 资本成本的计量。 项目投资评价基本指标。	4	SOC6
项目九	Excel 在财务分析中的应用	任务 1 任务 2 任务 3	Excel 在财务比率分析中的应用。 企业间财务状况的比较分析。 财务状况综合分析。	6	
合 计				34	

6）与预期学习成果匹配的教学方法

本课程采用翻转课堂教学模式，线上学习、线下答疑辅导，具体教学方法见表 3-78。

表 3-78 教学方法

预期学习成果	教学方法				
	讲授法	案例教学	直观演示	任务导向	角色扮演
SOC1	Y	Y	Y		
SOC2	Y	Y	Y	Y	Y
SOC3	Y	Y	Y	Y	
SOC4	Y	Y	Y	Y	
SOC5	Y	Y	Y	Y	
SOC6	Y	Y	Y	Y	Y

7）与预期学习成果匹配的考核评价体系

本课程实施"三合一"考核评价模式，即课程成绩＝平时考核＋成果考核＋能力测试，平时考核占 20％，成果考核占 60％，能力测试占 20％。考核主体为企业和学校专家组成的第三方考评小组，考核标准是课程考核评价标准。

平时考核重点考核学生的团队合作精神、沟通交流能力、文案写作能力和自主学习能力等，成果考核重点考核学生的职业素质和职业能力是否形成，能力测试主要考核学生是否掌握了必需的知识和技能。

课程预期学习成果成绩由 6 个课程预期学习成果成绩构成，权重分别为 SOC1 占 10％，SOC2 占 25％，SOC3 占 15％，SOC4 占 15％，SOC5 占 15％，SOC6 占 20％，具体见表 3-79。

表 3-79　课程预期学习成果考核评价标准

课程预期成果	单元预期成果	学生预期学习成果达成度			
		合格(60~74分)	良好(75~84分)	优秀(85~100分)	权重
SOC1	SUOC1	(1) 能基本正确地建立、移动、复制、修改公式以及使用常用函数,正确率为60%~74%。评分要点:基本操作10分,常用函数20分,以上内容共30分。	(1) 能较为正确地建立、移动、复制、修改公式以及使用常用函数,正确率为75%~84%。评分要点:基本操作10分,常用函数20分,以上内容共30分。	(1) 能正确地建立、移动、复制、修改公式以及使用常用函数,正确率为85%~100%。评分要点:基本操作10分,常用函数20分,以上内容共30分。	30%
		(2) 能基本正确地使用Excel中的数据应用工具,正确率为60%~74%。评分要点:排序、筛选、分类汇总、数据透视表各10分,以上内容共40分。	(2) 能较为正确地使用Excel中的数据应用工具,正确率为75%~84%。评分要点:排序、筛选、分类汇总、数据透视表各10分,以上内容共40分。	(2) 能正确地使用Excel中的数据应用工具,正确率为85%~100%。评分要点:排序、筛选、分类汇总、数据透视表各10分,以上内容共40分。	40%
		(3) 能基本正确地利用Excel制作图表,正确率为60%~74%。评分要点:制作图表、格式化各15分,以上内容共30分。	(3) 能较为正确地利用Excel制作图表,正确率为75%~84%。评分要点:制作图表、格式化各15分,以上内容共30分。	(3) 能正确地利用Excel制作图表,正确率为85%~100%。评分要点:制作图表、格式化各15分,以上内容共30分。	30%
SOC2	SUOC1	(1) 能基本正确地使用Excel编制会计科目表,正确率为60%~74%。评分要点:科目表设置、格式化各5分,以上内容共10分。	(1) 能较为正确地使用Excel编制会计科目表,正确率为75%~84%。评分要点:科目表设置、格式化各5分,以上内容共10分。	(1) 能正确地使用Excel编制会计科目表,正确率为85%~100%。评分要点:科目表设置、格式化各5分,以上内容共10分。	10%
		(2) 能基本正确地使用Excel编制会计凭证,正确率为60%~74%。评分要点:凭证表设置、函数使用各10分,以上内容共20分。	(2) 能较为正确地使用Excel编制会计凭证,正确率为75%~84%。评分要点:凭证表设置、函数使用各10分,以上内容共20分。	(2) 能正确地使用Excel编制会计凭证,正确率为85%~100%。评分要点:凭证表设置、函数使用各10分,以上内容共20分。	20%
	SUOC2	(1) 能基本正确地使用Excel设置和登记日记账,正确率为60%~74%。评分要点:日记账设置、排序各5分,以上内容共10分。	(1) 能较为正确地使用Excel设置和登记日记账,正确率为75%~84%。评分要点:日记账设置、排序各5分,以上内容共10分。	(1) 能正确地使用Excel设置和登记日记账,正确率为85%~100%。评分要点:日记账设置、排序各5分,以上内容共10分。	10%

课程预期成果	单元预期成果	学生预期学习成果达成度			权重
		合格(60~74分)	良好(75~84分)	优秀(85~100分)	
	SUOC2	(2) 能基本正确地使用Excel设置和登记总账,正确率为60%~74%。 评分要点:数据透视表、格式设置各10分,以上内容共20分。	(2) 能较为正确地使用Excel设置和登记总账,正确率为75%~84%。 评分要点:数据透视表、格式设置各10分,以上内容共20分。	(2) 能正确地使用Excel设置和登记总账,正确率为85%~100%。 评分要点:数据透视表、格式设置各10分,以上内容共20分。	20%
		(3) 能基本正确地使用Excel设置和登记明细账,正确率为60%~74%。 评分要点:数据透视表、格式设置各5分,以上内容共10分。	(3) 能较为正确地使用Excel设置和登记明细账,正确率为75%~84%。 评分要点:数据透视表、格式设置各5分,以上内容共10分。	(3) 能正确地使用Excel设置和登记明细账,正确率为85%~100%。 评分要点:数据透视表、格式设置各5分,以上内容共10分。	10%
SOC2	SUOC3	(1) 能基本正确地使用Excel建立和编制资产负债表,正确率为60%~74%。 评分要点:报表设置、格式化各5分,以上内容共10分。	(1) 能较为正确地使用Excel建立和编制资产负债表,正确率为75%~84%。 评分要点:报表设置、格式化各5分,以上内容共10分。	(1) 能正确地使用Excel建立和编制资产负债表,正确率为85%~100%。 评分要点:报表设置、格式化各5分,以上内容共10分。	10%
		(2) 能基本正确地使用Excel建立和编制利润表,正确率为60%~74%。 评分要点:报表设置、格式化各5分,以上内容共10分。	(2) 能较为正确地使用Excel建立和编制利润表,正确率为75%~84%。 评分要点:报表设置、格式化各5分,以上内容共10分。	(2) 能正确地使用Excel建立和编制利润表,正确率为85%~100%。 评分要点:报表设置、格式化各5分,以上内容共10分。	10%
		(3) 能基本正确地使用Excel建立和编制现金流量表,正确率为60%~74%。 评分要点:报表设置、格式化各5分,以上内容共10分。	(3) 能较为正确地使用Excel建立和编制现金流量表,正确率为75%~84%。 评分要点:报表设置、格式化各5分,以上内容共10分。	(3) 能正确地使用Excel建立和编制现金流量表,正确率为85%~100%。 评分要点:报表设置、格式化各5分,以上内容共10分。	10%

（续表）

课程预期成果	单元预期成果	学生预期学习成果达成度			权重
		合格（60~74分）	良好（75~84分）	优秀（85~100分）	
SOC3	SUOC1	（1）能基本正确地使用Excel制作员工工资表，正确率为60%~74%。评分要点：工资表设置、格式化各10分，以上内容共20分。	（1）能较为正确地使用Excel制作员工工资表，正确率为75%~84%。评分要点：工资表设置、格式化各10分，以上内容共20分。	（1）能正确地使用Excel制作员工工资表，正确率为85%~100%。评分要点：工资表设置、格式化各10分，以上内容共20分。	20%
		（2）能基本正确地使用Excel设置员工工资项目，正确率为60%~74%。评分要点：函数使用、公式设置各10分，以上内容共20分。	（2）能较为正确地使用Excel设置员工工资项目，正确率为75%~84%。评分要点：函数使用、公式设置各10分，以上内容共20分。	（2）能正确地使用Excel设置员工工资项目，正确率为85%~100%。评分要点：函数使用、公式设置各10分，以上内容共20分。	20%
	SUOC2	（1）能基本正确地利用Excel进行工资数据查询与汇总分析，正确率为60%~74%。评分要点：查询、汇总分析各20分，以上内容共40分。	（1）能较为正确地利用Excel进行工资数据查询与汇总分析，正确率为75%~84%。评分要点：查询、汇总分析各20分，以上内容共40分。	（1）能正确地利用Excel进行工资数据查询与汇总分析，正确率为85%~100%。评分要点：查询、汇总分析各20分，以上内容共40分。	40%
		（2）能基本正确地使用Excel设置工资发放条，正确率为60%~74%。评分要点：项目设置、格式化各10分，以上内容共20分。	（2）能较为正确地使用Excel设置工资发放条，正确率为75%~84%。评分要点：项目设置、格式化各10分，以上内容共20分。	（2）能正确地使用Excel设置工资发放条，正确率为85%~100%。评分要点：项目设置、格式化各10分，以上内容共20分。	20%
SOC4	SUOC1	（1）能基本正确地使用Excel建立并登记应收账款明细账，正确率为60%~74%。评分要点：明细账设置、函数使用各10分，以上内容共20分。	（1）能较为正确地使用Excel建立并登记应收账款明细账，正确率为75%~84%。评分要点：明细账设置、函数使用各10分，以上内容共20分。	（1）能正确地使用Excel建立并登记应收账款明细账，正确率为85%~100%。评分要点：明细账设置、函数使用各10分，以上内容共20分。	20%
		（2）能基本正确地使用Excel设置应收账款明细账项目，正确率为60%~74%。评分要点：项目设置、格式化各10分，以上内容共20分。	（2）能较为正确地使用Excel设置应收账款明细账项目，正确率为75%~84%。评分要点：项目设置、格式化各10分，以上内容共20分。	（2）能正确地使用Excel设置应收账款明细账项目，正确率为85%~100%。评分要点：项目设置、格式化各10分，以上内容共20分。	20%

课程预期成果	单元预期成果	学生预期学习成果达成度			权重
		合格（60～74分）	良好（75～84分）	优秀（85～100分）	
SOC4	SUOC2	（1）能基本正确地利用Excel函数分析逾期应收账款和应收账款账龄，正确率为60%～74%。评分要点：函数使用、公式设置各20分，以上内容共40分。	（1）能较为正确地利用Excel函数分析逾期应收账款和应收账款账龄，正确率为75%～84%。评分要点：函数使用、公式设置各20分，以上内容共40分。	（1）能正确地利用Excel函数分析逾期应收账款和应收账款账龄，正确率为85%～100%。评分要点：函数使用、公式设置各20分，以上内容共40分。	40%
		（2）能基本正确地使用Excel计算应收账款坏账准备，正确率为60%～74%。评分要点：函数使用、公式设置各10分，以上内容共20分。	（2）能较为正确地使用Excel设计算应收账款坏账准备，正确率为75%～84%。评分要点：函数使用、公式设置各10分，以上内容共20分。	（2）能正确地使用Excel计算应收账款坏账准备，正确率为85%～100%。评分要点：函数使用、公式设置各10分，以上内容共20分。	20%
SOC5	SUOC1	（1）能基本正确地使用Excel进行固定资产卡片账的建立与登记，正确率为60%～74%。评分要点：卡片账设置、函数使用各10分，以上内容共20分。	（1）能较为正确地使用Excel进行固定资产卡片账的建立与登记，正确率为75%～84%。评分要点：卡片账设置、函数使用各10分，以上内容共20分。	（1）能正确地使用Excel进行固定资产卡片账的建立与登记，正确率为85%～100%。评分要点：卡片账设置、函数使用各10分，以上内容共20分。	20%
		（2）能基本正确地使用Excel设置固定资产卡片账项目，正确率为60%～74%。评分要点：项目设置、格式化各10分，以上内容共20分。	（2）能较为正确地使用Excel设置固定资产卡片账项目，正确率为75%～84%。评分要点：项目设置、格式化各10分，以上内容共20分。	（2）能正确地使用Excel设置固定资产卡片账项目，正确率为85%～100%。评分要点：项目设置、格式化各10分，以上内容共20分。	20%
	SUOC2	（1）能基本正确地使用Excel固定资产折旧函数进行分析，正确率为60%～74%。评分要点：函数使用、公式设置各20分，以上内容共40分。	（1）能较为正确地使用Excel固定资产折旧函数进行分析，正确率为75%～84%。评分要点：函数使用、公式设置各20分，以上内容共40分。	（1）能正确地使用Excel固定资产折旧函数进行分析，正确率为85%～100%。评分要点：函数使用、公式设置各20分，以上内容共40分。	40%
		（2）能基本正确地使用Excel计算固定资产的账面价值，正确率为60%～74%。评分要点：函数使用、公式设置各10分，以上内容共20分。	（2）能较为正确地使用Excel设计算固定资产的账面价值，正确率为75%～84%。评分要点：函数使用、公式设置各10分，以上内容共20分。	（2）能正确地使用Excel计算固定资产的账面价值，正确率为85%～100%。评分要点：函数使用、公式设置各10分，以上内容共20分。	20%

（续表）

课程预期成果	单元预期成果	学生预期学习成果达成度			权重
		合格（60～74分）	良好（75～84分）	优秀（85～100分）	
SOC6	SUOC1	（1）能基本正确地使用Excel相关功能进行财务管理中的筹资决策，正确率为60%～74%。评分要点：函数使用、公式设置各10分，格式化5分，以上内容共25分。	（1）能较为正确地使用Excel相关功能进行财务管理中的筹资决策，正确率75%～84%。评分要点：函数使用、公式设置各10分，格式化5分，以上内容共25分。	（1）能正确地使用Excel相关功能进行财务管理中的筹资决策，正确率为75%～84%。评分要点：函数使用、公式设置各10分，格式化5分，以上内容共25分。	25%
		（2）能基本正确地使用Excel相关功能进行财务管理中的投资决策，正确率为60%～74%。评分要点：函数使用、公式设置各10分，格式化5分，以上内容共25分。	（2）能较为正确地使用Excel相关功能进行财务管理中的投资决策，正确率75%～84%。评分要点：函数使用、公式设置各10分，格式化5分，以上内容共25分。	（2）能正确地使用Excel相关功能进行财务管理中的投资决策，正确率为75%～84%。评分要点：函数使用、公式设置各10分，格式化5分，以上内容共25分。	25%
	SUOC2	（1）能基本正确地使用Excel相关功能进行财务分析，正确率为60%～74%。评分要点：函数使用、公式设置各10分，格式化5分，以上内容共25分。	（1）能较为正确地使用Excel相关功能进行财务分析，正确率为75%～84%。评分要点：函数使用、公式设置各10分，格式化5分，以上内容共25分。	（1）能正确地使用Excel相关功能进行财务分析，正确率为75%～84%。评分要点：函数使用、公式设置各10分，格式化5分，以上内容共25分。	25%
		（2）能基本正确地使用Excel对上述分析结果进行评价，正确率为60%～74%。评分要点：函数使用、公式设置各10分，格式化5分，以上内容共25分。	（2）能较为正确地使用Excel对上述分析结果进行评价，正确率为75%～84%。评分要点：函数使用、公式设置各10分，格式化5分，以上内容共25分。	（2）能正确地使用Excel对上述分析结果进行评价，正确率为75%～84%。评分要点：函数使用、公式设置各10分，格式化5分，以上内容共25分。	25%

8）课程实施条件

(1）授课教师要求

授课教师应具有企业相关工作经验，本科以上学历，讲师以上职称，具有会计师、注册会计师等职业资格证书者优先。

（2）理实一体化教材

本课程采用编写或选用理实一体化教材，使用效果良好。

（3）实践教学条件

本课程采用编写或选用模拟实训教材，使用效果良好。本课程配备有相关模拟实训教学软件。建立紧密合作的产教融合企业，以制造业为主。学生应定期深入企业了解产品生产工艺流程、企业的管理要求等。

9）预期学生需要付出的努力

（1）完成课程标准中要求完成的学习成果

学生应在学校、教师的指导和支持下，积极主动地参与校内外课程学习和相关实践教学活动，按质按量地完成课程成果。

（2）确保有足够的课内时间学习

学生不能随意缺课、旷课、迟到和早退，特殊情况先请假，应按照学校教学进程的安排，完成课程标准中要求的相关理论课程和实训项目的学习。

（3）确保足够的课外学习时间

学生按照课内学习与课外学习时间1∶2的比例配备课外学习，确保有足够的时间在课前、课后查阅相关资料，完成拓展的实训作品，参与企业实践和相关公益活动等。

10）教材、参考文献和资料

（1）教材及参考文献

［1］黄新荣.Excel 在会计与财务管理中的应用［M］.3 版.北京：人民邮电出版社，2015.

［2］王国胜.Excel 会计与财务实战技巧精粹辞典［M］.北京：清华大学出版社，2013.

［3］蒙评，王兴莲.Excel 财会应用范例［M］.北京：机械工业出版社，2008.

［4］中华会计网校：http：//www.chinaacci.com.

［5］Excel Home 网：http：//club.excelhome.net.

〔6〕Excel 学习网：http://www.excelcn.com.

〔7〕Excel 技巧网：http://www.exceltip.net.

(2) 其他说明

按照 1：2 比例，上课 1 小时，学生要进行 2 小时的学习活动，1 学分要求学生有 18 小时的学习，所以 1 学分学生所付出的总时间是 54 小时。

预期学生需付出的努力及"教材、参考文献和资料"两项内容是引导学生课后自主学习的参考依据。

14. 财务报表分析课程标准

1）课程基本信息

财务报表分析课程基本信息见表3-80。

表3-80　财务报表分析课程基本信息表

课程名称	财务报表分析		课程代码	
课程类型	☐ 通识基础课程　☐ 通识拓展课程　☐ 专业基础课程 ☑ 专业核心课程　☐ 岗位综合课程　☐ 专业限选课程			
修读方式	☑ 必修课　☐ 专业拓展课　☐ 选修课			
先行课程	会计职业入门与操作	财务会计实务		财务管理
后续课程	会计综合模拟实训	毕业论文与答辩		
学　　时	64	学　分		3
理论学时	38	实践学时		26
教学场所	☐ 教室　☐ 多媒体教室　☐ 实训/实验室　☑ 理实一体化教室 ☐ 生产性实训基地　☐ 其他（　　　）			

2）课程培养目标

　　本课程要求学生掌握财务报表指标的计算、分析、评价、撰写分析报告等知识，熟悉国家会计法及相关法律法规，具备耐心、细致、严谨，爱岗敬业、诚实守信、客观公正、坚持准则的职业素质，成为能胜任中小企业报表会计岗位工作任务的高素质技术技能型人才。通过本课程的学习，学生应具备以下能力和素质：

　　通过 SOC1 的实施，培养学生沟通协调、自主学习、信息技术应用、法律意识、财务管理与分析等能力，以及爱岗敬业、诚实守信和客观公正的职业素质。

　　通过 SOC2、SOC3 的实施，培养学生自主学习、信息技术应用、财务管理与分析等能力，以及耐心、细致、严谨，爱岗敬业、诚实守信、客观公正和坚持准则的职业素质。

　　通过 SO4 的实施，培养学生的沟通协调、文案写作、自主学习、信息技术应用、会计职业判断、财务管理与分析等能力,培养学生法律意识、团队合作意识、诚实守信的职业道德以及耐心、细致和严谨的职业素质。

3) 课程预期成果的分解及学分

将专业预期成果分解为课程预期成果和课程单元预期成果,具体见表3-81。

表 3-81 课程预期成果与专业预期成果对应表

课程预期成果		课程单元预期成果		对应 POC
编号	学分	编号	学分	
SOC1	0.4	SUOC1	0.2	POC1.1
		SUOC2	0.2	
SOC2	0.7	SUOC1	0.2	POC1.2 POC3.5
		SUOC2	0.2	
		SUOC3	0.3	
SOC3	0.7	SUOC1	0.2	POC1.2 POC3.2
		SUOC2	0.2	
		SUOC3	0.2	
		SUOC4	0.1	
SOC4	1.2	SUOC1	0.5	POC1.2 POC2.3 POC4.1
		SUOC2	0.7	

4) 课程预期成果和课程单元预期成果内容

课程预期成果和课程单元预期成果内容与职业能力、素质对应关系见表 3-82。

表 3-82 课程预期成果和课程单元预期成果内容与职业能力、素质对应表

课程预期成果	课程单元预期成果	对应职业能力要求
SOC1 内容:学生在教师的指导下,自主查找上市公司财务报表,完成资料收集并进行数据加工整理,捕捉和甄别报表提供的财务信息,理解财务报表编制、分析主体与目的和分析的基本方法。	SUOC1 内容:全班分组,各组利用互联网自主查找下载不同上市公司报表,完成资料收集,并进行数据加工整理,捕捉和甄别报表提供的财务信息。	HX01:自主学习。 HX02:信息技术应用。
	SUOC2 内容:以 SUOC1 下载报表为载体,理解财务报表编制、分析主体与目的和分析的基本方法。	

课程预期成果	课程单元预期成果	对应职业能力要求
SOC2内容：学生在教师的指导下，理解资产负债表、利润表和现金流量表性质与作用、格式与内容以及报表之间的勾稽关系，运用财务分析方法，对公司资产负债表、利润表和现金流量表进行纵向和横向对比分析。	SUOC1内容：以企业实际报表（以家电行业美的与格力为例）为载体，了解财务报表分析的结构和内容，掌握资产负债表基本结构与主要项目分析，能运用水平分析法和垂直分析法对资产负债表进行分析。	TY01：沟通交流。 HX02：信息技术应用。 HX03：法律意识与职业道德。 ZY0605：计算各项财务指标，编制财务分析报告。
	SUOC2内容：以企业实际报表（以家电行业美的与格力为例）为载体，掌握利润表基本结构与主要项目分析，能运用水平分析法和垂直分析法对利润表进行分析。	
	SUOC3内容：以企业实际报表（以家电行业美的与格力为例）为载体，掌握现金流量表基本结构与主要项目分析，能运用水平分析法和垂直分析法对现金流量表进行分析，理解不同报表之间的内在勾稽关系。	
SOC3内容：学生在教师的指导下，选择具有代表性的上市公司财务报表，运用报表信息，计算公司偿债能力、盈利能力、营运能力和发展能力指标，并结合行业及公司经营环境，对该公司的偿债能力盈利能力、营运能力和发展能力进行分析评价。	SUOC1内容：以企业实际报表（以酿酒行业贵州茅台为例）为载体，掌握企业偿债能力的内涵、分析目的和内容，熟悉影响短期及长期偿债能力的主要因素及指标体系，能够应用短期及长期偿债能力指标对企业进行分析。	TY01：沟通交流。 HX01：自主学习。 HX02：信息技术应用。 ZY0606：会分析企业的偿债能力、营运能力、盈利能力。
	SUOC2内容：以企业实际报表（以酿酒行业贵州茅台为例）为载体，掌握企业盈利能力的内涵、分析目的和内容，熟悉影响企业盈利的主要因素及指标体系，能够应用与收入相关及与资产相关的上市公司盈利能力指标对企业进行分析。	
	SUOC3内容：以企业实际报表（以酿酒行业贵州茅台为例）为载体，掌握企业营运能力的内涵、分析目的和内容，熟悉影响企业营运能力的主要因素及指标体系，能够应用流动资产及非流动资产营运能力指标对企业进行分析。	
	SUOC4内容：以企业实际报表（以酿酒行业贵州茅台为例）为载体，掌握企业发展能力的内涵、分析目的和内容，熟悉影响发展能力的主要因素及指标体系，能够应用发展指标对企业进行分析。	

(续表)

课程预期成果	课程单元预期成果	对应职业能力要求
SOC4 内容：学生在教师的指导下，选择具有代表性的上市公司财务报表，运用财务分析工具对公司进行综合分析，结合行业及公司经营环境，发现企业经营过程中存在的主要问题，提出改善经营状况的方案，并撰写财务分析报告。	SUOC1 内容：选择多行业龙头上市公司报表为载体，了解杜邦分析体系、OPM战略和雷达图分析的意义，理解净资产收益率的影响因素，熟悉杜邦分析体系、OPM战略和雷达图分析的方法，能够利用杜邦分析体系、OPM战略和雷达图分析对企业进行综合分析评价。	TY02：团队合作。 TY03：文案写作。 HX02：信息技术应用。 HX03：法律意识与职业道德。 ZY0605：计算各项财务指标，编制财务分析报告。 ZY0607：会分析企业的发展能力和综合绩效。 ZY08：企业运营管理。
	SUOC2 内容：全班同学进行分组，6～7人一组，自主完成一个上市公司财务报表分析的任务，分析所选公司的经营情况，制作 PPT 及 Word 分析报告。	

5) 课程内容与学时安排

课程内容与学时安排见表 3-83。

表 3-83　课程内容与学时安排

项目名称	教学内容	学时	SOC
项目一　认知财务分析	任务1　财务分析意义、内容和目的。 任务2　财务报表分析的程序和方法。	6	SOC1
项目二　分析财务报表	任务1　分析资产负债表。 任务2　分析利润表。 任务3　分析现金流量表。	14	SOC2
项目三　分析企业偿债能力	任务1　短期偿债能力分析。 任务2　长期偿债能力分析。	6	SOC3
项目四　分析企业盈利能力	任务1　与收入相关盈利能力分析。 任务2　与资产相关盈利能力分析。 任务3　上市公司盈利能力分析。	8	SOC3
项目五　分析企业营运能力	任务1　非流动资产营运能力分析。 任务2　流动资产营运能力分析。	6	SOC3
项目六　分析企业发展能力	任务1　单项发展能力分析。 任务2　整体发展能力分析。	6	SOC3
项目七　分析企业综合绩效	任务1　杜邦分析体系。 任务2　OPM战略。 任务3　雷达图分析。 任务4　财务分析报告的撰写。	18	SOC4
合　计		64	

6）与预期学习成果匹配的教学方法

本课程采用翻转课堂教学模式，线上学习、线下答疑辅导，具体教学方法见表3-84。

表 3-84 教学方法

预期学习成果	教学方法				
	讲授法	案例教学	直观演示	任务导向	角色扮演
SOC1	Y	Y	Y	Y	Y
SOC2		Y		Y	
SOC3	Y		Y	Y	
SOC4	Y	Y	Y		Y

7）与预期学习成果匹配的考核评价体系

本课程实施"三合一"考核评价模式，即课程成绩＝平时考核＋成果考核＋能力测试，平时考核占 20％，成果考核占 60％，能力测试占 20％。考核主体为企业和学校专家组成的第三方考评小组，考核标准是课程考核评价标准。

平时考核重点考核学生的团队合作精神、沟通交流能力、文案写作能力和自主学习能力等，成果考核重点考核学生的职业素质和职业能力是否形成，能力测试主要考核学生是否掌握了必需的知识和技能。

课程预期学习成果成绩由 4 个课程预期学习成果成绩构成，权重分别为 SOC1 占 10％，SOC2 占 25％，SOC3 占 25％，SOC4 占 40％，具体见表3-85。

表 3-85 课程预期成果考核评价标准

课程预期成果	单元预期成果	学生预期学习成果达成度			
		合格(60～74 分)	良好(75～84 分)	优秀(85～100 分)	权重
SOC1	SUOC1	(1) 能基本正确地完成上市公司财务报表信息的收集、加工和整理，正确率为 60％～74％。评分要点:资料收集 10 分,资料整理 20 分,以上内容共 30 分。	(1) 能较正确完成上市公司财务报表信息的收集、加工和整理，正确率 75％～84％。评分要点:资料收集 10 分,资料整理 20 分,以上内容共 30 分。	(1) 能正确地完成上市公司财务报表信息的收集、加工和整理，正确率为 85％～100％。评分要点:资料收集 10 分,资料整理 20 分,以上内容共 30 分。	30％

（续表）

课程预期成果	单元预期成果	学生预期学习成果达成度			权重
		合格（60~74分）	良好（75~84分）	优秀（85~100分）	
SOC1	SUOC2	（2）能基本正确地区分不同分析主体对财务报表的分析目的，正确率为60%~74%。 评分要点：以上内容共30分。	（2）能较正确地区分不同分析主体对财务报表的分析目的，正确率为75%~84%。 评分要点：以上内容共30分。	（2）能正确地区分不同分析主体对财务报表的分析目的，正确率为85%~100%。 评分要点：以上内容共30分。	30%
		（3）能基本正确地应用财务报表分析的方法，正确率为60%~74%。 评分要点：比较分析法、结构分析法、趋势分析法、因素分析法各10分，以上内容共40分。	（3）能较正确地应用财务报表分析的方法，正确率为75%~84%。 评分要点：比较分析法、结构分析法、趋势分析法、因素分析法各10分，以上内容共40分。	（3）能正确地应用财务报表分析的方法，正确率为85%~100%。 评分要点：比较分析法、结构分析法、趋势分析法、因素分析法各10分，以上内容共40分。	40%
SOC2	SUOC1	（1）能基本正确地指出资产负债表的基本结构以及所能提供的财务信息，正确率为60%~74%。 评分要点：资产负债表提供的信息，共5分。	（1）能较为正确地指出资产负债表的基本结构以及所能提供的财务信息，正确率为75%~84%。 评分要点：资产负债表提供的信息，共5分。	（1）能正确地指出资产负债表的基本结构以及所能提供的财务信息，正确率为75%~100%。 评分要点：资产负债表提供的信息，共5分。	5%
		（2）能基本正确地看懂资产负债表内关系，正确率为60%~74%。 评分要点：资产负债表结构、项目之间关系各5分，以上内容共10分。	（2）能较为正确地看懂资产负债表内关系，正确率为75%~84%。 评分要点：资产负债表结构、项目之间关系各5分，以上内容共10分。	（2）能正确地看懂资产负债表内关系，正确率为85%~100%。 评分要点：资产负债表结构、项目之间关系各5分，以上内容共10分。	10%
		（3）能基本正确地运用水平分析法和垂直分析法对资产负债表进行分析，正确率为60%~74%。 评分要点：水平分析法、垂直分析法各7.5分，以上内容共15分。	（3）能较为正确地运用水平分析法和垂直分析法对资产负债表进行分析，正确率为75%~84%。 评分要点：水平分析法、垂直分析法各7.5分，以上内容共15分。	（3）能正确地运用水平分析法和垂直分析法对资产负债表进行分析，正确率为85%~100%。 评分要点：水平分析法、垂直分析法各7.5分，以上内容共15分。	15%
	SUOC2	（1）能基本正确地指出利润表的基本结构以及所能提供的财务信息，正确率为60%~74%。 评分要点：利润表提供的信息，共5分。	（1）能较为正确地指出利润表的基本结构以及所能提供的财务信息，正确率为75%~84%。 评分要点：利润表提供的信息，共5分。	（1）能正确地指出利润表的基本结构以及所能提供的财务信息，正确率为85%~100%。 评分要点：利润表提供的信息，共5分。	5%

课程预期成果	单元预期成果	学生预期学习成果达成度			权重
		合格（60~74分）	良好（75~84分）	优秀（85~100分）	
SOC2	SUOC2	（2）能基本正确地看懂利润表表内关系，正确率为60%~74%。 评分要点：利润表结构、项目之间关系各5分，以上内容共10分。	（2）能较为正确地看懂利润表表内关系，正确率为75%~84%。 评分要点：利润表结构、项目之间关系各5分，以上内容共10分。	（2）能正确地看懂利润表表内关系，正确率为85%~100%。 评分要点：利润表结构、项目之间关系各5分，以上内容共10分。	10%
		（3）能基本正确地运用水平分析法和垂直分析法对利润表进行分析，正确率为60%~74%。 评分要点：水平分析法、垂直分析法各7.5分，以上内容共15分。	（3）能较为正确地运用水平分析法和垂直分析法对利润表进行分析，正确率为75%~84%。 评分要点：水平分析法、垂直分析法各7.5分，以上内容共15分。	（3）能正确地运用水平分析法和垂直分析法对利润表进行分析，正确率为85%~100%。 评分要点：水平分析法、垂直分析法各7.5分，以上内容共15分。	15%
	SUOC3	（1）能基本正确地指出现金流量表的基本结构以及所能提供的财务信息，正确率为60%~74%。 评分要点：现金流量表提供的信息，共5分。	（1）能较为正确地指出现金流量表的基本结构以及所能提供的财务信息，正确率为75%~84%。 评分要点：现金流量表提供的信息，共5分。	（1）能正确地指出现金流量表的基本结构以及所能提供的财务信息，正确率为85%~100%。 评分要点：现金流量表提供的信息，共5分。	5%
		（2）能基本正确地看懂现金流量表表内关系，正确率为60%~74%。 评分要点：现金流量表结构、项目之间关系各5分，以上内容共10分。	（2）能较为正确地看懂现金流量表表内关系，正确率为75%~84%。 评分要点：现金流量表结构、项目之间关系各5分，以上内容共10分。	（2）能正确地看懂现金流量表表内关系，正确率为85%~100%。 评分要点：现金流量表结构、项目之间关系各5分，以上内容共10分。	10%
		（3）能基本正确地运用水平分析法和垂直分析法对现金流量表进行分析，正确率为60%~74%。 评分要点：水平分析法、垂直分析法各7.5分，以上内容共15分。	（3）能较为正确地运用水平分析法和垂直分析法现金流量表进行分析，正确率为75%~84%。 评分要点：水平分析法、垂直分析法各7.5分，以上内容共15分。	（3）能正确地运用水平分析法和垂直分析法对现金流量表进行分析，正确率为85%~100%。 评分要点：水平分析法、垂直分析法各7.5分，以上内容共15分。	15%
		（4）能基本正确地看懂三表之间的勾稽关系，正确率为60%~74%。 评分要点：三表之间的勾稽关系共10分。	（4）能较为正确地看懂三表之间的勾稽关系，正确率为75%~84%。 评分要点：三表之间的勾稽关系共10分。	（4）能正确地看懂三表之间的勾稽关系，正确率为85%~100%。 评分要点：三表之间的勾稽关系共10分。	10%

（续表）

课程预期成果	单元预期成果	学生预期学习成果达成度			权重
		合格(60～74分)	良好(75～84分)	优秀(85～100分)	
SOC3	SUOC1	(1) 能基本正确地借助上市公司财务报表,计算公司偿债能力指标,正确率为60%～74%。 评分要点:指标定义、计算各5分,以上内容共10分。	(1) 能较为正确地借助上市公司财务报表,计算公司偿债能力指标,正确率为75%～84%。 评分要点:指标定义、计算各5分,以上内容共10分。	(1) 能正确地借助上市公司财务报表,计算公司偿债能力指标,正确率为85%～100%。 评分要点:指标定义、计算各5分,以上内容共10分。	10%
		(2) 能基本正确地应用财务指标对上市公司偿债能力进行分析及评价,正确率为60%～74%。 评分要点:分析10分,建议5分,以上内容共15分。	(2) 能较为正确地应用财务指标对上市公司偿债能力进行分析及评价,正确率为75%～84%。 评分要点:分析10分,建议5分,以上内容共15分。	(2) 能正确地应用财务指标对上市公司偿债能力进行分析及评价,正确率为85%～100%。 评分要点:分析10分,建议5分,以上内容共15分。	15%
	SUOC2	(1) 能基本正确地借助上市公司财务报表,计算公司盈利能力指标,正确率为60%～74%。 评分要点:指标定义、计算各5分,以上内容共10分。	(1) 能较为正确地借助上市公司财务报表,计算公司盈利能力指标,正确率为75%～84%。 评分要点:指标定义、计算各5分,以上内容共10分。	(1) 能正确地借助上市公司财务报表,计算公司盈利能力指标,正确率为85%～100%。 评分要点:指标定义、计算各5分,以上内容共10分。	10%
		(2) 能基本正确地应用财务指标对上市公司盈利能力进行分析及评价,正确率为60%～74%。 评分要点:分析10分,建议5分,以上内容共15分。	(2) 能较为正确地应用财务指标对上市公司盈利能力进行分析及评价,正确率为75%～84%。 评分要点:分析10分,建议5分,以上内容共15分。	(2) 能正确地应用财务指标对上市公司盈利能力进行分析及评价,正确率为85%～100%。 评分要点:分析10分,建议5分,以上内容共15分。	15%
	SUOC3	(1) 能基本正确地借助上市公司财务报表,计算公司营运能力指标,正确率为60%～74%。 评分要点:指标定义、计算各5分,以上内容共10分。	(1) 能较为正确地借助上市公司财务报表,计算公司营运能力指标,正确率为75%～84%。 评分要点:指标定义、计算各5分,以上内容共10分。	(1) 能正确地借助上市公司财务报表,计算公司营运能力指标,正确率为85%～100%。 评分要点:指标定义、计算各5分,以上内容共10分。	10%
		(2) 能基本正确地应用财务指标对上市公司营运能力进行分析及评价,正确率为60%～74%。 评分要点:分析10分,建议5分,以上内容共15分。	(2) 能较为正确地应用财务指标对上市公司营运能力进行分析及评价,正确率为75%～84%。 评分要点:分析10分,建议5分,以上内容共15分。	(2) 能正确地应用财务指标对上市公司营运能力进行分析及评价,正确率为85%～100%。 评分要点:分析10分,建议5分,以上内容共15分。	15%

课程预期成果	单元预期成果	学生预期学习成果达成度			权重
		合格（60～74分）	良好（75～84分）	优秀（85～100分）	
SOC3	SUOC4	（1）能基本正确地借助上市公司财务报表，计算公司发展能力指标，正确率为60%～74%。评分要点：指标定义、计算各5分，以上内容共10分。	（2）能较为正确地借助上市公司财务报表，计算公司发展能力指标，正确率为75%～84%。评分要点：指标定义、计算各5分，以上内容共10分。	（1）能正确地借助上市公司财务报表，计算公司发展能力指标，正确率为85%～100%。评分要点：指标定义、计算各5分，以上内容共10分。	10%
		（2）能基本正确地应用财务指标对上市公司发展能力进行分析及评价，正确率为60%～74%。评分要点：分析10分，建议5分，以上内容共15分。	（2）能较为正确地应用财务指标对上市公司发展能力进行分析及评价，正确率为75%～84%。评分要点：分析10分，建议5分，以上内容共15分。	（2）能正确地应用财务指标对上市公司发展能力进行分析及评价，正确率为85%～100%。评分要点：分析10分，建议5分，以上内容共15分。	15%
SOC4	SUOC1	（1）能基本清晰地阐述杜邦分析体系、OPM战略和雷达图分析的方法，正确率为60%～74%。评分要点：方法及应用共10分。	（1）能较为清晰地阐述杜邦分析体系、OPM战略和雷达图分析的方法，正确率为75%～84%。评分要点：方法及应用共10分。	（1）能清晰地阐述杜邦分析体系、OPM战略和雷达图分析的方法，正确率为85%～100%。评分要点：方法及应用共10分。	10%
		（2）能基本正确地利用杜邦分析体系、OPM战略和雷达图分析对企业进行综合分析评价，正确率为60%～74%。评分要点：分析、建议各10分，以上内容共20分。	（2）能较为正确地利用杜邦分析体系、OPM战略和雷达图分析对企业进行综合分析评价，正确率为75%～84%。评分要点：分析、建议各10分，以上内容共20分。	（2）能正确地利用杜邦分析体系、OPM战略和雷达图分析对企业进行综合分析评价，正确率为85%～100%。评分要点：分析、建议各10分，以上内容共20分。	20%
	SUOC2	（1）纸质案例分析报告、演示PPT等材料基本充实、完整，充实完整率为60%～74%。评分要点：纸质材料、演示PPT各10分，共20分。	（1）纸质案例分析报告、演示PPT等材料较为充实、完整，充实完整率为75%～84%。评分要点：纸质材料、演示PPT各10分，共20分。	（1）纸质案例分析报告、演示PPT等材料充实、完整，充实完整率为85%～100%。评分要点：纸质材料、演示PPT各10分，共20分。	20%
		（2）PPT讲述基本清晰包括案例背景、案例介绍、案例分析、总结建议四部分，清晰率为60%～74%。评分要点：案例背景5分、案例介绍5分、案例分析10分、总结建议10分，以上内容共30分。	（2）PPT讲述较清晰，包括案例背景、案例介绍、案例分析、总结建议四部分，清晰率为75%～84%。评分要点：案例背景5分、案例介绍5分、案例分析10分、总结建议10分，以上内容共30分。	（2）PPT讲述清晰，包括案例背景、案例介绍、案例分析、总结建议四部分，清晰率为85%～100%。评分要点：案例背景5分、案例介绍5分、案例分析10分、总结建议10分，以上内容共30分。	30%

(**续表**)

课程预期成果	单元预期成果	学生预期学习成果达成度			
		合格(60~74分)	良好(75~84分)	优秀(85~100分)	权重
SOC4	SUOC2	(3)回答问题及团队合作情况:能基本回答评审老师提出的问题,思路基本清晰;团队成员分工基本合理,配合基本到位;能提出有一定价值的建议。评分要点:回答问题10分,团队合作10分,以上内容共20分。	(3)回答问题及团队合作情况:能较为完整回答评审老师提出的问题,思路较为清晰;团队成员分工较为合理,配合较为到位;能提出较有价值的建议。评分要点:回答问题10分,团队合作10分,以上内容共20分。	(3)回答问题及团队合作情况:能完整回答评审老师提出的问题,思路清晰;团队成员分工合理,配合到位;能提出很有价值的建议。评分要点:回答问题10分,团队合作10分,以上内容共20分。	20%

8)课程实施条件

(1)授课教师要求

授课教师应具有 3 年以上企业相关工作经验,本科以上学历,讲师以上职称,具有会计师、注册会计师等职业资格证书者优先。

(2)理实一体化教材

本课程采用编写或选用理实一体化教材,使用效果良好。

(3)实践教学条件

本课程采用编写或选用模拟实训教材,使用效果良好。本课程配备有相关模拟实训教学软件。建立紧密合作的产教融合,其中以制造业为主。学生应定期深入企业了解产品生产工艺流程、企业的管理要求等。

9)预期学生需要付出的努力

(1)完成课程标准中要求完成的学习成果

学生应在学校、教师的指导和支持下,积极主动地参与校内外课程学习和相关实践教学活动,按质按量地完成课程成果。

(2) 确保有足够的课内时间学习

学生不能随意缺课、旷课、迟到和早退,特殊情况先请假,应按照学校教学进程的安排,完成课程标准中要求的相关理论课程和实训项目的学习。

(3) 确保足够的课外学习时间

学生按照课内学习与课外学习时间 1∶2 的比例配备课外学习,确保有足够的时间在课前、课后查阅相关资料,完成拓展的实训作品,参与企业实践和相关公益活动等。

10) 教材、参考文献和资料

(1) 教材及参考文献

［1］鲁学生,赵春宇.企业财务报表分析［M］.2 版.北京:人民邮电出版社,2018.

［2］郭炜.财务报表分析［M］.北京:清华大学出版社,2018.

［3］张新民,钱爱民.财务报表分析［M］.4 版.北京:中国人民大学出版社,2017.

［4］黄世忠.财务报表分析:理论,框架,方法与案例［M］.北京:中国财政经济出版社,2007.

［5］中国证监会:http://www.csrc.gov.cn/.

［6］上海证券交易所:http://www.sse.com.cn.

［7］深圳证券交易所:http://www.szse.cn/.

［8］巨潮资讯网:http://www.cninfo.com.cn(证监会指定信息披露网站).

［9］东方财富网:http://www.eastmoney.com/.

［10］雪球:https://xueqiu.com/.

(2) 其他说明

按照 1∶2 的比例,上课 1 小时,学生要进行 2 小时的学习活动,1 学分要求学生有 18 小时的学习,所以 1 学分学生所付出的总时间是 54 小时。

预期学生需付出的努力及"教材、参考文献和资料"两项内容是引导学生课后自主学习的参考依据。

15. ERP 软件应用课程标准

1) 课程基本信息

ERP 软件应用课程基本信息见表 3-86。

表 3-86   ERP 软件应用课程基本信息表

课程名称	ERP 软件应用		课程代码	
课程类型	☐ 通识基础课程 ☐ 通识拓展课程 ☐ 专业基础课程 ☐ 专业核心课程 ☑ 岗位综合课程 ☐ 专业限选课程			
修读方式	☑ 必修课 ☐ 专业拓展课 ☐ 选修课			
先行课程	会计职业入门与操作	财务会计实务		会计信息化
后续课程	顶岗实习			
学　　时	64	学　分		3.5
理论学时	32	实践学时		32
教学场所	☐ 教室 ☐ 多媒体教室 ☑ 实训/实验室 ☐ 理实一体化教室 ☐ 生产性实训基地 ☐ 其他（　　）			

2) 课程培养目标

本课程要求学生掌握 ERP 系统的财务会计、供应链等业务功能模块的基本业务流程和软件应用技术等知识，熟悉国家会计法及相关法律法规，具备耐心、细致、严谨，爱岗敬业、诚实守信、客观公正、坚持准则的职业素质，成为能利用 ERP 软件快速完成岗位工作任务的高素质技术技能型人才。通过本课程的学习，学生应具备以下能力和素质：

通过 SOC1、SOC2 的实施，培养学生供应链管理系统的环境配置能力，使学生具备法律意识、团队合作意识以及耐心、细致和严谨的职业素质。

通过 SOC3 的实施,培养学生自主学习和进行供应链管理系统中的采购业务处理、应付业务处理、入库核算等能力,以及团队合作意识、耐心、细致、严谨、爱岗敬业、诚实守信、客观公正和坚持准则的职业素质。

通过 SOC4 的实施,培养学生自主学习和进行供应链管理系统中的销售业务处理、应收业务处理、成本核算等能力,以及团队合作意识、耐心、细致、严谨、爱岗敬业、诚实守信、客观公正和坚持准则的职业素质。

通过 SOC5 的实施,培养学生自主学习和进行供应链管理系统中的库存管理及核算等能力,以及团队合作意识、耐心、细致、严谨,爱岗敬业、诚实守信、客观公正和坚持准则的职业素质。

通过 SOC6 的实施,培养学生自主学习和利用 ERP 软件编制财务报表的能力,以及耐心、细致、严谨,爱岗敬业、诚实守信和客观公正的职业素质。

3) 课程预期成果的分解及学分

将专业预期成果分解为课程预期成果和课程单元预期成果,具体见表 3-87。

表 3-87　课程预期成果与专业预期成果对应表

课程预期成果		课程单元预期成果		对应 POC	课程预期成果		课程单元预期成果		对应 POC
编号	学分	编号	学分		编号	学分	编号	学分	
SOC1	0.2	SUOC1	0.1	POC2.3 POC3.2 POC5.1	SOC4	1	SUOC1	0.5	POC1.2 POC1.3 POC3.2 POC3.6
		SUOC2	0.1				SUOC2	0.5	
SOC2	0.6	SUOC1	0.2		SOC5	0.5	SUOC1	0.25	
		SUOC2	0.4				SUOC2	0.25	
SOC3	1	SUOC1	0.5	POC1.2 POC1.3 POC3.2 POC3.6	SOC6	0.2	SUOC1	0.1	POC3.2 POC3.5
		SUOC2	0.5				SUOC2	0.1	

4) 课程预期成果和课程单元预期成果内容

课程预期成果和课程单元预期成果内容与职业能力、素质对应关系见表 3-88。

表 3-88 课程预期成果和课程单元预期成果内容与职业能力、素质对应表

课程预期成果	课程单元预期成果	对应职业能力、素质
SOC1 内容:学生在教师的指导下,自主构建一个中小制造企业账套并录入基本财务档案。学生根据案例中企业产品特点和管理要求,设置操作人员、设计人员职责和各岗位的工作权限等。	SUOC1 内容:要求学生熟悉角色、用户、权限和账套的概念及系统管理操作流程,能根据企业核算要求建立账套,并进行备份、修改以及引入操作。	TY01:沟通交流。TY02:团队合作。HX01:自主学习。HX03:法律意识与职业道德。ZY0501:能熟练进行会计信息化软件系统的环境配置、安装及数据管理维护。ZY0502熟练进行系统基础设置和初始化。
	SUOC2 内容:按照 SUOC1 案例,根据企业特点和管理要求在企业应用平台中设置系统启用,建立部门、职员、会计科目等财务基础档案。	
SOC2 内容:学生在教师的指导下,对 SOC1 案例录入基本业务档案,完成供应链各系统的参数设置和供应链系统初始化设置等。	SUOC1 内容:学生熟悉总账、应收管理系统、应付管理系统、采购管理、销售管理、库存管理、存货核算管理等系统的参数设置。	
	SUOC2 内容:学生熟悉总账、应收管理系统、应付管理系统、采购管理、销售管理、库存管理、存货核算管理等系统的初始化数据处理以及各系统期初对账、结束初始化等。	
SOC3 内容:学生在教师的指导下,在 SOC2 案例基础上,开展采购业务,使用 ERP 软件完成正常企业采购业务和对应付款业务等。	SUOC1 内容:理解普通采购业务的不同类型和业务具体操作方法,了解采购管理系统、应付管理系统、总账、库存和存货核算系统的业务流和相互关系及其功能。	TY01:沟通交流。TY02:团队合作。HX01:自主学习。HX02:信息技术应用。HX03:法律意识与职业道德。HX05:会计职业判断。ZY0504:熟练操作维护工资、固定资产、应收应付管理系统。ZY0505:能熟练操作维护供应链管理系统。
	SUOC2 内容:理解特殊采购业务的不同类型和业务具体操作方法,了解采购管理系统、应付管理系统、总账、库存和存货核算系统的业务流和相互关系及其功能。	
SOC4 内容:学生在教师的指导下,在 SOC3 案例基础上,开展销售业务,使用 ERP 软件完成正常企业销售业务和对应收款业务等。	SUOC1 内容:理解普通销售业务的不同类型和业务具体操作方法,了解销售管理系统、应收管理系统、总账、库存和存货核算系统的业务流和相互关系及其功能。	
	SUOC2 内容:理解特殊销售业务的不同类型和业务具体操作方法,了解销售管理系统、应收管理系统、总账、库存和存货核算系统的业务流和相互关系及其功能。	
SOC5 内容:学生在教师的指导下,在 SOC4 案例基础上,开展库存管理业务,使用 ERP 软件完成正常企业库存业务和对应存货核算处理等。	SUOC1 内容:了解库存管理的功能,掌握盘点和调拨业务的操作方法。	
	SUOC2 内容:学生熟悉掌握存货核算的处理功能,掌握转账内容和生成转账凭证的操作方法、掌握存货期末对账和结账等期末业务处理操作。	

（续表）

课程预期成果	课程单元预期成果	对应职业能力、素质
SOC6 内容：学生在教师的指导下，分析某企业业务数据，编制出前面任务完成后的利润表和资产负债表。	SUOC1 内容：学生运用 UFO 报表处理业务，依据 SOC3、SOC4、SOC5 业务数据编制利润表。	TY01：沟通交流。 HX01：自主学习。 HX02：信息技术应用。 HX05：会计职业判断。 ZY05：会计信息化应用。 ZY0806：构建运营管理信息系统，编制管理会计报告。
	SUOC2 内容：学生运用 UFO 报表处理业务，依据 SOC3、SOC4、SOC5 业务数据编制资产负债表。	

5）课程内容与学时安排

课程内容与学时安排见表 3-89。

表 3-89　课程内容与学时安排

项目名称	教学内容	学时	SOC
项目一　财务管理系统系统初始化	任务1　企业 ERP 软件实施设计。 任务2　企业应用 ERP 软件各岗位工作权限管理。 任务3　财务基础档案。 任务4　总账系统启用和参数设置。 任务5　应收管理系统启用和参数设置。 任务6　应付管理系统启用和参数设置。 任务7　应收管理系统初始化数据录入。 任务8　应付管理系统初始化数据录入。 任务9　总账系统初始化数据录入及试算平衡。	6	SOC1
项目二　供应链系统系统初始化	任务1　业务档案设置。 任务2　存货档案设置。 任务3　采购管理系统启用和参数设置。 任务4　销售管理系统启用和参数设置。 任务5　库存管理系统启用和参数设置。 任务6　存货核算系统启用和参数设置。 任务7　采购管理系统初始化数据录入。 任务8　销售管理系统初始化数据录入。 任务9　库存管理系统初始化数据录入。 任务10　存货核算系统初始化数据录入。 任务11　供应链系统结束初始化及与总账对账。	10	SOC2
项目三　采购及应付业务	任务1　赊销采购业务处理。 任务2　现付采购业务处理。 任务3　含费用支出的采购业务处理。 任务4　盈余短缺采购业务处理。 任务5　暂估采购业务处理。 任务6　采购退货业务处理。 任务7　特殊采购业务处理。	22	SOC3

（续表）

项目名称	教学内容	学时	SOC
项目四　销售及应收业务	任务1　先发货后开票的销售业务。 任务2　先开票后发货的销售业务。 任务3　现结的销售业务。 任务4　含代垫费用的销售业务。 任务5　销售退货业务处理。 任务6　特殊销售业务处理。 任务7　零售业务。	22	SOC4
项目五　库存管理与存货核算业务	任务1　产品入库材料领用处理。 任务2　调拨处理。 任务3　盘点处理。 任务4　期末存货核算处理。	2	SOC5
项目六　依据ERP业务编制报表	任务1　依据业务流编制利润表。 任务2　依据业务流编制资产负债表。	2	SOC6
合　计		64	

6）与预期学习成果匹配的教学方法

课程教学方法见表3-90。

表3-90　教学方法

预期学习成果	教学方法				
	讲授法	直观演示	任务导向	角色扮演	案例教学
SOC1	Y	Y	Y		Y
SOC2	Y	Y	Y		Y
SOC3	Y	Y	Y	Y	
SOC4	Y	Y	Y	Y	
SOC5	Y	Y	Y	Y	
SOC6	Y	Y	Y		

7）与预期学习成果匹配的考核评价标准

本课程实施"三合一"考核评价模式，即课程成绩＝平时考核＋成果考核＋能力测试，平时考核占20％，成果考核占60％，能力测试占20％。考核主体为企业和学校专家组成的第三方考评小组，考核标准是课程考核评价标准。

平时考核重点考核学生的团队合作精神、沟通交流能力、文案写作能力和自主学习能力等,成果考核重点考核学生的职业素质和职业能力是否形成,能力测试主要考核学生是否掌握了必需的知识和技能。

课程预期学习成果成绩由 6 个课程预期学习成果成绩构成,权重分别为 SOC1 占 10%,SOC2 占 30%,SOC3 占 20%,SOC4 占 20%,SOC5 占 10%,SOC6 占 10%,具体见表 3-91。

表 3-91　课程预期学习成果考核评价标准

课程预期成果	单元预期成果	学生预期学习成果达成度			权重
		合格(60～74 分)	良好(75～84 分)	优秀(85～100 分)	
SOC1	SUOC1	(1) 能基本正确地建立一个中小制造企业账套,正确率为 60%～74%。评分要点:以上内容共 20 分。	(1) 能比较正确地建立一个中小制造企业账套,正确率为 75%～84%。评分要点:以上内容共 20 分。	(1) 能正确地建立一个中小制造企业账套,正确率为 85%～100%。评分要点:以上内容共 20 分。	20%
		(2) 能基本准确地设置基本档案,正确率为 60%～74%。评分要点:以上内容共 30 分。	(2) 能较为准确地设置基本档案,正确率为 75%～84%。评分要点:以上内容共 30 分。	(2) 能准确地设置基本档案,正确率为 85%～100%。评分要点:以上内容共 30 分。	30%
	SUOC2	(3) 能基本准确地进行财务系统启用和参数设置,正确率为 60%～74%。评分要点:以上内容共 10 分。	(3) 能较为准确地进行财务系统启用和参数设置,正确率为 75%～84%。评分要点:以上内容共 10 分。	(3) 能准确地进行财务系统启用和参数设置,正确率为 85%～100%。评分要点:以上内容共 10 分。	10%
		(4) 财务初始化结果基本准确,正确率为 60%～74%。评分要点:以上内容共 40 分。	(4) 财务初始化结果较为准确,正确率为 75%～84%。评分要点:以上内容共 40 分。	(4) 财务初始化结果准确,正确率为 85%～100%。评分要点:以上内容共 40 分。	40%
SOC2	SUOC1	(1) 能基本准确地录入档案,正确率为 60%～74%。评分要点:以上内容共 10 分。	(1) 能较为准确地录入档案,正确率为 75%～84%。评分要点:以上内容共 10 分。	(1) 能准确地录入档案,正确率为 85%～100%。评分要点:以上内容共 10 分。	10%
		(2) 能基本正确地进行供应链系统启用和设置,正确率为 60%～74%。评分要点:以上内容共 30 分。	(2) 能较为正确地进行供应链系统启用和设置,正确率为 75%～84%。评分要点:以上内容共 30 分。	(2) 能正确地进行供应链系统启用和设置,正确率为 85%～100%。评分要点:以上内容共 30 分。	30%

（续表）

课程预期成果	单元预期成果	学生预期学习成果达成度			权重
		合格（60～74分）	良好（75～84分）	优秀（85～100分）	
SOC2	SUOC2	（1）能基本正确地完成系统初始化数据处理，正确率为60%～74%。评分要点：以上内容共50分。	（1）能较为正确地完成系统初始化数据处理，正确率为75%～84%。评分要点：以上内容共50分。	（1）能正确完成系统初始化数据处理，正确率85%～100%。评分要点：以上内容共50分。	50%
		（2）能基本正确地将供应链系统结束初始化和与总账对账，正确率为60%～74%。评分要点：以上内容共10分。	（2）能较为正确地将供应链系统结束初始化与总账对账，正确率为75%～84%。评分要点：以上内容共10分。	（2）能正确地将供应链系统结束初始化和与总账对账，正确率为85%～100%。评分要点：以上内容共10分。	10%
SOC3	SUOC1	（1）能基本准确地完成普通采购业务流程，正确率为60%～74%。评分要点：以上内容共50分。	（1）能较为准确地完成普通采购业务流程，正确率为75%～84%。评分要点：以上内容共50分。	（1）能准确地完成普通采购业务流程，正确率为85%～100%。评分要点：以上内容共50分。	50%
	SUOC2	（2）能基本准确地完成特殊采购业务流程，正确率为60%～74%。评分要点：以上内容共50分。	（2）能较为准确地完成特殊采购业务流程，正确率为75%～84%。评分要点：以上内容共50分。	（2）能准确地完成特殊采购业务处理流程，正确率为85%～100%。评分要点：以上内容共50分。	50%
SOC4	SUOC1	（1）能基本准确地完成普通销售业务流程，正确率为60%～74%。评分要点：以上内容共50分。	（1）能较为准确地完成普通销售业务流程，正确率为75%～84%。评分要点：以上内容共50分。	（1）能准确地完成固定普通销售业务流程，正确率为85%～100%。评分要点：以上内容共50分。	50%
	SUOC2	（2）能基本准确地操作特殊销售业务，正确率为60%～74%。评分要点：以上内容共50分。	（2）能较为准确地操作特殊销售业务，正确率为75%～84%。评分要点：以上内容共50分。	（2）能准确地操作特殊销售业务，正确率为85%～100%。评分要点：以上内容共50分。	50%
SOC5	SUOC1	（1）能基本准确地完成库存系统盘点调拨业务，正确率为60%～74%。评分要点：以上内容共50分。	（1）能较为准确地完成库存系统盘点调拨业务，正确率为75%～84%。评分要点：以上内容共50分。	（1）能准确地完成库存系统盘点调拨业务，正确率85%～100%。评分要点：以上内容共50分。	50%

（续表）

课程预期成果	单元预期成果	学生预期学习成果达成度			权重
		合格（60～74分）	良好（75～84分）	优秀（85～100分）	
SOC5	SUOC1	（2）能基本准确地完成期末存货核算处理业务，正确率为 60%～74%。 评分要点：以上内容共50分。	（2）能较为准确地完成期末存货核算处理业务，正确率为 75%～84%。 评分要点：以上内容共50分。	（2）能准确地完成期末存货核算处理业务、结果准确，正确率为85%～100%。 评分要点：以上内容共50分。	50%
SOC6	SUOC1	（1）能基本正确地用软件模板编制利润表，正确率为60%～74%。 评分要点：以上内容共50分。	（1）能较为正确地用软件模板编制利润表，正确率为75%～84%。 评分要点：以上内容共50分。	（1）能正确地用软件模板编制利润表，正确率为85%～100%。 评分要点：以上内容共50分。	50%
	SUOC1	（2）能基本正确地用软件编制资产负债表，正确率为60%～74%。 评分要点：以上内容共50分。	（2）能较为正确地用软件编制资产负债表，正确率为75%～84%。 评分要点：以上内容共50分。	（2）能正确地用软件编制资产负债表，正确率为85%～100%。 评分要点：以上内容共50分。	50%

8）课程实施条件

（1）授课教师要求

授课教师应具有 ERP 软件处理经验，能熟练使用 ERP 软件，本科及以上学历，讲师及以上职称。

（2）理实一体化教材

本课程采用编写或选用理实一体化教材，使用效果良好。

（3）实践教学条件

本课程采用编写或选用模拟实训教材，使用效果良好。本课程配备有相关模拟实训教学软件。建立紧密合作的产教融合，其中以制造业为主。学生应定期深入企业了解产品生产工艺流程、企业的管理要求等。

9）预期学生需要付出的努力

(1) 完成课程标准中要求完成的课程预期学习成果

学生应在学校、教师的指导和支持下,积极主动地参与校内外课程学习和相关实践教学活动,按质按量地完成课程成果。

(2) 确保有足够的课内时间学习

学生不能随意缺课、旷课、迟到和早退,特殊情况先请假,应按照学校教学进程的安排,完成课程标准中要求的相关理论课程和实训项目的学习。

(3) 确保足够的课外学习时间

学生按照课内学习与课外学习时间 1∶2 的比例配备课外学习,确保有足够的时间在课前、课后查阅相关资料,完成拓展的实训作品,参与企业实践和相关公益活动等。

10）教材、参考文献和资料

(1) 教材及参考文献

[1] 杜素音.用友 ERP 供应链管理系统实训教程[M].北京:清华大学出版社,2018.

[2] 张俊龙.会计信息化理论与实务(下)(用友 ERP-U8 V10.1 版)[M].北京:中国商业出版社,2016.

[3] 郑惠尹,等.会计电算化项目化教程实训[M].上海交通大学出版社,2015.

[4] 广东省财政厅会计信息服务平台:www.gdczt.gov.cn.

(2) 其他说明

按照 1∶2 的比例,上课 1 小时,学生要进行 2 小时的学习活动,1 学分要求学生有 18 小时的学习,所以 1 学分学生所付出的总时间是 54 小时。

预期学生需要付出的努力及"教材、参考文献和资料"两项内容是引导学生课后自主学习的参考依据。

16. 财务会计专题课程标准

1）课程基本信息

财务会计专题课程基本信息见表3-92。

表3-92　财务会计专题课程基本信息表

课程名称	成本核算与管理	课程代码	
课程类型	☐ 通识基础课程　☐ 通识拓展课程　☐ 专业基础课程 ☐ 专业核心课程　☐ 岗位综合课程　☑ 专业限选课程		
修读方式	☐ 必修课　☐ 专业拓展课　☑ 选修课		
先行课程	会计职业入门与操作	财务会计实务	
后续课程	管理会计	财务报表分析	
学　　时	52	学　分	3
理论学时	44	实践学时	8
教学场所	☐ 教室　☐ 多媒体教室　☐ 实训/实验室　☑ 理实一体化教室 ☐ 生产性实训基地　☐ 其他（　　）		

2）课程培养目标

本课程的教学目标是使学生熟悉财务会计专题中的基本概念和主要理论；熟悉企业日常经济业务中特殊和复杂经济业务相关的会计处理方法；使学生了解前沿会计问题；通过课堂教学、案例教学等多种教学方式，使学生获得较强的分析问题和解决问题能力；具备耐心、细致、严谨，爱岗敬业、诚实守信、客观公正、坚持准则的职业素质，成为能胜任中小企业财务会计岗位工作任务的高素质技术技能型人才。通过本课程的学习，学生应具备以下能力和素质：

通过 SOC1 的实施,培养学生自主学习、特殊和复杂经济业务会计处理、企业管理、文案写作和沟通交流等职业能力,培养学生法律意识、团队合作意识、诚实守信的职业道德以及耐心、细致和严谨的职业素质。

通过 SOC2 的实施,培养学生自主学习、特殊和复杂经济业务会计处理等能力,以及耐心、细致、严谨、爱岗敬业、诚实守信、客观公正和坚持准则的职业素质。

通过 SOC3 的实施,培养学生沟通交流、自主学习、文案写作和案例分析等能力,以及团队合作、爱岗敬业、诚实守信和客观公正的职业素质。

3) 课程预期成果的分解及学分

将专业预期成果分解为课程预期成果和课程单元预期成果,具体见表 3-93。

表 3-93　课程预期成果与专业预期成果对应表

课程预期成果		课程单元预期成果		对应 POC	课程预期成果		课程单元预期成果		对应 POC
编号	学分	编号	学分		编号	学分	编号	学分	
SOC1	0.1	SUOC1	0.05	POC1.1 POC2.3 POC6.1	SOC3	0.1	SUOC1	0.05	POC2.3 POC3.2 POC6.1
		SUOC2	0.05				SUOC2	0.05	
SOC2	2.8	SUOC1	0.4	POC1.2 POC1.3 POC2.1 POC3.1					
		SUOC2	0.4						
		SUOC3	0.4						
		SUOC4	0.4						
		SUOC5	0.4						
		SUOC6	0.4						
		SUOC7	0.4						

4) 课程预期成果和课程单元预期成果内容

课程预期成果和课程单元预期成果内容与职业能力、素质对应关系见表 3-94。

表 3-94 课程预期成果和课程单元预期成果内容与职业能力、素质对应表

课程预期成果	课程单元预期成果	对应职业能力、素质
SOC1 内容:学生在教师的指导下,自主查找资料,撰写一个中小制造企业案例,包括企业相关信息、产品信息和企业特殊经济业务和复杂经济业务等。学生根据案例中企业产品特点和管理外币要求选择会计核算方法,设置会计机构、配备会计人员、设计部门职责等。	SUOC1 内容:要求学生自主查找资料,撰写一个中小制造企业案例,包括企业信息、产品信息和企业主要经济业务等。企业信息包括企业名称、企业性质、经营范围、成立时间、注册资金、员工人数、占地面积、经营状况、企业前景和社会责任等。企业主要经济业务包括资金筹集过程、供应过程、生产过程、销售过程、财务成果形成与分配等过程的经济业务,以生产过程业务为主。	TY01:沟通交流。 TY02:团队合作。 TY03:文案写作。 HX01:自主学习。 HX03:法律意识与职业道德。 ZY02:企业日常经济业务核算。 ZY08:企业运营管理。
	SUOC2 内容:按照 SUOC1 案例,根据案例中企业产品特点和管理外币要求选择会计核算方法,设置会计机构、配备会计人员、设计部门职责及各岗位工作流程等。	
SOC2 内容:学生在教师指导下,熟悉企业日常经济业务中与特殊经济业务和复杂经济业务相关的会计处理	SUOC1 内容:学生在教师的指导下,对某企业的外币经济业务进行会计核算,包括外币会计账簿的开设,各种外币业务的会计处理、外币报表的编制和折算等。	HX01:自主学习。 ZY02:企业日常经济业务核算。
	SUOC2 内容:学生在教师的指导下,对某企业的非货币性资产交换业务进行会计处理核算,包括相关概念的理解和会计处理。	
	SUOC3 内容:学生在教师的指导下,对某企业的借款费用进行会计核算,包括相关概念的理解和会计处理。	
	SUOC4 内容:学生在教师的指导下,对某企业的租赁经济业务进行会计核算,包括相关概念的理解和会计处理。	
	SUOC5 内容:学生在教师的指导下,对某企业的或有事项进行会计核算,包括相关概念的理解和会计处理。	
	SUOC6 内容:学生在教师的指导下,对某企业的会计政策变更、会计估计变更和会计差错更正进行会计核算,包括相关概念的理解和会计处理。	
	SUOC7 内容:学生在教师的指导下,对某企业的所得税进行会计核算,包括相关概念的理解和会计处理。	

（续表）

课程预期成果	课程单元预期成果	对应职业能力、素质
SOC3 内容：学生在教师指导下，分析某企业特殊经济业务和复杂经济业务案例，撰写案例分析报告，制作汇报演示 PPT。	SUOC1 内容：学生分小组讨论、学习企业特殊经济业务和复杂经济业务会计处理要点，包括相关概念理解、计算及会计处理。 SUOC2 内容：学生分小组讨论、分析某企业特殊经济业务和复杂经济业务会计处理案例，撰写案例分析报告，制作汇报演示 PPT。	TY01：沟通交流。 TY02：团队合作。 TY03：文案写作。 HX01：自主学习。 ZY02：企业日常经济业务核算。

5）课程内容与学时安排

课程内容与学时安排见表 3-95。

表 3-95　课程内容与学时安排

项目名称	教学内容	学时	SOC
项目一　成本会计机构设计	任务 1　会计机构、职责、制度设计。 任务 2　会计核算账户设置及核算程序。	2	SOC1
项目二　外币业务会计处理	任务 1　开设某企业外币业务账簿体系。 任务 2　外币业务的有关概念和理论。 任务 3　外币业务的记账方法与登记。 任务 4　外币兑换业务会计处理。 任务 5　外币筹资业务会计处理。 任务 6　外币购销业务会计处理。 任务 7　期末汇兑损益的处理。 任务 8　外币报表折算，包括现行汇率法、流动与非流动项目法、货币与非货币项目法和时态法的折算方法。	8	
项目三　非货币性资产交换会计处理	任务 1　非货币性资产交换的有关概念和理论。 任务 2　不涉及补价的会计处理，包括具有商业实质和不具有商业实质的会计处理。 任务 3　涉及补价的会计处理，包括具有商业实质和不具有商业实质的会计处理。	7	
项目四　借款费用会计处理	任务 1　借款费用的有关概念和理论。 任务 2　借款费用的会计处理原则。 任务 3　借款费用资本化的条件。 任务 4　借款费用应予资本化的借款范围。 任务 5　借款费用资本化期间的确定。 任务 6　借款费用资本化金额的计量。 任务 7　兑损益与辅助费用资本化金额的计量。 任务 8　款费用暂停资本化时间的确定。 任务 9　款费用应停止资本化的条件。	7	

（续表）

项目名称	教学内容	学时	SOC
项目五 租赁会计处理	任务1 租赁的概念与特点。 任务2 租赁的种类与判别。 任务3 经营租赁的会计处理，包括出租人和承租人。 任务4 融资租赁的会计处理，包括出租人和承租人。	7	
项目六 或有事项会计处理	任务1 或有事项的概念和特征。 任务2 或有负债、或有资产的理解。 任务3 或有事项的披露。 任务4 预计负债的会计处理，包括提供债务担保形成预计负债、未决诉讼形成预计负债、产品质量保证预计负债、亏损合同形成的预计负债。	7	SOC2
项目七 会计政策更变、会计估计变更和会计差错更正会计处理	任务1 会计政策的概念与理解。 任务2 会计政策变更的条件。 任务3 会计政策变更的会计处理，包括追溯调整法和未来适用法。 任务4 会计估计概念。 任务5 会计估计变更的会计处理。 任务6 前期差错概述、种类。 任务7 前期差错的会计处理。	7	
项目八 所得税会计处理	任务1 应付税款法会计处理。 任务2 债务法会计处理。 任务3 资产的计税基础、负债的计税基础的理解与会计处理。	7	
合 计		52	

6）与预期学习成果匹配的教学方法

本课程采用翻转课堂教学模式，线上学习、线下答疑辅导，具体教学方法见表3-96。

表3-96 教学方法

预期学习成果	教学方法				
	讲授法	案例教学	直观演示	任务导向	角色扮演
SOC1	Y	Y	Y	Y	Y
SOC2	Y	Y	Y	Y	
SOC3	Y	Y	Y	Y	

7) 与预期学习成果匹配的考核评价标准

本课程实施"三合一"考核评价模式,即课程成绩=平时考核+成果考核+能力测试,平时考核占 20%,成果考核占 60%,能力测试占 20%,考核主体为企业和学校专家组成的第三方考评小组,考核标准是课程考核评价标准。

平时考核重点考核学生的团队合作精神、沟通交流能力、文案写作能力和自主学习能力等,成果考核重点考核学生的职业素质和职业能力是否形成,能力测试主要考核学生是否掌握了必需的知识和技能。

课程预期学习成果成绩由 4 个课程预期学习成果成绩构成,权重分别为SOC1 占 5%,SOC2 占 90%,SOC3 占 5%,具体见表 3-97。

表 3-97 课程预期学习成果考核评价标准

课程预期成果	单元预期成果	学生预期学习成果达成度			权重
		合格(60~74分)	良好(75~84分)	优秀(85~100分)	
SOC1	SUOC1	(1)能基本完整地撰写一个中小制造企业案例。评分要点:以上内容共20分。	(1)能较为完整地撰写一个中小制造企业案例。评分要点:以上内容共20分。	(1)能完整地撰写一个中小制造企业案例。评分要点:以上内容共20分。	20%
	SUOC2	(1)能基本准确地设置会计机构、配备会计人员。评分要点:以上内容共30分。	(1)能较为准确地设置会计机构、配备会计人员。评分要点:以上内容共30分。	(1)能准确地设置会计机构、配备会计人员。评分要点:以上内容共30分。	30%
		(2)能基本准确地制定企业会计核算方法、部门职责及各岗位工作流程。评分要点:以上内容共50分。	(2)能较为准确地制定企业会计核算方法、部门职责及各岗位工作流程。评分要点:以上内容共50分。	(2)能准确地制定企业会计核算方法、部门职责及各岗位工作流程。评分要点:以上内容共50分。	50%
SOC2	SUOC1	(1)能基本正确地开设某企业的外币账簿体系。(2)能基本正确地进行外币业务会计处理。(3)能基本正确地装订、整理和归档学习成果。评分要点:以上内容共20分。	(1)能较正确地开设某企业的外币账簿体系。(2)能较正确地进行外币业务会计处理。(3)能较正确地装订、整理和归档学习成果。评分要点:以上内容共20分。	(1)能正确地开设某企业的外币账簿体系。(2)能正确地进行外币业务会计处理。(3)能正确地装订、整理和归档学习成果。评分要点:以上内容共20分。	20%

（续表）

课程预期成果	单元预期成果	学生预期学习成果达成度			权重
		合格（60～74分）	良好（75～84分）	优秀（85～100分）	
SOC2	SUOC2	（1）能基本正确地进行非货币性资产交换会计处理。 （2）能基本正确地整理学习成果。 评分要点：以上内容共15分。	（1）能较正确地进行非货币性资产交换会计处理。 （2）能较正确地整理学习成果。 评分要点：以上内容共15分。	（1）能正确地进行非货币性资产交换会计处理。 （2）能正确地整理学习成果。 评分要点：以上内容共15分。	15%
	SUOC3	（1）能基本正确地进行借款费用会计处理。 （2）能基本正确地整理学习成果。 评分要点：以上内容共15分。	（1）能较正确地进行借款费用会计处理。 （2）能较正确地整理学习成果。 评分要点：以上内容共15分。	（1）能正确地进行借款费用会计处理。 （2）能正确地整理学习成果。 评分要点：以上内容共15分。	15%
	SUOC4	（1）能基本正确地进行租赁会计处理。 （2）能基本正确地整理学习成果。 评分要点：以上内容共15分。	（1）能较正确地进行租赁会计处理。 （2）能较正确地整理学习成果。 评分要点：以上内容共15分。	（1）能正确地进行租赁会计处理。 （2）能正确地整理学习成果。 评分要点：以上内容共15分。	15%
	SUOC5	（1）能基本正确地进行或有事项会计处理。 （2）能基本正确地整理学习成果。 评分要点：以上内容共5分。	（1）能较正确地进行或有事项会计处理。 （2）能较正确地整理学习成果。 评分要点：以上内容共5分。	（1）能正确地进行或有事项会计处理。 （2）能正确地整理学习成果。 评分要点：以上内容共5分。	5%
	SUOC6	（1）能基本正确地进行会计政策更变、会计估计变更和会计差错更正会计处理。 （2）能基本正确地整理学习成果。 评分要点：以上内容共15分。	（1）能较正确地进行会计政策更变、会计估计变更和会计差错更正会计处理。 （2）能较正确地整理学习成果。 评分要点：以上内容共15分。	（1）能正确地进行会计政策更变、会计估计变更和会计差错更正会计处理。 （2）能正确地整理学习成果。 评分要点：以上内容共15分。	15%
	SUOC7	（1）能基本正确地进行所得税会计处理。 （2）能基本正确地整理学习成果。 评分要点：以上内容共15分。	（1）能较正确地进行所得税会计处理。 （2）能较正确地整理学习成果。 评分要点：以上内容共15分。	（1）能正确地进行所得税会计处理。 （2）能正确地整理学习成果。 评分要点：以上内容共15分。	15%

（续表）

课程预期成果	单元预期成果	学生预期学习成果达成度			权重
		合格（60～74分）	良好（75～84分）	优秀（85～100分）	
SOC3	SUOC1	能基本正确地理解企业特殊经济业务和复杂经济业务会计处理要点，包括相关概念理解、计算及会计处理。 评分要点：以上内容共50分。	能较正确地理解企业特殊经济业务和复杂经济业务会计处理要点，包括相关概念理解、计算及会计处理。 评分要点：以上内容共50分。	能正确地理解企业特殊经济业务和复杂经济业务会计处理要点，包括相关概念理解、计算及会计处理。 评分要点：以上内容共50分。	50%
	SUOC2	能基本正确地分析某企业特殊经济业务和复杂经济业务会计处理案例，撰写案例分析报告，制作汇报演示PPT。 评分要点：以上内容共50分。	能较正确地分析某企业特殊经济业务和复杂经济业务会计处理案例，撰写案例分析报告，制作汇报演示PPT。 评分要点：以上内容共50分。	能正确地分析某企业特殊经济业务和复杂经济业务会计处理案例，撰写案例分析报告，制作汇报演示PPT。 评分要点：以上内容共50分。	50%

8）课程实施条件

(1) 授课教师要求

授课教师应具有3年以上企业相关工作经验，本科以上学历，讲师以上职称，具有会计师、注册会计师等职业资格证书者优先。

(2) 理实一体化教材

本课程采用编写或选用理实一体化教材，使用效果良好。

(3) 实践教学条件

本课程采用编写或选用模拟实训教材，使用效果良好。本课程配备有相关模拟实训教学软件。建立紧密合作的产教融合，其中以制造业为主。学生应定期深入企业了解财务会计部门工作情况等。

9）预期学生需要付出的努力

(1) 完成课程标准中要求完成的学习成果

学生应在学校、教师的指导和支持下，积极主动地参与校内外课程学习和相关实践教学活动,按质按量地完成课程成果。

(2) 确保有足够的课内时间学习

学生不能随意缺课、旷课、迟到和早退,特殊情况先请假,应按照学校教学进程的安排,完成课程标准中要求的相关理论课程和实训项目的学习。

(3) 确保足够的课外学习时间

学生按照课内学习与课外学习时间 1∶2 的比例配备课外学习,确保有足够的时间在课前、课后查阅相关资料,完成拓展的实训作品,参与企业实践和相关公益活动等。

10) 教材、参考文献和资料

(1) 教材及参考文献

［1］程坚.高级财务会计［M］.北京:科学出版社,2018.
［2］马玉珍.高级财务会计［M］.4 版.北京:高等教育出版社,2014.
［3］中华会计网校:http://www.chinaacci.com.
［4］广东省财政厅会计信息服务平台:www.gdczt.gov.cn.
［5］中国财会网:http://www.kj2000.com/.
［6］中国注册会计师协会:http://www.cicpa.org.cn/.
［7］财考网:http://www.ck100.com.
［8］无忧考网:http://www.51test.net/kjz/.

(2) 其他说明

按照 1∶2 的比例,上课 1 小时,学生要进行 2 小时的学习活动,1 学分要求学生有 18 小时的学习,所以 1 学分学生所付出的总时间是 54 小时。

预期学生需要付出的努力及"教材、参考文献和资料"两项内容是引导学生课后自主学习的参考依据。此外,学生还应熟悉《企业会计准则》等会计法律法规。

17. 管理学基础课程标准

1）课程基本信息

管理学基础课程基本信息见表 3-98。

表 3-98　管理学基础课程基本信息表

课程名称	管理学基础	课程代码		1450008B
课程类型	☐ 通识基础课程　☐ 通识拓展课程　☑ 专业基础课程 ☐ 专业核心课程　☐ 岗位综合课程　☐ 专业限选课程			
修读方式	☑ 必修课　☐ 专业拓展课　☐ 选修课			
先行课程				
后续课程	财务管理、成本核算与管理、企业经营沙盘模拟实训			
学　　时	32	学　分		1.5
理论学时	24	实践学时		8
教学场所	☐ 教室　☐ 多媒体教室　☐ 实训/实验室　☑ 理实一体化教室 ☐ 生产性实训基地　☐ 其他（　　　）			

2）课程培养目标

　　本课程要求学生掌握管理学基本原理、工具和方法，树立现代管理的思想观念，具备基层管理岗位的综合管理技能与素质，懂得运用管理学的基本原理、工具、方法和过程进行管理实践，具备诚实、守信、合作、敬业等良好品质，成为能胜任基层运营管理岗位工作任务的高素质技术技能型人才。通过本课程的学习，学生应具备以下能力和素质：

　　通过 SOC1 的实施，培养学生的团队合作意识、现代管理意识、综合管理素质与技能、解析探究、信息资源收集与处理、自主学习、文案写作、沟通交流和创新创业等职业能力,培养学生诚实守信的职业道德以及耐心、细致和严谨的职业素质。

通过 SOC2、SOC3、SOC4、SOC5 的实施,培养学生企业环境分析、决策、组织、领导、激励、沟通和控制等能力,以及耐心、细致、严谨,爱岗敬业、诚实守信的职业素质。

3）课程预期成果的分解及学分

将专业预期成果分解为课程预期成果和课程单元预期成果,具体见表 3-99。

表 3-99　课程预期成果与专业预期成果对应表

课程预期成果		课程单元预期成果		对应 POC	课程预期成果		课程单元预期成果		对应 POC
编号	学分	编号	学分		编号	学分	编号	学分	
SOC1	0.3	SUOC1	0.15	POC2.3 POC3.1 POC3.2 POC3.5 POC4.1 POC6.1	SOC3	0.3	SUOC1	0.3	POC2.3 POC3.1 POC3.2 POC3.5 POC4.1 POC6.1
		SUOC2	0.15						
SOC2	0.3	SUOC1	0.15	POC2.3 POC3.1 POC3.2 POC3.5 POC4.1 POC6.1	SOC4	0.3	SUOC1	0.3	POC2.3 POC3.1 POC3.2 POC3.5 POC4.1 POC6.1
		SUOC2	0.15		SOC5	0.3	SUOC1	0.3	POC2.3 POC3.1 POC3.2 POC3.5 POC4.1 POC6.1

4）课程预期成果和课程单元预期成果内容

课程预期成果和课程单元预期成果内容与职业能力、素质对应关系见表 3-100。

表 3-100　课程预期成果和课程单元预期成果内容与职业能力、素质对应表

课程预期成果	课程单元预期成果	对应职业能力、素质
SOC1 内容:学生在教师的指导下,以学习小组为单位,撰写某一管理岗位管理者的职责及其应具备的管理素质与技能。组建学习小组,6~8 人为一组,完成"××大学生模拟公司"组建,自定公司名称,确定模拟公司的管理思想。	SUOC1 内容:学生在教师的指导下,以学习小组为单位,自主查找资料、调查或访问,撰写某一岗位管理者的职责及其应具备的管理素质与技能。 SUOC2 内容:组建学习小组,6~8 人为一组,完成"××大学生模拟公司"组建,自定公司名称,确定公司经营范围与产品,确定模拟公司的管理思想。	TY01:沟通交流。 TY02:团队合作。 TY03:文案写作。 TY04:创新创业。 HX01:自主学习。 HX02:信息技术应用。 ZY08:企业运营管理。
SOC2 内容:学生在教师的指导下,以学习小组为单位,撰写模拟公司环境分析报告,完成模拟公司创业计划书等计划书的拟写。	SUOC1 内容:学生在教师的指导下,以学习小组为单位,自主查找资料、调查或访问,运用"五力模型"分析法,完成模拟企业的行业环境分析;运用 SWOT 分析,完成模拟企业的内外部环境分析,撰写模拟公司环境分析报告。 SUOC2 内容:在模拟公司里运用不确定性决策方法、群体决策方法等确定模拟公司的经营范围、主要产品或服务。完成模拟公司创业计划书、新产品开发、新产品营销、会议策划书等计划书(选择其一)的拟写。	TY01:沟通交流。 TY02:团队合作。 TY03:文案写作。 TY04:创新创业。 HX01:自主学习。 HX02:信息技术应用。 ZY08:企业运营管理。
SOC3 内容:学生在教师的指导下,以学习小组为单位,完成大学生模拟公司组织结构图的绘制,撰写 1~2 个关键岗位工作职责。	SUOC1 内容:学生在教师的指导下,以学习小组为单位,自主查找资料、调查或访问,分析模拟公司的业务、产品或者服务特点,为模拟公司建立合适的组织结构,完成组织结构图的绘制,撰写 1~2 个关键岗位工作职责。	TY01:沟通交流。 TY02:团队合作。 TY03:文案写作。 TY04:创新创业。 HX01:自主学习。 HX02:信息技术应用。 ZY0801:确定财务部门组织架构,设计财务制度与内部控制制度。
SOC4 内容:学生在教师的指导下,以学习小组为单位,完成大学生模拟公司员工考核与激励制度的制定,撰写心得体会。	SUOC1 内容:学生在教师的指导下,以学习小组为单位,自主查找资料、调查或访问,模拟大学生模拟公司员工考核与激励制度的策划、拟订、征求意见、反馈、定稿、公布实施与执行的全过程,完成模拟公司员工考核与激励制度的制定;撰写项目计划、实施总结报告,总结领导艺术、有效激励和沟通技巧方面的心得体会。	TY01:沟通交流。 TY02:团队合作。 TY03:文案写作。 TY04:创新创业。 HX01:自主学习。 HX02:信息技术应用。 ZY0806:构建运营管理信息系统,编制管理会计报告。

（续表）

课程预期成果	课程单元预期成果	对应职业能力、素质
SOC5 内容：学生在教师的指导下，以学习小组为单位，撰写模拟公司的关键控制点控制方案。	SUOC1 内容：学生在教师的指导下，以学习小组为单位，自主查找资料、调查或访问，确定模拟公司的关键控制点，确定控制标准，设计控制方式方法，撰写模拟公司的关键控制点控制方案。	TY01：沟通交流。 TY02：团队合作。 TY03：文案写作。 TY04：创新创业。 HX01：自主学习。 HX02：信息技术应用。 ZY0805：企业业绩评价与绩效管理。

5）课程内容与学时安排

课程内容与学时安排见表 3-101。

表 3-101　课程内容与学时安排

项目名称	教学内容	学时	SOC
项目一　认知管理学	任务 1　认识和理解管理。 任务 2　管理思想及理论。	6	SOC1
项目二　计划	任务 1　计划工作。 任务 2　决策。 任务 3　计划书的撰写。	6	SOC2
项目三　组织	任务 1　组织的概念和类型。 任务 2　组织结构设计。 任务 3　人员配备。	6	SOC3
项目四　领导	任务 1　领导的内涵。 任务 2　领导艺术。 任务 3　有效激励。 任务 4　沟通技巧。	8	SOC4
项目五　控制	任务 1　控制职能与控制过程。 任务 2　控制的基本类型。 任务 3　有效控制方法与手段。	6	SOC5
合　计		32	

6）与预期学习成果匹配的教学方法

本课程采用翻转课堂教学模式，线上学习、线下答疑辅导，具体教学方法见表 3-102。

表 3-102 教学方法

预期学习成果	教学方法				
	讲授法	案例教学	直观演示	任务导向	角色扮演
SOC1	Y	Y	Y	Y	Y
SOC2	Y	Y	Y	Y	Y
SOC3	Y	Y	Y	Y	Y
SOC4	Y	Y	Y	Y	Y
SOC5	Y	Y	Y	Y	Y

7) 与预期学习成果匹配的考核评价体系

本课程实施"三合一"考核评价模式,即课程成绩＝平时考核＋成果考核＋能力测试,平时考核占 20％,成果考核占 60％,能力测试占 20％,考核主体为企业和学校专家组成的第三方考评小组,考核标准是课程考核评价标准。

平时考核重点考核学生的团队合作精神、沟通交流能力、文案写作能力和自主学习能力等,成果考核重点考核学生的职业素质和职业能力是否形成,能力测试主要考核学生是否掌握了必需的知识和技能。

课程预期学习成果成绩由 5 个课程预期学习成果成绩构成,权重分别为 SOC1 占 20％,SOC2 占 25％,SOC3 占 20％,SOC4 占 25％,SOC5 占 10％,具体见表 3-103。

表 3-103 课程预期学习成果考核评价标准

课程预期成果	单元预期成果	学生预期学习成果达成度			权重
		合格(60～74分)	良好(75～84分)	优秀(85～100分)	
SOC1	SUOC1	能撰写某一管理岗位管理者的职责及其应具备的管理素质与技能,准确率为 60％～74％。评分要点:管理者的职责及应具备的管理素质与技能各 20 分,共 40 分。	能撰写某一管理岗位管理者的职责及其应具备的管理素质与技能,准确率为 75％～84％。评分要点:管理者的职责及应具备的管理素质与技能各 20 分,共 40 分。	能撰写某一管理岗位管理者的职责及其应具备的管理素质与技能,准确率为 85％～100％。评分要点:管理者的职责及应具备的管理素质与技能各 20 分,共 40 分。	40％
	SUOC2	能完成"××大学生模拟公司"组建,自定公司名称,确定公司经营范围与产品,确定模拟公司的管理思想,准确率为 60％～74％。评分要点:公司组建 10 分,确定公司经营范围与产品 20 分,确定模拟公司的管理思想 30 分,共 60 分。	能完成"××大学生模拟公司"组建,自定公司名称,确定公司经营范围与产品,确定模拟公司的管理思想,准确率为 75％～84％。评分要点:公司组建 10 分,确定公司经营范围与产品 20 分,确定模拟公司的管理思想 30 分,共 60 分。	能完成"××大学生模拟公司"组建,自定公司名称,确定公司经营范围与产品,确定模拟公司的管理思想,准确率为 85％～100％。评分要点:公司组建 10 分,确定公司经营范围与产品 20 分,确定模拟公司的管理思想 30 分,共 60 分。	60％

（续表）

课程预期成果	单元预期成果	学生预期学习成果达成度			权重
		合格(60~74分)	良好(75~84分)	优秀(85~100分)	
	SUOC1	能运用"五力模型"分析法，完成模拟企业的行业环境分析；能运用SWOT分析完成模拟企业的内外部环境分析，撰写模拟公司环境分析报告，准确率为60%~74%。评分要点：模拟企业的行业环境分析10分，内外部环境分析10分，撰写模拟公司环境分析报告20分，共40分。	能运用"五力模型"分析法，完成模拟企业的行业环境分析；能运用SWOT分析完成模拟企业的内外部环境分析，撰写模拟公司环境分析报告，准确率为75%~84%。评分要点：模拟企业的行业环境分析10分，内外部环境分析10分，撰写模拟公司环境分析报告20分，共40分。	能运用"五力模型"分析法，完成模拟企业的行业环境分析；能运用SWOT分析完成模拟企业的内外部环境分析，撰写模拟公司环境分析报告，准确率为85%~100%。评分要点：模拟企业的行业环境分析10分，内外部环境分析10分，撰写模拟公司环境分析报告20分，共40分。	40%
SOC2	SUOC2	(1) 能运用风险型决策方法或不确定性决策方法、群体决策方法等确定模拟公司的经营范围、主要产品或服务，准确率为60%~74%。评分要点：运用风险型决策方法或不确定性决策方法10分，运用群体决策方法等确定模拟公司的经营范围、主要产品或服务10分，共20分。	(1) 能运用风险型决策方法或不确定性决策方法、群体决策方法等确定模拟公司的经营范围、主要产品或服务，准确率为75%~84%。评分要点：运用风险型决策方法或不确定性决策方法10分，运用群体决策方法等确定模拟公司的经营范围、主要产品或服务10分，共20分。	(1) 能运用风险型决策方法或不确定性决策方法、群体决策方法等确定模拟公司的经营范围、主要产品或服务，准确率为85%~100%。评分要点：运用风险型决策方法或不确定性决策方法10分，运用群体决策方法等确定模拟公司的经营范围、主要产品或服务10分，共20分。	20%
		(2) 能完成模拟公司创业计划书、新产品开发、新产品营销、会议策划书等计划（选择其一）的拟写，准确、完整率为60%~74%。评分要点：完成任一计划书的撰写，共40分。	(2) 能完成模拟公司创业计划书、新产品开发、新产品营销、会议策划书等计划（选择其一）的拟写，准确、完整率为75%~84%。评分要点：完成任一计划书的撰写，共40分。	(2) 能完成模拟公司创业计划书、新产品开发、新产品营销、会议策划书等计划（选择其一）的拟写，准确、完整率为85%~100%。评分要点：完成任一计划书的撰写，共40分。	40%
SOC3	SUOC1	(1) 能分析模拟公司的业务、产品或者服务特点，为模拟公司建立适宜组织结构，完成组织结构图的绘制，准确率为60%~74%。评分要点：为模拟公司建立适宜组织结构30分，完成组织结构图的绘制30分，共60分。	(1) 能分析模拟公司的业务、产品或者服务特点，为模拟公司建立适宜组织结构，完成组织结构图的绘制，准确率为75%~84%。评分要点：为模拟公司建立适宜组织结构30分，完成组织结构图的绘制30分，共60分。	(1) 能分析模拟公司的业务、产品或者服务特点，为模拟公司建立适宜组织结构，完成组织结构图的绘制，准确率为85%~100%。评分要点：为模拟公司建立适宜组织结构30分，完成组织结构图的绘制30分，共60分。	60%

（续表）

课程预期成果	单元预期成果	学生预期学习成果达成度			权重
		合格（60～74分）	良好（75～84分）	优秀（85～100分）	
SOC3	SUOC1	（2）能撰写 1～2 个关键岗位工作职责，准确率为 60%～74%。 评分要点：撰写任一关键岗位工作职责，共 40 分。	（2）能撰写 1～2 个关键岗位工作职责，准确率为 75%～84%。 评分要点：撰写任一关键岗位工作职责，共 40 分。	（2）能撰写 1～2 个关键岗位工作职责，准确率为 85%～100%。 评分要点：撰写任一关键岗位工作职责，共 40 分。	40%
SOC4	SUOC1	（1）能完整模拟大学生模拟公司员工考核与激励制度的策划、拟订、征求意见、反馈、定稿、公布实施与执行的全过程，准确、完整率 60%～74%。 评分要点：指挥得当，沟通充分，过程完整，共 30 分。	（1）能完整模拟大学生模拟公司员工考核与激励制度的策划、拟订、征求意见、反馈、定稿、公布实施与执行的全过程，准确、完整率 75%～84%。 评分要点：指挥得当，沟通充分，过程完整，共 30 分。	（1）能完整模拟大学生模拟公司员工考核与激励制度的策划、拟订、征求意见、反馈、定稿、公布实施与执行的全过程，准确、完整率 85%～100%。 评分要点：指挥得当，沟通充分，过程完整，共 30 分。	30%
		（2）能完成模拟公司员工考核与激励制度的制定，准确率为 60%～74%。 评分要点：考核与激励制度要素全，切实可行，共 30 分。	（2）能完成模拟公司员工考核与激励制度的制定，准确率为 75%～84%。 评分要点：考核与激励制度要素齐全，切实可行，共 30 分。	（2）能完成模拟公司员工考核与激励制度的制定，准确率为 85%～100%。 评分要点：考核与激励制度要素齐全，切实可行，共 30 分。	30%
		（3）能撰写项目计划、实施总结报告，总结领导艺术、有效激励和沟通技巧方面的心得体会，准确率为 60%～74%。 评分要点：实施总结报告 15 分，总结领导艺术、有效激励和沟通技巧方面的心得体会 25 分，共 40 分。	（3）能撰写项目计划、实施总结报告，总结领导艺术、有效激励和沟通技巧方面的心得体会，准确率为 75%～84%。 评分要点：实施总结报告 15 分，总结领导艺术、有效激励和沟通技巧方面的心得体会 25 分，共 40 分。	（3）能撰写项目计划、实施总结报告，总结领导艺术、有效激励和沟通技巧方面的心得体会，准确率为 85%～100%。 评分要点：实施总结报告 15 分，总结领导艺术、有效激励和沟通技巧方面的心得体会 25 分，共 40 分。	40%

课程预期成果	单元预期成果	学生预期学习成果达成度			权重
		合格（60~74分）	良好（75~84分）	优秀（85~100分）	
SOC5	SUOC1	（1）能确定模拟公司的关键控制点,确定控制标准,设计控制方式方法,准确率为 60%~74%。 评分要点:确定模拟公司的关键控制点 10 分,确定控制标准 10 分,设计控制方式方法 20 分,共 40 分。	（1）能确定模拟公司的关键控制点,确定控制标准,设计控制方式方法,准确率为 75%~84%。 评分要点:确定模拟公司的关键控制点 10 分,确定控制标准 10 分,设计控制方式方法 20 分,共 40 分。	（1）能确定模拟公司的关键控制点,确定控制标准,设计控制方式方法,准确率为 85%~100%。 评分要点:确定模拟公司的关键控制点 10 分,确定控制标准 10 分,设计控制方式方法 20 分,共 40 分。	40%
		（2）能撰写模拟公司的关键控制点控制方案,准确率为 60%~74%。 评分要点:完成方案撰写,要素齐全,切实可行,共 60 分。	（2）能撰写模拟公司的关键控制点控制方案,准确率为 75%~84%。 评分要点:完成方案撰写,要素齐全,切实可行,共 60 分。	（2）能撰写模拟公司的关键控制点控制方案,准确率为 85%~100%。 评分要点:完成方案撰写,要素齐全,切实可行,共 60 分。	60%

8）课程实施条件

(1) 授课教师要求

授课教师应具有经管类专业学历背景,本科以上学历,讲师以上职称,具有 3 年以上企业相关工作经验优先。

(2) 理实一体化教材

本课程采用编写或选用理实一体化教材,使用效果良好。

(3) 实践教学条件

本课程采用编写或选用模拟实训教材,使用效果良好。本课程配备有相关模拟实训教学软件。建立紧密合作的产教融合,学生应定期深入企业了解产品生产工艺流程、企业的管理要求等。

9）预期学生需要付出的努力

（1）完成课程标准中要求完成的课程预期学习成果

学生应在学校、教师的指导和支持下,积极主动地参与校内外课程学习和相关实践教学活动,按质按量地完成课程预期学习成果。

（2）确保有足够的课内时间学习

学生不能随意缺课、旷课、迟到和早退,特殊情况先请假,应按照学校教学进程的安排,完成课程标准中要求的相关理论课程和实训项目的学习。

（3）确保足够的课外学习时间

学生按照课内学习与课外学习时间 1∶2 的比例配备课外学习,确保有足够的时间在课前、课后查阅相关资料,完成拓展的实训作品,参与企业实践和相关公益活动等。

10）教材、参考文献和资料

（1）教材及参考文献

［1］王龙.管理学基础［M］.北京:机械工业出版社,2018.
［2］斯蒂芬·P.罗宾斯.管理学［M］.4 版.黄卫伟,等,译.中国人民大学出版社,2003.
［3］王凤彬,等.管理学教学案例精选［M］.上海:复旦大学出版社,2009.
［4］单凤儒.管理学基础实训教程［M］.6 版.北京:高等教育出版社,2017.
［5］管理理论和实践社区 http://www.dobig.net/.
［6］哈佛企业管理网 http://www.harment.com/newframe.htm.
［7］麦肯锡中国 http://www.mckinsey.com.cn/.
［8］中国企业家 http://www.cnemag.com/.
［9］世界经理人网站 http://www.cec.globalsources.com/.

（2）其他说明

按照 1∶2 的比例,上课 1 小时,学生要进行 2 小时的学习活动,1 学分要求学生有 18 小时的学习,所以 1 学分学生所付出的总时间是 54 小时。

预期学生需要付出的努力及"教材、参考文献和资料"两项内容是引导学生课后自主学习的参考依据。

18. 市场营销课程标准

1）课程基本信息

市场营销课程基本信息见表 3-104。

表 3-104　市场营销课程基本信息表

课程名称	市场营销		课程代码	372006B
课程类型	☐ 通识基础课程　☐ 通识拓展课程　☑ 专业基础课程 ☐ 专业核心课程　☐ 岗位综合课程　☐ 专业限选课程			
修读方式	☑ 必修课　☐ 专业拓展课　☐ 选修课			
先行课程	管理学基础		经济学基础	
后续课程	管理会计		创业就业指导	
学　时	32		学　分	1.5
理论学时	24		实践学时	8
教学场所	☐ 教室　☐ 多媒体教室　☐ 实训/实验室 ☑ 理实一体化教室　☐ 生产性实训基地　☐ 其他（　　　）			

2）课程培养目标

本课程要求学生掌握市场营销基础知识和基本技能，能够用营销思维研究商业现象，进行商情调查、商机分析、商计策划、商务实战，从而使学生具备从事企业经营及创业的基本职业能力。通过本课程的学习，学生应具备以下能力和素质：

通过 SOC1、SOC2 的实施，培养学生的自主学习、企业管理、文案写作、信息技术应用和沟通交流等职业能力，培养学生法律意识、团队合作意识、创新创业意识以及耐心、细致和严谨的职业素质。

通过 SOC3 的实施，培养学生自主学习、STP（市场细分、目标市场、市场定位）营销战略策划的能力，以及耐心、细致、严谨，爱岗敬业、诚实守信、客观公正的职业素质。

通过 SOC4、SOC5、SOC6、SOC7 的实施，培养学生沟通协调、文案写作、信息技术应用、营销组合策略(4P 策略)的制定与运用等能力,以及耐心、细致、严谨,爱岗敬业、诚实守信和客观公正的职业素质。

3) 课程预期成果的分解及学分

将专业预期成果分解为课程预期成果和课程单元预期成果,具体见表 3-105。

表 3-105 课程预期成果与专业预期成果对应表

课程预期成果		课程单元预期成果		对应 POC	课程预期成果		课程单元预期成果		对应 POC
编号	学分	编号	学分		编号	学分	编号	学分	
SOC1	0.15	SUOC1	0.1	POC3.1	SOC5	0.15	SUOC1	0.1	POC3.2
		SUOC2	0.1				SUOC2	0.1	
SOC2	0.3	SUOC1	0.2	POC2.3 POC3.5	SOC6	0.15	SUOC1	0.1	POC4.1
		SUOC2	0.2				SUOC2	0.1	
SOC3	0.3	SUOC1	0.2	POC3.1 POC6.1	SOC7	0.3	SUOC1	0.2	POC3.6
		SUOC2	0.2						
SOC4	0.15	SUOC1	0.1	POC4.1			SUOC2	0.2	POC6.1
		SUOC2	0.1						

4) 课程预期成果和课程单元预期成果内容

课程预期成果和课程单元预期成果内容与职业能力、素质对应关系见表 3-106。

表 3-106 课程预期成果和课程单元预期成果内容与职业能力、素质对应表

课程预期成果	课程单元预期成果	对应职业能力、素质
SOC1 内容:学生在教师的指导下,自主查找资料,分析一个市场营销环境的案例,领会市场营销的理念与市场环境的概念,剖析市场环境的结构,撰写案例的市场宏观环境分析与微观环境分析报告。	SUOC1 内容:要求学生自主查找资料,登录市场营销开放课程平台,分析一个企业市场营销的案例,了解市场及市场营销的概念,领会市场营销的理念。	TY01:沟通交流。TY02:团队合作。TY03:文案写作。HX01:自主学习。HX02:信息技术应用。TY04:创新创业。ZY0803:企业营运管理。
	SUOC2 内容:要求学生自主查找资料,阅读一个市场营销环境的案例,领会市场环境的概念,剖析市场环境的结构,掌握市场营销宏观环境与微观环境分析的方法,撰写案例的市场宏观环境分析与微观环境分析报告。	

（续表）

课程预期成果	课程单元预期成果	对应职业能力、素质
SOC2 内容：学生在教师的指导下，对某产品（如手机、电脑等）进行市场调研，领会各种实地调查的特点和基本内容，学会拟定问卷的技巧，设计调查问卷，进行问卷的发放与回收，处理问卷回收所得到的市场数据，撰写市场调研报告。	SUOC1 内容：要求学生对某产品如手机、电脑等进行市场调研，领会各种实地调查的特点和基本内容，学会拟定问卷的技巧，设计调查问卷。 SUOC2 内容：按照 SUOC1 设计的调查问卷，要求学生进行问卷的发放与回收，处理问卷回收所得到的市场数据，撰写市场调研报告。	TY01：沟通交流。 TY02：团队合作。 TY03：文案写作。 HX01：自主学习。 HX02：信息技术应用。 TY04：创新创业。 ZY0803：企业营运管理。
SOC3 内容：学生在教师的指导下，分析某产品目标市场选择的案例，领会市场细分、目标市场和市场定位等概念，根据产品和消费者的特性设定市场细分的标准，选择进入目标市场的途径，制定进入目标市场的战略，拟定市场定位的方案。	SUOC1 内容：要求学生自主查找资料，登录市场营销开放课程平台，分析某产品目标市场选择的案例，领会市场细分、目标市场、市场定位等概念。 SUOC2 内容：学生以小组为单位，选择某一常见消费品为案例，根据产品和消费者的特性设定市场细分的标准，拟定进入目标市场的途径，制定进入目标市场的战略、撰写市场定位的方案。	TY01：沟通交流。 TY02：团队合作。 TY03：文案写作。 HX01：自主学习。 TY04：创新创业。 ZY0803：企业营运管理。
SOC4 内容：学生在教师的指导下，查找相关资料，理解产品线的宽度和深度，相关度及产品的整体概念，品牌的概念，领会产品不同生命周期的市场策略，新产品开发程序，新产品开发策略，品牌策略，能进行相关产品策略的谋划。	SUOC1 内容：学生自主查找资料，登录市场营销开放课程平台，理解产品线的宽度、深度，相关度及产品的整体概念，品牌的概念，总结产品策略制定经验。 SUOC2 内容：学生以小组为单位，分析某一产品策略案例，领会产品不同生命周期的市场策略，新产品开发程序，新产品开发策略，品牌策略，撰写产品策略案例分析报告。	TY01：沟通交流。 TY02：团队合作。 TY03：文案写作。 HX01：自主学习。 TY04：创新创业。 ZY0803：企业营运管理。
SOC5 内容：学生在教师的指导下，分析某产品的渠道策略案例，总结渠道的形式与渠道策略制定经验，能进行分销渠道的设计。	SUOC1 内容：学生自主查找资料，登录市场营销开放课程平台，分析某产品的渠道策略案例，总结渠道的形式与渠道策略制定经验。 SUOC2 内容：学生以小组为单位，选择某一常见消费品为案例，根据产品和消费者的特性进行该产品的分销渠道设计。	
SOC6 内容：学生在教师的指导下，分析某产品的定价策略案例，总结定价的方法与经验，能制定产品价格方案及进行价格调整。	SUOC1 内容：要求学生自主查找资料，登录市场营销开放课程平台，学生在教师的指导下，对某产品的定价策略进行案例分析，总结定价的方法与经验。	

（续表）

课程预期成果	课程单元预期成果	对应职业能力、素质
SOC6 内容：学生在教师的指导下，分析某产品的定价策略案例，总结定价的方法与经验，能制定产品价格方案及进行价格调整。	SUOC2 内容：学生以小组为单位，选择某一常见消费品为案例，为其制定产品定价方案及营销中进行价格调整的方案。	TY01：沟通交流。 TY02：团队合作。 TY03：文案写作。 HX01：自主学习。 TY04：创新创业。 ZY0803：企业营运管理。
SOC7 内容：学生在教师的指导下，分析某产品的促销策略案例，总结促销策略方式与经验，能够制定促销方案。	SUOC1 内容：要求学生自主查找资料，登录市场营销开放课程平台，分析某产品的促销策略案例，总结促销策略方式与经验。	
	SUOC2 内容：学生以小组为单位，在节假日或商品促销期进入某一商场进行促销方式调查，撰写商家促销方式调研报告。	

5）课程内容与学时安排

课程内容与学时安排见表 3-107。

表 3-107　课程内容与学时安排

项目名称	教学内容	学时	SOC
项目一　市场营销环境分析	任务 1　市场营销的理念。 任务 2　市场环境的概念与结构。 任务 3　市场宏观环境分析。 任务 4　市场微观环境分析。	4	SOC1
项目二　市场调研	任务 1　各种实地调查的特点和基本内容。 任务 2　拟定问卷技巧。 任务 3　问卷调查的步骤。 任务 4　市场数据处理。 任务 5　调研报告的撰写。	4	SOC2
项目三　目标市场的选择	任务 1　市场细分的概念。 任务 2　细分标准的设定。 任务 3　什么是目标市场。 任务 4　进入目标市场的途径。 任务 5　进入目标市场的战略。 任务 6　什么是市场定位。 任务 7　市场定位的方法。	6	SOC3

（续表）

项目名称		教学内容	学时	SOC
项目四	营销策略之产品策略	任务 1　产品线的宽度、深度,相关度。 任务 2　产品的整体概念。 任务 3　产品市场生命周期。 任务 4　不同生命周期的市场策略。 任务 5　新产品开发程序。 任务 6　新产品开发策略。 任务 7　品牌的概念与策略。	6	SOC4
项目五	营销策略之分销策略	任务 1　分销渠道的功能。 任务 2　分销渠道的结构。 任务 3　批发商的功能与类型。 任务 4　零售商。 任务 5　渠道策略。	4	SOC5
项目六	营销策略之价格策略	任务 1　定价目标。 任务 2　成本导向定价。 任务 3　竞争导向定价。 任务 4　需求导向定价。 任务 5　定价技巧。 任务 6　市场营销组合中的价格策略。	4	SOC6
项目七	营销策略之促销策略	任务 1　什么是促销组合。 任务 2　推销人员的素质。 任务 3　广告的形式。 任务 4　不同产品的广告形式的选择。 任务 5　营业推广。 任务 6　公共关系。	6	SOC7
合　计			34	

6）与预期学习成果匹配的教学方法

本课程采用翻转课堂教学模式,线上学习、线下答疑辅导,具体教学方法见表 3-108。

表 3-108　教学方法

预期学习成果	教学方法				
	讲授法	案例教学	直观演示	任务导向	角色扮演
SOC1	Y	Y	Y		
SOC2	Y	Y	Y	Y	
SOC3	Y	Y	Y	Y	Y
SOC4	Y	Y	Y	Y	Y

（续表）

预期学习成果	教学方法				
	讲授法	案例教学	直观演示	任务导向	角色扮演
SOC5	Y	Y	Y	Y	Y
SOC6	Y	Y	Y	Y	Y
SOC7	Y	Y	Y	Y	Y

7）与预期学习成果匹配的考核评价标准

本课程实施"三合一"考核评价模式，即课程成绩＝平时考核＋成果考核＋能力测试，平时考核占 20％，成果考核占 60％，能力测试占 20％。考核主体为企业和学校专家组成的第三方考评小组，考核标准是课程考核评价标准。

平时考核重点考核学生的团队合作精神、沟通交流能力、文案写作能力和自主学习能力等，成果考核重点考核学生的职业素质和职业能力是否形成，能力测试主要考核学生是否掌握了必需的知识和技能。

课程预期学习成果成绩由 7 个课程预期学习成果成绩构成，权重分别为 SOC1 占 10％，SOC2 占 10％，SOC3 占 20％，SOC4 占 15％，SOC5 占 15％，SOC6 占 15％，SOC7 占 15％，具体见表 3-109。

表 3-109　课程预期学习成果考核评价标准

课程预期成果	单元预期成果	学生预期学习成果达成度			权重
		合格（60～74 分）	良好（75～84 分）	优秀（85～100 分）	
SOC1	SUOC1	（1）能基本准确地进行宏观环境分析，正确率为 60％～74％。评分要点：以上内容共 30 分。	（1）能较准确地进行宏观环境分析，正确率为 75％～84％。评分要点：以上内容共 30 分。	（1）能准确地进行宏观环境分析，正确率为 85％～100％。评分要点：以上内容共 30 分。	30％
		（2）能基本准确地进行微观环境分析，正确率为 60％～74％。评分要点：以上内容共 30 分。	（2）能较准确地进行微观环境分析，正确率为 75％～84％。评分要点：以上内容共 30 分。	（2）能准确地进行微观环境分析，正确率为 85％～100％。评分要点：以上内容共 30 分。	30％
	SUOC2	（1）能基本完整地撰写一个产品的环境分析案例，正确率为 60％～74％。评分要点：以上内容共 40 分。	（1）能较完整地撰写一个产品的环境分析案例，正确率为 75％～84％。评分要点：以上内容共 40 分。	（1）能完整地撰写一个产品的环境分析案例，正确率为 85％～100％。评分要点：以上内容共 40 分。	40％

(续表)

课程预期成果	单元预期成果	学生预期学习成果达成度			权重
		合格(60~74分)	良好(75~84分)	优秀(85~100分)	
SOC2	SUOC1	(1) 能基本正确地制订市场调研计划,正确率为60%~74%。评分要点:以上内容共20分。	(1) 能较为正确地制订市场调研计划,正确率为75%~84%。评分要点:以上内容共20分。	(1) 能正确地制订市场调研计划,正确率为85%~100%。评分要点:以上内容共20分。	20%
		(2) 能基本正确地进行问卷设计,正确率为60%~74%。评分要点:以上内容共20分。	(2) 能较为正确地进行问卷设计,正确率为75%~84%。评分要点:以上内容共20分。	(2) 能正确地进行问卷设计,正确率为85%~100%。评分要点:以上内容共20分。	20%
	SUOC2	(1) 能基本正确地开展市场调查,正确率为60%~74%。评分要点:以上内容共30分。	(1) 能较为正确地开展市场调查,正确率为75%~84%。评分要点:以上内容共30分。	(1) 能正确地开展市场调查,正确率为85%~100%。评分要点:以上内容共30分。	30%
		(2) 能基本完整地撰写市场调研报告,正确率为60%~74%。评分要点:以上内容共30分。	(2) 能较为完整地撰写市场调研报告,正确率为75%~84%。评分要点:以上内容共30分。	(2) 能完整地撰写市场调研报告,正确率为85%~100%。评分要点:以上内容共30分。	30%
SOC3	SUOC1	(1) 能基本正确地设定市场细分的标准及进行市场细分,正确率为60%~74%。评分要点:以上内容共30分。	(1) 能较为正确地设定市场细分的标准及进行市场细分,正确率为75%~84%。评分要点:以上内容共30分。	(1) 能正确地设定市场细分的标准及进行市场细分,正确率为85%~100%。评分要点:以上内容共30分。	30%
		(2) 能基本正确地选择进入目标市场的途径与战略,正确率为60%~74%。评分要点:以上内容共35分。	(2) 能较为正确地选择进入目标市场的途径与战略,正确率为75%~84%。评分要点:以上内容共35分。	(2) 能正确地选择进入目标市场的途径与战略,正确率为85%~100%。评分要点:以上内容共35分。	35%
	SUOC2	能基本正确地进行市场定位,正确率为60%~74%。评分要点:以上内容共35分。	能较为正确地进行市场定位,正确率为75%~84%。评分要点:以上内容共35分。	能正确地进行市场定位,正确率为85%~100%。评分要点:以上内容共35分。	35%

（续表）

课程预期成果	单元预期成果	学生预期学习成果达成度			权重
		合格（60～74 分）	良好（75～84 分）	优秀（85～100 分）	
SOC4	SUOC1	(1) 能基本正确地用产品整体概念诠释某一产品，正确率为 60%～74%。评分要点：以上内容共 20 分。	(1) 能较为正确地用产品整体概念诠释某一产品，正确率为 75%～84%。评分要点：以上内容共 20 分。	(1) 能正确地用产品整体概念诠释某一产品，正确率为 85%～100%。评分要点：以上内容共 20 分。	20%
		(2) 能基本正确地为产品市场生命周期的不同阶段制定相应的营销策略，正确率为 60%～74%。评分要点：以上内容共 30 分。	(2) 能较为正确地为产品市场生命周期的不同阶段制定相应的营销策略，正确率为 75%～84%。评分要点：以上内容共 30 分。	(2) 能正确地为产品市场生命周期的不同阶段制定相应的营销策略，正确率为 85%～100%。评分要点：以上内容共 30 分。	30%
	SUOC2	(1) 能基本正确地制定新产品的营销策略，正确率为 60%～74%。评分要点：以上内容共 30 分。	(1) 能较为正确地制定新产品的营销策略，正确率为 75%～84%。评分要点：以上内容共 30 分。	(1) 能正确地制定新产品的营销策略，正确率为 85%～100%。评分要点：以上内容共 30 分。	30%
		(2) 能基本正确地拟定产品品牌策略，正确率为 60%～74%。评分要点：以上内容共 20 分。	(2) 能较为正确地拟定产品品牌策略，正确率为 75%～84%。评分要点：以上内容共 20 分。	(2) 能正确地拟定产品品牌策略，正确率为 85%～100%。评分要点：以上内容共 20 分。	20%
SOC5	SUOC1	能基本正确地为某一产品制定分销渠道策略，正确率为 60%～74%。评分要点：以上内容共 50 分。	能较为正确地为某一产品制定分销渠道策略，正确率为 75%～84%。评分要点：以上内容共 50 分。	能正确地为某一产品制定分销渠道策略，正确率为 85%～100%。评分要点：以上内容共 50 分。	50%
	SUOC2	能基本正确地选择批发商和零售商，正确率为 60%～74%。评分要点：以上内容共 50 分。	能较为正确地选择批发商和零售商，正确率为 75%～84%。评分要点：以上内容共 50 分。	能正确地选择批发商和零售商，正确率为 85%～100%。评分要点：以上内容共 50 分。	50%
SOC6	SUOC1	能基本正确地为某一产品选择定价的方法，正确率为 60%～74%。评分要点：以上内容共 50 分。	能较为正确地为某一产品选择定价的方法，正确率为 75%～84%。评分要点：以上内容共 50 分。	能正确地为某一产品选择定价的方法，正确率为 85%～100%。评分要点：以上内容共 50 分。	50%

（续表）

课程预期成果	单元预期成果	学生预期学习成果达成度			权重
		合格（60～74分）	良好（75～84分）	优秀（85～100分）	
SOC6	SUOC2	能基本正确地为某一产品制定价格策略，正确率为60%～74%。评分要点：以上内容共50分。	能较为正确地为某一产品制定价格策略，正确率为75%～84%。评分要点：以上内容共50分。	能正确地为某一产品制定价格策略，正确率为85%～100%。评分要点：以上内容共50分。	50%
SOC7	SUOC1	（1）能基本正确地为向客户介绍某一产品，进行人员推销，正确率为60%～74%。评分要点：以上内容共30分。	（1）能较为正确地为向客户介绍某一产品，进行人员推销，正确率为75%～84%。评分要点：以上内容共30分。	（1）能正确地为向客户介绍某一产品，进行人员推销，正确率为85%～100%。评分要点：以上内容共30分。	30%
		（2）能基本正确地为不同产品选择广告的形式，正确率为60%～74%。评分要点：以上内容共30分。	（2）能较为正确地为不同产品选择广告的形式，正确率为75%～84%。评分要点：以上内容共30分。	（2）能正确地为不同产品选择广告的形式，正确率为85%～100%。评分要点：以上内容共30分。	30%
	SUOC2	能基本正确地为某一产品拟定营业推广方案，正确率为60%～74%。评分要点：以上内容共40分。	能较为正确地为某一产品拟定营业推广方案，正确率为75%～84%。评分要点：以上内容共40分。	能正确地为某一产品拟定营业推广方案，正确率为85%～100%。评分要点：以上内容共40分。	40%

8）课程实施条件

（1）授课教师要求

授课教师应具有企业相关工作经验，本科以上学历，讲师以上职称，具有营销师等职业资格证书者优先。

（2）理实一体化教材

本课程采用编写或选用理实一体化教材，使用效果良好。

（3）实践教学条件

本课程采用编写或选用模拟实训教材，使用效果良好。本课程配备有相关模拟实训教学软件。建立紧密合作的产教融合，其中以商业企业为主。学生应定期深入商业企业了解商品营销状况等。

9) 预期学生需要付出的努力

(1) 完成课程标准中要求完成的学习成果

学生应在学校、教师的指导和支持下,积极主动地参与校内外课程学习和相关实践教学活动,按质按量地完成课程成果。

(2) 确保有足够的课内时间学习

学生不能随意缺课、旷课、迟到和早退,特殊情况先请假,应按照学校教学进程的安排,完成课程标准中要求的相关理论课程和实训项目的学习。

(3) 确保足够的课外学习时间

学生按照课内学习与课外学习时间 1∶2 的比例配备课外学习,确保有足够的时间在课前、课后查阅相关资料,完成拓展的实训作品,参与企业实践和相关公益活动等。

10) 教材、参考文献和资料

(1) 教材及参考文献

[1] 卢慧敏,夏清明,张李明.市场营销[M].青岛:中国海洋大学出版社,2017.
[2] 熊高强,陈志雄.市场营销学[M].沈阳:东北大学出版社,2016.
[3] 第一赢销网:http://www.yingxiao360.com/.
[4] 中国营销传播网:http://www.emkt.com.cn/.

(2) 其他说明

按照 1∶2 的比例,上课 1 小时,学生要进行 2 小时的学习活动,1 学分要求学生有 18 小时的学习,所以 1 学分学生所付出的总时间是 54 小时。

预期学生需要付出的努力及"教材、参考文献和资料"两项内容是引导学生课后自主学习的参考依据。

19. 商务礼仪课程标准

1) 课程基本信息

商务礼仪课程基本信息见表 3-110。

表 3-110   商务礼仪课程基本信息表

课程名称	应用文写作	课程代码	
课程类型	☐ 通识基础课程　☐ 通识拓展课程　☑ 专业基础课程 ☐ 专业核心课程　☐ 岗位综合课程　☐ 专业限选课程		
修读方式	☑ 必修课　☐ 专业拓展课　☐ 选修课		
先行课程			
后续课程	顶岗实习		
学　　时	32	学　分	1.5
理论学时	24	实践学时	8
教学场所	☐ 教室　☐ 多媒体教室　☐ 实训/实验室　☑ 理实一体化教室 ☐ 生产性实训基地　☐ 其他（　　　）		

2) 课程培养目标

本课程要求学生掌握商务交往中的基本礼仪规范,树立良好的商务礼仪理念,具备商务礼仪修养,具备诚实、守信、善于沟通和合作的良好品质,具备商务交往中交流、沟通、组织、协调的职业能力,成为能胜任商务岗位工作任务的高素质技术技能型人才。通过本课程的学习,学生应具备以下能力和素质:

通过 SOC1 的实施,培养学生良好的商务礼仪理念,使其具备商务礼仪修养,具备诚实、守信、善于沟通和合作的良好品质,具备商务交往中交流、沟通、组织、协调的职业能力。

通过 SOC2、SOC3、SOC4、SOC5 的实施,培养学生自主学习、职业形象设计、商务接待拜访、商务会议仪式承办与组织、商务宴请等能力，以及耐心、细致、严谨，爱岗敬业、诚实守信的职业素质。

3）课程预期成果的分解及学分

将专业预期成果分解为课程预期成果和课程单元预期成果，具体见表 3-111。

表 3-111　课程预期成果与专业预期成果对应表

| 课程预期成果 | | 课程单元预期成果 | | 对应 POC | 课程预期成果 | | 课程单元预期成果 | | 对应 POC |
编号	学分	编号	学分		编号	学分	编号	学分	
SOC1	0.15	SUOC1	0.15	POC2.3 POC3.1 POC3.2 POC3.5 POC4.1	SOC3	0.4	SUOC1	0.1	POC2.3 POC3.1 POC3.2 POC3.5 POC4.1
							SUOC2	0.1	
							SUOC3	0.2	
SOC2	0.4	SUOC1	0.15	POC2.3 POC3.1 POC3.2 POC3.5 POC4.1	SOC4	0.15	SUOC1	0.05	POC2.3 POC3.1 POC3.2 POC3.5 POC4.1
		SUOC2	0.10				SUOC2	0.05	
							SUOC3	0.05	
		SUOC3	0.15		SOC5	0.4	SUOC1	0.15	POC2.3 POC3.1 POC3.2 POC3.5 POC4.1
							SUOC2	0.15	
							SUOC3	0.10	

4）课程预期成果和课程单元预期成果内容

课程预期成果和课程单元预期成果内容与职业能力、素质对应关系见表 3-112。

表 3-112　课程预期成果和课程单元预期成果内容与职业能力、素质对应表

课程预期成果	课程单元预期成果	对应职业能力、素质
SOC1 内容：学生在教师的指导下，以学习小组为单位，撰写某一个企业管理者或员工岗位应具备的礼仪素养与商务礼仪技能。	SUOC1 内容：学生在教师的指导下，以学习小组为单位，自主查找资料、调查或访问，撰写某一个企业管理者或员工岗位应具备的礼仪素养与商务礼仪技能。	TY01：沟通交流。 TY02：团队合作。 TY03：文案写作。 HX01：自主学习。 HX02：信息技术应用。

（续表）

课程预期成果	课程单元预期成果	对应职业能力、素质
SOC2 内容：学生在教师的指导下，2 个学生为一组，能根据脸型、身高、个性等特点，完成发型设计、职业淡妆化妆。能根据自身胖瘦、身高、场合、季节等特点，完成个人职场、晚会、休闲场合服饰设计，并撰写个人形象设计报告，能跟随音乐，熟练准确完成包含站姿、坐姿、走姿、蹲姿、手势、表情等仪态在内的礼仪操。	SUOC1 内容：学生在教师的指导下，2 个学生为一组，能根据脸型、身高、个性等特点，完成自身或同学的发型设计、职业淡妆化妆，拍小视频进行班级交流。	TY01：沟通交流。TY02：团队合作。TY03：文案写作。HX01：自主学习。HX02：信息技术应用。
	SUOC2 内容：2 个学生为一组，能根据自身气质、胖瘦、身高、场合、季节等特点，完成个人职场、晚会、休闲场合服饰设计，并各拍摄一张照片进行班级交流。	
	SUOC3 内容：以学习小组为单位，能跟随音乐，熟练准确完成包含站姿、坐姿、走姿、蹲姿、手势、表情等仪态在内的礼仪操展示，拍小视频进行班级交流。	
SOC3 内容：学生在教师的指导下，学习小组分角色模拟商务见面礼仪（称呼、握手、名片、介绍），自主拍摄，交小视频在班级交流；学习小组分角色模拟商务电话礼仪（接、打电话），自主拍摄，交小视频在班级交流；学习小组分角色模拟商务接待拜访流程，拍小视频班级交流。	SUOC1 内容：学生在教师的指导下，以学习小组为单位，自主查找资料，分角色模拟商务见面礼仪（称呼、握手、名片、介绍），拍小视频进行班级交流。	TY01：沟通交流。TY02：团队合作。TY03：文案写作。HX01：自主学习。HX02：信息技术应用。
	SUOC2 内容：学生在教师的指导下，学习小组分角色模拟商务电话礼仪（接、打电话），拍小视频进行班级交流。	
	SUOC3 内容：学习小组分角色模拟商务接待与拜访的过程，完成接打预约电话、迎客、称呼、握手、名片、介绍、引领、上下楼梯、电梯、座次、上茶、送客等礼仪程序，拍小视频进行班级交流。	
SOC4 内容：学生在教师的指导下，学习小组分角色模拟公司大型会议的工作流程和座次安排，撰写会议邀请函、会议策划书；学习小组分角色模拟新闻发布会的组织程序和礼仪，撰写会议邀请函、会议策划书；学习小组分角色模拟开业庆典、剪彩仪式、签字仪式的座次安排、程序等，撰写仪式邀请函、仪式策划书。	SUOC1 内容：学生在教师的指导下，自主查找资料，以学习小组为单位，分角色模拟公司大型会议的会议流程、座次安排等接待礼仪，拍小视频进行班级交流。	TY01：沟通交流。TY02：团队合作。TY03：文案写作。HX01：自主学习。HX02：信息技术应用。
	SUOC2 内容：学生在教师的指导下，自主查找资料，以学习小组为单位，分角色模拟新闻发布会的会议流程、座次安排等仪式礼仪，拍小视频进行班级交流。	
	SUOC3 内容：学生在教师的指导下，自主查找资料，以学习小组为单位，分角色模拟开业庆典、剪彩仪式、签字仪式的仪式礼仪等，拍小视频进行班级交流。	

（续表）

课程预期成果	课程单元预期成果	对应职业能力、素质
SUOC1 内容:学生在教师的指导下,以学习小组为单位,分角色模拟大型团拜中餐宴请、桌次及席次安排、餐具的摆放与使用、点菜与菜式安排、敬酒、饮酒、交谈等,撰写请柬、欢迎词、祝酒词;学习小组分角色模拟西餐宴请、桌次及席次安排、餐具的摆放与使用、点菜与菜式安排、敬酒、饮酒、交谈等;学习小组分角色模拟茶艺、咖啡礼仪。拍小视频班级交流。	SUOC1 内容:学生在教师的指导下,自主查找资料,以学习小组为单位,分角色模拟大型团拜中餐宴请、桌次及席次安排、餐具的摆放与使用、点菜与菜式安排、敬酒、饮酒、交谈等,拍小视频进行班级交流。	TY01:沟通交流。 TY02:团队合作。 TY03:文案写作。 HX01:自主学习。 HX02:信息技术应用。
	SUOC1 内容:学生在教师的指导下,自主查找资料,以学习小组为单位,分角色模拟西餐宴请、桌次及席次安排、餐具的摆放与使用、点菜与菜式安排、敬酒、饮酒、交谈等,拍小视频进行班级交流。	
	SUOC1 内容:学生在教师的指导下,自主查找资料,以学习小组为单位,分角色模拟茶艺与咖啡礼仪,拍小视频进行班级交流。	

5）课程内容与学时安排

课程内容与学时安排见表 3-113。

表 3-113　课程内容与学时安排

项目名称	教学内容	学时	SOC
项目一　认知礼仪	任务 1　礼仪的起源与发展。 任务 2　礼仪的含义与基础知识。 任务 3　商务礼仪的含义及原则。	4	SOC1
项目二　职业形象塑造	任务 1　发型设计、职业淡妆化妆。 任务 2　不同场合服饰选择与搭配。 任务 3　商务场合坐姿、站姿、走姿、手势与表情。	8	SOC2
项目三　商务交往礼仪	任务 1　商务会面礼仪。 任务 2　商务电话处理。 任务 3　接待拜访客户。	8	SOC3
项目四　商务会议仪式礼仪	任务 1　商务会议承办。 任务 2　商务仪式组织。	4	SOC4
项目五　商务宴请礼仪	任务 1　中餐宴请。 任务 2　西餐宴请。 任务 3　酒水、茶道、咖啡的饮用。	8	SOC5
合　计		32	

6）与预期学习成果匹配的教学方法

本课程采用翻转课堂教学模式，线上学习、线下答疑辅导，具体教学方法见表3-114。

表 3-114　教学方法

预期学习成果	教学方法				
	讲授法	案例教学	模拟实训	任务导向	角色扮演
SOC1	Y	Y	Y	Y	
SOC2	Y	Y	Y	Y	Y
SOC3	Y	Y	Y	Y	Y
SOC4	Y	Y	Y	Y	Y
SOC5	Y	Y	Y	Y	Y

7）与预期学习成果匹配的考核评价体系

本课程实施"三合一"考核评价模式，即课程成绩＝平时考核＋成果考核＋能力测试，平时考核占20％，成果考核占60％，能力测试占20％，考核主体为企业和学校专家组成的第三方考评小组，考核标准是课程考核评价标准。

平时考核重点考核学生的团队合作精神、沟通交流能力、文案写作能力和自主学习能力等，成果考核重点考核学生的职业素质和职业能力是否形成，能力测试主要考核学生是否掌握了必需的知识和技能。

课程预期学习成果成绩由5个课程预期学习成果成绩构成，权重分别为SOC1占12.5％，SOC2占25％，SOC3占25％，SOC4占12.5％，SOC5占25％，具体见表3-115。

表 3-115　课程预期学习成果考核评价标准

课程预期成果	单元预期成果	学生预期学习成果达成度			权重
		合格（60～74分）	良好（75～84分）	优秀（85～100分）	
SOC1	SUOC1	能撰写一个企业管理者或员工岗位应具备的礼仪素养与商务礼仪技能，准确率为60％～74％。评分要点:礼仪素养占30分,商务礼仪技能占70分,共100分。	能撰写一个企业管理者或员工岗位应具备的礼仪素养与商务礼仪技能，准确率为75％～84％。评分要点:礼仪素养占30分,商务礼仪技能占70分,共100分。	能撰写一个企业管理者或员工岗位应具备的礼仪素养与商务礼仪技能，准确率为85％～100％。评分要点:礼仪素养占30分,商务礼仪技能占70分,共100分。	100％

（续表）

课程预期成果	单元预期成果	学生预期学习成果达成度			权重
		合格（60～74分）	良好（75～84分）	优秀（85～100分）	
SOC2	SUOC1	2个学生为一组，能根据脸型、身高、个性等特点，完成自身或同学的发型设计、职业淡妆化妆，自主拍小视频进行班级交流，准确美观率为60%～74%。评分要点：发型设计占15分，职业淡妆化妆占25分，共40分。	2个学生为一组能根据脸型、身高、个性等特点，完成自身或同学的发型设计、职业淡妆化妆，自主拍小视频进行班级交流，准确美观率为75%～84%。评分要点：发型设计占15分，职业淡妆化妆占25分，共40分。	2个学生为一组能根据脸型、身高、个性等特点，完成自身或同学的发型设计、职业淡妆化妆，自主拍小视频进行班级交流，准确美观率为85%～100%。评分要点：发型设计占15分，职业淡妆化妆占25分，共40分。	40%
	SUOC2	2个学生为一组，能根据自身气质、胖瘦、身高、场合、季节等特点，完成个人职场、晚会、休闲场合服饰设计，并各拍摄一张照片进行班级交流，准确美观率为75%～84%。评分要点：职场、晚会场合服饰设计各7分，休闲场合服饰设计占6分，共20分。	2个学生为一组，能根据自身气质、胖瘦、身高、场合、季节等特点，完成个人职场、晚会、休闲场合服饰设计，并各拍摄一张照片进行班级交流，准确美观率为85%～100%。评分要点：职场、晚会场合服饰设计各7分，休闲场合服饰设计占6分，共20分。	2个学生为一组，能根据自身气质、胖瘦、身高、场合、季节等特点，完成个人职场、晚会、休闲场合服饰设计，并各拍摄一张照片进行班级交流，准确美观率为85%～100%。评分要点：职场、晚会场合服饰设计各7分，休闲场合服饰设计占6分，共20分。	20%
	SUOC3	以学习小组为单位，每位学生能跟随音乐，熟练准确完成包含站姿、坐姿、走姿、蹲姿、手势、表情等仪态在内的礼仪操展示，拍小视频进行班级交流，准确美观率为60%～74%。评分要点：站姿、坐姿、走姿、蹲姿、表情鞠躬各占4分，手势占6分，共40分。	以学习小组为单位，每位学生能跟随音乐，熟练准确完成包含站姿、坐姿、走姿、蹲姿、手势、表情等仪态在内的礼仪操展示，拍小视频进行班级交流，准确美观率为75%～84%。评分要点：站姿、坐姿、走姿、蹲姿、表情鞠躬各占4分，手势占6分，共40分。	以学习小组为单位，每位学生能跟随音乐，熟练准确完成包含站姿、坐姿、走姿、蹲姿、手势、表情等仪态在内的礼仪操展示，拍小视频进行班级交流，准确美观率为85%～100%。评分要点：站姿、坐姿、走姿、蹲姿、表情鞠躬各占4分，手势占6分，共40分。	40%

（续表）

课程预期成果	单元预期成果	学生预期学习成果达成度			权重
		合格（60～74分）	良好（75～84分）	优秀（85～100分）	
SOC3	SUOC1	以学习小组为单位，能分角色模拟商务见面礼仪（称呼、握手、名片、介绍），自主拍小视频进行班级交流，准确美观率为60%～74%。评分要点：称呼、握手、名片、介绍、手势各占5分，共25分。	以学习小组为单位，能分角色模拟商务见面礼仪（称呼、握手、名片、介绍），自主拍小视频进行班级交流，准确美观率为75%～84%。评分要点：称呼、握手、名片、介绍、手势各占5分，共25分。	以学习小组为单位，能分角色模拟商务见面礼仪（称呼、握手、名片、介绍），自主拍小视频进行班级交流，准确美观率为85%～100%。评分要点：称呼、握手、名片、介绍、手势各占5分，共25分。	25%
	SUOC2	能分角色模拟商务电话礼仪（接、打电话），自主拍小视频进行班级交流，准确美观率为60%～74%。评分要点：接、打电话各占12.5分，共25分。	能分角色模拟商务电话礼仪（接、打电话），自主拍小视频进行班级交流，准确美观率为75%～84%。评分要点：接、打电话各占12.5分，共25分。	能分角色模拟商务电话礼仪（接、打电话），自主拍小视频进行班级交流，准确美观率为85%～100%。评分要点：接、打电话各占12.5分，共25分。	25%
	SUOC3	能分角色模拟商务接待与拜访的过程，完成打（接）预约电话、迎客、汽车座次、称呼、握手、名片、介绍、引领、上下楼梯或电梯、会议室座次、上茶、送客等礼仪程序，拍小视频进行班级交流，准确美观率为60%～74%。评分要点：打（接）预约电话、迎客、汽车座次、称呼、握手、名片、介绍、引领、上下楼梯或电梯、会议室座次、上茶、送客等礼仪程序各占3分，流程流畅合理、演员形象等整体印象分12分，共50分。	能分角色模拟商务接待与拜访的过程，完成打（接）预约电话、迎客、汽车座次、称呼、握手、名片、介绍、引领、上下楼梯或电梯、会议室座次、上茶、送客等礼仪程序，拍小视频进行班级交流，准确美观率为75%～84%。评分要点：打（接）预约电话、迎客、汽车座次、称呼、握手、名片、介绍、引领、上下楼梯或电梯、会议室座次、上茶、送客等礼仪程序各占3分，流程流畅合理、演员形象等整体印象分12分，共50分。	能分角色模拟商务接待与拜访的过程，完成打（接）预约电话、迎客、汽车座次、称呼、握手、名片、介绍、引领、上下楼梯或电梯、会议室座次、上茶、送客等礼仪程序，拍小视频进行班级交流，准确美观率为85%～100%。评分要点：打（接）预约电话、迎客、汽车座次、称呼、握手、名片、介绍、引领、上下楼梯或电梯、会议室座次、上茶、送客等礼仪程序各占3分，流程流畅合理、演员形象等整体印象分12分，共50分。	50%

（续表）

课程预期成果	单元预期成果	学生预期学习成果达成度			权重
		合格（60～74分）	良好（75～84分）	优秀（85～100分）	
SOC4	SUOC1	能分角色模拟公司大型会议的会议流程、座次安排等仪式礼仪，拍小视频班级交流，准确美观率为60%～74%。评分要点：会议流程和座次安排等仪式礼仪各占10分，演员形象仪态占10分，共30分。	能分角色模拟公司大型会议的组织程序、会议流程和座次安排，拍小视频班级交流，准确美观率为75%～84%。评分要点：会议流程和座次安排各占10分，演员形象仪态占10分，共25分。	能分角色模拟公司大型会议的组织程序、会议流程和座次安排，拍小视频班级交流，准确美观率为85%～100%。评分要点：会议流程和座次安排各占10分，演员形象仪态占10分，共25分。	30%
	SUOC2	能分角色模拟新闻发布会的会议流程、座次等仪式礼仪，拍小视频进行班级交流，准确美观率为60%～74%。评分要点：会议流程和座次安排等仪式礼仪各占10分，演员形象仪态占10分，共30分。	能分角色模拟新闻发布会的会议流程、座次等仪式礼仪，拍小视频进行班级交流，准确美观率为75%～84%。评分要点：会议流程和座次安排等仪式礼仪各占10分，演员形象仪态占10分，共30分。	能分角色模拟新闻发布会的会议流程、座次等仪式礼仪，拍小视频进行班级交流，准确美观率为85%～100%。评分要点：会议流程和座次安排等仪式礼仪各占10分，演员形象仪态占10分，共30分。	30%
	SUOC3	能分角色模拟开业庆典、剪彩仪式、签字仪式的座次安排、仪式流程等，拍小视频进行班级交流，准确美观率为60%～74%。评分要点：开业庆典、剪彩仪式、签字仪式等仪式礼仪各占10分，演员形象仪态占10分，共40分。	能分角色模拟开业庆典、剪彩仪式、签字仪式的座次安排、仪式流程等，拍小视频进行班级交流，准确美观率为75%～84%。评分要点：开业庆典、剪彩仪式、签字仪式等仪式礼仪各占10分，演员形象仪态占10分，共40分。	能分角色模拟开业庆典、剪彩仪式、签字仪式的座次安排、仪式流程等，拍小视频进行班级交流，准确美观率为85%～100%。评分要点：开业庆典、剪彩仪式、签字仪式等仪式礼仪各占10分，演员形象仪态占10分，共40分。	40%
SOC5	SUOC1	分角色模拟大型团拜中餐宴请，包括桌次及席次安排、餐具的摆放与使用、点菜与菜式安排、敬酒、饮酒、交谈等，拍小视频进行班级交流，准确美观率为60%～74%。评分要点：包括桌次及席次安排、餐具的摆放与使用、点菜与菜式安排、敬酒（饮酒）、交谈等各占6分，演员形象仪态等整体印象占10分，共40分。	分角色模拟大型团拜中餐宴请，包括桌次及席次安排、餐具的摆放与使用、点菜与菜式安排、敬酒、饮酒、交谈等，拍小视频进行班级交流，准确美观率为75%～84%。评分要点：包括桌次及席次安排、餐具的摆放与使用、点菜与菜式安排、敬酒（饮酒）、交谈等各占6分，演员形象仪态等整体印象占10分，共40分。	分角色模拟大型团拜中餐宴请，包括桌次及席次安排、餐具的摆放与使用、点菜与菜式安排、敬酒、饮酒、交谈等，拍小视频进行班级交流，准确美观率为85%～100%。评分要点：包括桌次及席次安排、餐具的摆放与使用、点菜与菜式安排、敬酒（饮酒）、交谈等各占6分，演员形象仪态等整体印象占10分，共40分。	40%

（续表）

课程预期成果	单元预期成果	学生预期学习成果达成度			权重
		合格（60～74分）	良好（75～84分）	优秀（85～100分）	
SOC5	SUOC2	分角色模拟西餐宴请，包括桌次及席次安排、餐具的摆放与使用、点菜与菜式安排、敬酒、饮酒、交谈等，拍小视频进行班级交流，准确美观率为60%～74%。评分要点：包括桌次及席次安排、餐具的摆放与使用、点菜与菜式安排、敬酒（饮酒）、交谈等各占6分，演员形象仪态等整体印象占10分，共40分。	分角色模拟西餐宴请，包括桌次及席次安排、餐具的摆放与使用、点菜与菜式安排、敬酒、饮酒、交谈等，拍小视频进行班级交流，准确美观率为75%～84%。评分要点：包括桌次及席次安排、餐具的摆放与使用、点菜与菜式安排、敬酒（饮酒）、交谈等各占6分，演员形象仪态等整体印象占10分，共40分。	分角色模拟西餐宴请，包括桌次及席次安排、餐具的摆放与使用、点菜与菜式安排、敬酒、饮酒、交谈等，拍小视频进行班级交流，准确美观率为85%～100%。评分要点：包括桌次及席次安排、餐具的摆放与使用、点菜与菜式安排、敬酒（饮酒）、交谈等各占6分，演员形象仪态等整体印象占10分，共40分。	40%
	SUOC3	分角色模拟茶艺、咖啡礼仪，拍小视频进行班级交流，准确美观率为60%～74%。评分要点：包括茶艺、咖啡礼仪各占10分，共20分。	分角色模拟茶艺、咖啡礼仪，拍小视频进行班级交流，准确美观率为75%～84%。评分要点：包括茶艺、咖啡礼仪各占10分，共20分。	分角色模拟茶艺、咖啡礼仪，拍小视频进行班级交流，准确美观率为85%～100%。评分要点：包括茶艺、咖啡礼仪各占10分，共20分。	20%

8）课程实施条件

（1）授课教师要求

授课教师应具有本科以上学历，讲师以上职称。

（2）理实一体化教材

本课程采用编写或选用理实一体化教材，使用效果良好。

（3）实践教学条件

本课程采用编写或选用模拟实训教材，使用效果良好。

9）预期学生需要付出的努力

(1) 完成课程标准中要求完成的学习成果

学生应在学校、教师的指导和支持下，积极主动地参与校内外课程学习和相关实践教学活动，按质按量地完成课程成果。

(2) 确保有足够的课内时间学习

学生不能随意缺课、旷课、迟到和早退，特殊情况先请假，应按照学校教学进程的安排，完成课程标准中要求的相关理论课程和实训项目的学习。

(3) 确保足够的课外学习时间

学生按照课内学习与课外学习时间 1∶2 的比例配备课外学习，确保有足够的时间在课前、课后查阅相关资料，完成拓展的实训作品，参与企业实践和相关公益活动等。

10）教材、参考文献和资料

(1) 教材及参考文献

[1] 李爱卿，胡红玉.商务礼仪实务[M].北京：机械工业出版社，2009.
[2] 杨丽.商务礼仪[M].北京：清华大学出版社，2016.
[3] 张卫东，武冬莲.现代商务礼仪[M].北京：电子工业出版社，2010.
[4] 中国礼仪网 http://www.welcome.org.cn/.

(2) 其他说明

按照 1∶2 的比例，上课 1 小时，学生要进行 2 小时的学习活动，1 学分要求学生有 18 小时的学习，所以 1 学分学生所付出的总时间是 54 小时。

预期学生需要付出的努力及"教材、参考文献和资料"两项内容是引导学生课后自主学习的参考依据。

20. 应用文写作课程标准

1）课程基本信息

应用文写作课程基本信息见表 3-116。

表 3-116　应用文写作课程基本信息表

课程名称	应用文写作	课程代码	
课程类型	☐ 通识基础课程　☐ 通识拓展课程　☑ 专业基础课程 ☐ 专业核心课程　☐ 岗位综合课程　☐ 专业限选课程		
修读方式	☑ 必修课　☐ 专业拓展课　☐ 选修课		
先行课程			
后续课程	毕业论文与答辩		
学　　时	32	学　分	1.5
理论学时	24	实践学时	8
教学场所	☐ 教室　☐ 多媒体教室　☐ 实训/实验室　☑ 理实一体化教室 ☐ 生产性实训基地　☐ 其他(　　)		

2）课程培养目标

　　本课程要求学生系统掌握常用应用文的实际用途及其写作要领,对应用文写作应遵循的原则、方法、规律形成基本认识,使学生具备从事常用应用文写作的基本技能,获取高级应用型人才所必备的文章写作能力和文章分析与处理能力,以适应当前和今后在工作、学习以及科学研究中的写作需要,为其总体工作水平的提高和可持续发展提供必要的保证。通过本课程的学习,学生应具备以下能力和素质:

　　通过 SOC1 的实施,培养学生具备应用文写作的基本知识与技能,从整体上对应用文写作应遵循的原则、方法、规律形成基本认识,培养学生自主学习、团队合作意识、诚实守信的职业道德以及耐心、细致和严谨的职业素质。

　　通过 SOC2、SOC3、SOC4、SOC5 的实施,培养学生公文、事务文书、经济文书、科技文书等写作能力,以及耐心、细致、严谨,爱岗敬业、诚实守信的职业素质。

3) 课程预期成果的分解及学分

将专业预期成果分解为课程预期成果和课程单元预期成果,具体见表 3-117。

表 3-117 课程预期成果与专业预期成果对应表

课程预期成果		课程单元预期成果		对应 POC	课程预期成果		课程单元预期成果		对应 POC
编号	学分	编号	学分		编号	学分	编号	学分	
SOC1	0.15	SUOC1	0.15	POC2.3 POC3.1 POC3.2 POC3.5 POC4.1	SOC3	0.3	SUOC1	0.15	POC2.3 POC3.1 POC3.2 POC3.5 POC4.1
							SUOC2	0.15	
SOC2	0.4	SUOC1	0.15	POC2.3 POC3.1 POC3.2 POC3.5 POC4.1	SOC4	0.5	SUOC1	0.15	POC2.3 POC3.1 POC3.2 POC3.5 POC4.1
		SUOC2	0.10				SUOC2	0.15	
							SUOC3	0.2	
		SUOC3	0.15		SOC5	0.15	SUOC1	0.04	POC2.3 POC3.1 POC3.2 POC3.5 POC4.1
							SUOC2	0.07	
							SUOC3	0.04	

4) 课程预期成果和课程单元预期成果内容

课程预期成果和课程单元预期成果内容与职业能力、素质对应关系见表 3-118。

表 3-118 课程预期成果和课程单元预期成果内容与职业能力、素质对应表

课程预期成果	课程单元预期成果	对应职业能力、素质
SOC1 内容:学生在教师的指导下,以小组为单位,调查了解企业管理者、员工岗位常用应用文文种及应具备的应用文写作知识与技能,完成调查报告撰写。	SUOC1 内容:学生在教师的指导下,自主查找资料、调查或访问,以小组为单位,了解企业管理者、员工岗位常用应用文文种及应具备的应用文写作知识与技能,完成调查报告撰写。	TY01:沟通交流。 TY02:团队合作。 TY03:文案写作。 HX01:自主学习。 HX02:信息技术应用。

（续表）

课程预期成果	课程单元预期成果	对应职业能力、素质
SOC2 内容：各学习小组根据下发材料，按照各类公文的排版格式、使用范围、行文规则，完成通知、通报、意见、决定、请示、报告、批复等文种的拟写，并进行小组评议，每组推荐 1 篇优秀公文班级展示。	SUOC1 内容：各学习小组根据下发材料，按照各类公文的排版格式、使用范围、行文规则，完成下行文通知、通报、决定的拟写，并进行评议，每组推荐 1 篇优秀公文班级展示。	TY01：沟通交流。 TY02：团队合作。 TY03：文案写作。 HX01：自主学习。 HX02：信息技术应用。
	SUOC2 内容：各学习小组根据下发材料，按照各类公文的排版格式、使用范围、行文规则，完成平行文函、意见、会议纪要的拟写，并进行小组评议，每组推荐 1 篇优秀公文班级展示。	
	SUOC3 内容：各学习小组根据下发材料分角色模拟上下行文单位，按照各类公文的排版格式、使用范围、行文规则，分别完成报告、请示与批复、函与复函的拟写，并进行小组评议，每组推荐 1 篇优秀公文班级展示。	
SOC3 内容：学生在教师的指导下，自主查找资料，每个学生撰写计划书（要点、方案、安排、规划等）、总结各一份，各学习小组内交流评析，每组推荐一份计划、总结各一份班级展示。	SUOC1 内容：在教师的指导下，自主查找资料，每个学生撰写一份计划书（要点、方案、安排、规划等），内容不限，1 000 字以上，各学习小组内交流评析，每组推荐一份班级展示。	TY01：沟通交流。 TY02：团队合作。 TY03：文案写作。 HX01：自主学习。 HX02：信息技术应用。
	SUOC2 内容：在教师的指导下，自主查找资料，每个学生撰写一份总结，内容不限，1 500 字以上，各学习小组内交流评析，每组推荐一份班级展示。	
SOC4 内容：学生在教师的指导下，自主查找资料，根据下发材料，撰写一份合同或者协议书，各学习小组交流评析。各学习小组根据下发材料分角色模拟招投标单位，分别撰写招标书与投标书。各学习小组根据教师给出的调查选题范围，选定一个调查内容，设计调查问卷，形成调查方案。写作市场调查与预测报告，学习小组派代表在班内交流。	SUOC1 内容：学生在教师的指导下，自主查找资料，根据下发材料，撰写一份合同或者协议书，各学习小组交流评析，推荐 1 篇优秀合同班级展示交流。	TY01：沟通交流。 TY02：团队合作。 TY03：文案写作。 HX01：自主学习。 HX02：信息技术应用。
	SUOC2 内容：各学习小组根据下发材料分角色模拟招投标单位，分别撰写招标书与投标书，推荐 1 篇招标书或者投标书班级展示交流。	
	SUOC3 内容：各学习小组根据教师给出的调查选题范围，选定一个调查内容，设计调查问卷，形成调查方案。教师指导，小组讨论，分工合作，按照调查方案实地调查。学生通过调查、分析、统计、讨论，在教师的指导下进行写作市场调查与预测报告，推荐 1 篇调查报告班级展示交流。	

（续表）

课程预期成果	课程单元预期成果	对应职业能力、素质
SOC5 内容:学生在教师的指导下,自主查找资料,结合专业情况与个人兴趣,开展论文选题、写作文献收集查阅、实地调研,撰写论文提纲,各学习小组交流评析。根据毕业论文写作要求,撰写毕业论文,各学习小组内交流评析后进行论文修改。各学习小组内模拟论文答辩,交流评析。	SUOC1 内容:学生在教师的指导下,自主查找资料,结合专业情况与个人兴趣,开展论文选题、写作文献收集查阅、实地调研,撰写论文提纲,各学习小组交流评析,推荐 1 篇优秀论文提纲班级展示交流。	TY01:沟通交流。 TY02:团队合作。 TY03:文案写作。 HX01:自主学习。 HX02:信息技术应用。
	SUOC2 内容:根据毕业论文写作要求,每位撰写毕业论文 1 篇,各学习小组内交流评析后进行论文修改。修改后每个学习小组推荐 1 篇优秀论文班级展示交流。	
	SUOC3 内容:各学习小组内模拟论文答辩,交流评析。每个小组提交论文答辩记录	

5) 课程内容与学时安排

课程内容与学时安排见表 3-119。

表 3-119　课程内容与学时安排

项目名称	教学内容	学时	SOC
项目一　应用文写作基础知识	任务 1　应用文概述。 任务 2　应用文写作基础知识。	4	SOC1
项目二　公文写作	任务 1　公文写作概述。 任务 2　常用 9 种公文的写作。	8	SOC2
项目三　事务文书写作	任务 1　计划与策划书的写作。 任务 2　总结与述职报告的写作。	6	SOC3
项目四　经济文书写作	任务 1　合同、协议书、意向书的写作。 任务 2　招标、投标书的写作。 任务 3　市场调查与预测报告。	10	SOC4
项目五　科技文书写作	任务 1　毕业论文的写作与答辩。	4	SOC5
合　计		32	

6) 与预期学习成果匹配的教学方法

本课程采用翻转课堂教学模式,线上学习、线下答疑辅导,具体教学方法见表 3-120。

表 3-120 教学方法

预期学习成果	教学方法				
	讲授法	案例教学	写作实训	任务导向	情境模拟
SOC1	Y	Y	Y	Y	
SOC2	Y	Y	Y	Y	Y
SOC3	Y	Y	Y	Y	Y
SOC4	Y	Y	Y	Y	Y
SOC5	Y	Y	Y	Y	Y

7) 与预期学习成果匹配的考核评价体系

本课程实施"三合一"考核评价模式,即课程成绩=平时考核+成果考核+能力测试,平时考核占 20%,成果考核占 60%,能力测试占 20%。考核主体为企业和学校专家组成的第三方考评小组,考核标准是课程考核评价标准。

平时考核重点考核学生的团队合作精神、沟通交流能力、文案写作能力和自主学习能力等,成果考核重点考核学生的职业素质和职业能力是否形成,能力测试主要考核学生是否掌握了必需的知识和技能。

课程预期学习成果成绩由 5 个课程预期学习成果成绩构成,权重分别为 SOC1 占 12.5%,SOC2 占 25%,SOC3 占 18.75%,SOC4 占 31.25%,SOC5 占 12.5%,具体见表 3-121。

表 3-121 课程考核评价标准

课程预期成果	单元预期成果	学生预期学习成果达成度			权重
		合格(60～74 分)	良好(75～84 分)	优秀(85～100 分)	
SOC1	SUOC1	能调查了解某企业管理者、员工岗位常用应用文文种及应具备的应用文写作知识与技能,完成调查报告撰写,准确率为 60%～74%。评分要点:管理者、员工岗位常用应用文文种、应具备的应用文写作知识、技能各占 20 分,调查报告写作情况占 40 分,共 100 分。	能调查了解某企业管理者、员工岗位常用应用文文种及应具备的应用文写作知识与技能,完成调查报告撰写,准确率为 75%～84%。评分要点:管理者、员工岗位常用应用文文种、应具备的应用文写作知识、技能各占 20 分,调查报告写作情况占 40 分,共 100 分。	能调查了解某企业管理者、员工岗位常用应用文文种及应具备的应用文写作知识与技能,完成调查报告撰写,准确率为 85%～100%。评分要点:管理者、员工岗位常用应用文文种、应具备的应用文写作知识、技能各占 20 分,调查报告写作情况占 40 分,共 100 分。	100%

（续表）

课程预期成果	单元预期成果	学生预期学习成果达成度			权重
		合格(60~74分)	良好(75~84分)	优秀(85~100分)	
SOC2	SUOC1	各学习小组根据下发材料，按照各类公文的排版格式、使用范围、行文规则，完成下行文通知、通报、意见、决定的拟写，并进行评议，准确率为60%~74%。评分要点：通知、通报、决定写作情况各占10分，小组评议情况占5分，共35分。	各学习小组根据下发材料，按照各类公文的排版格式、使用范围、行文规则，完成下行文通知、通报、意见、决定的拟写，并进行评议，准确率为75%~84%。评分要点：通知、通报、决定写作情况各占10分，小组评议情况占5分，共35分。	各学习小组根据下发材料，按照各类公文的排版格式、使用范围、行文规则，完成下行文通知、通报、意见、决定的拟写，并进行评议，准确率为85%~100%。评分要点：通知、通报、决定写作情况各占10分，小组评议情况占5分，共35分。	35%
	SUOC2	各学习小组根据下发材料，按照各类公文的排版格式、使用范围、行文规则，完成平行文函、意见、会议纪要的拟写，并进行评议，准确率为60%~74%。评分要点：函、意见、会议纪要写作情况各占9分，小组评议情况占3分，共30分。	各学习小组根据下发材料，按照各类公文的排版格式、使用范围、行文规则，完成平行文函、意见、会议纪要的拟写，并进行评议，准确率为75%~84%。评分要点：函、意见、会议纪要写作情况各占9分，小组评议情况占3分，共30分。	各学习小组根据下发材料，按照各类公文的排版格式、使用范围、行文规则，完成平行文函、意见、会议纪要的拟写，并进行评议，准确率为85%~100%。评分要点：函、意见、会议纪要写作情况各占9分，小组评议情况占3分，共30分。	30%
	SUOC3	各学习小组根据下发材料分角色模拟上下行文单位，按照各类公文的排版格式、使用范围、行文规则，完成报告、请示与批复、函与复函的拟写，并进行评议，准确率为60%~74%。评分要点：报告、请示与批复、函与复函写作情况各占6分，小组评议情况占5分，共35分。	各学习小组根据下发材料分角色模拟上下行文单位，按照各类公文的排版格式、使用范围、行文规则，完成报告、请示与批复、函与复函的拟写，并进行评议，准确率为75%~84%。评分要点：报告、请示与批复、函与复函写作情况各占6分，小组评议情况占5分，共35分。	各学习小组根据下发材料分角色模拟上下行文单位，按照各类公文的排版格式、使用范围、行文规则，完成报告、请示与批复、函与复函的拟写，并进行评议，准确率为85%~100%。评分要点：报告、请示与批复、函与复函写作情况各占6分，小组评议情况占5分，共35分。	35%

（续表）

课程预期成果	单元预期成果	学生预期学习成果达成度			权重
		合格（60～74分）	良好（75～84分）	优秀（85～100分）	
SOC3	SUOC1	每个学生撰写一份计划书（要点、方案、安排、规划等），内容不限，1 000字以上，各学习小组内交流评析，每组推荐一份进行班级展示，准确率为60%～74%。评分要点：计划写作规范性情况占40分，小组评议情况占10分，共50分。	每个学生撰写一份计划书（要点、方案、安排、规划等），内容不限，1 000字以上，各学习小组内交流评析，每组推荐一份进行班级展示，准确率为75%～84%。评分要点：计划写作规范性情况占40分，小组评议情况占10分，共50分。	每个学生撰写一份计划书（要点、方案、安排、规划等），内容不限，1 000字以上，各学习小组内交流评析，每组推荐一份进行班级展示，准确率为85%～100%。评分要点：计划写作规范性情况占40分，小组评议情况占10分，共50分。	50%
	SUOC2	每个学生撰写一份总结，内容不限，1 500字以上，各学习小组内交流评析，每组推荐一份进行班级展示，准确率为60%～74%。评分要点：总结写作规范性情况占40分，小组评议情况占10分，共50分。	每个学生撰写一份总结，内容不限，1 500字以上，各学习小组内交流评析，每组推荐一份进行班级展示，准确率为75%～84%。评分要点：总结写作规范性情况占40分，小组评议情况占10分，共50分。	每个学生撰写一份总结，内容不限，1 500字以上，各学习小组内交流评析，每组推荐一份进行班级展示，准确率为85%～100%。评分要点：总结写作规范性情况占40分，小组评议情况占10分，共50分。	50%
SOC4	SUOC1	根据下发材料，能够撰写一份合同或者协议书，各学习小组交流评析，推荐1篇优秀合同进行班级展示交流，准确率为60%～74%。评分要点：合同或者协议书写作规范性情况占25分，小组评议情况占5分，共30分。	根据下发材料，能够撰写一份合同或者协议书，各学习小组交流评析，推荐1篇优秀合同进行班级展示交流，准确率为75%～84%。评分要点：合同或者协议书写作规范性情况占25分，小组评议情况占5分，共30分。	根据下发材料，能够撰写一份合同或者协议书，各学习小组交流评析，推荐1篇优秀合同进行班级展示交流，准确率为85%～100%。评分要点：合同或者协议书写作规范性情况占25分，小组评议情况占5分，共30分。	30%
	SUOC2	各学习小组根据下发材料分角色模拟招投标单位，分别撰写招标书与投标书，推荐1篇招标书或者投标书进行班级展示交流，准确率为60%～74%。评分要点：招标书与投标书写作规范性情况各占12分，小组评议情况占6分，共30分。	各学习小组根据下发材料分角色模拟招投标单位，分别撰写招标书与投标书，推荐1篇招标书或者投标书进行班级展示交流，准确率为75%～84%。评分要点：招标书与投标书写作规范性情况各占12分，小组评议情况占6分，共30分。	各学习小组根据下发材料分角色模拟招投标单位，分别撰写招标书与投标书，推荐1篇招标书或者投标书进行班级展示交流，准确率为85%～100%。评分要点：招标书与投标书写作规范性情况各占12分，小组评议情况占6分，共30分。	30%

（续表）

课程预期成果	单元预期成果	学生预期学习成果达成度			权重
		合格（60~74分）	良好（75~84分）	优秀（85~100分）	
SOC4	SUOC3	各学习小组能够根据教师给出的调查选题范围，选定一个调查内容，设计调查问卷，形成调查方案。教师指导，小组讨论，分工合作，按照调查方案实地调查。学生通过调查、分析、统计、讨论，在教师的指导下进行写作市场调查与预测报告，推荐1篇调查报告进行班级展示交流，准确率为60%~74%。评分要点：调查方案占10分、市场调查与预测报告写作规范性情况占25分、小组评议情况占5分，共40分。	各学习小组能够根据教师给出的调查选题范围，选定一个调查内容，设计调查方案。教师指导，小组讨论，分工合作，按照调查方案实地调查。学生通过调查、分析、统计、讨论，在教师的指导下进行写作市场调查与预测报告，推荐1篇调查报告进行班级展示交流，准确率为75%~84%。评分要点：调查方案占10分、市场调查与预测报告写作规范性情况占25分、小组评议情况占5分，共40分。	各学习小组能够根据教师给出的调查选题范围，选定一个调查内容，设计调查问卷，形成调查方案。教师指导，小组讨论，分工合作，按照调查方案实地调查。学生通过调查、分析、统计、讨论，在教师的指导下进行写作市场调查与预测报告，推荐1篇调查报告进行班级展示交流，准确率为85%~100%。评分要点：调查方案占10分、市场调查与预测报告写作规范性情况占25分、小组评议情况占5分，共40分。	40%
SOC5	SUOC1	学生能够结合专业情况与个人兴趣，开展论文选题、写作文献收集查阅、实地调研，撰写论文提纲，各学习小组交流评析，推荐1篇优秀论文提纲进行班级展示交流，准确率为60%~74%。评分要点：选题占5分，论文提纲占15分，小组评议情况占5分，共25分。	学生能够结合专业情况与个人兴趣，开展论文选题、写作文献收集查阅、实地调研，撰写论文提纲，各学习小组交流评析，推荐1篇优秀论文提纲进行班级展示交流，准确率为75%~84%。评分要点：选题占5分，论文提纲占15分，小组评议情况占5分，共25分。	学生能够结合专业情况与个人兴趣，开展论文选题、写作文献收集查阅、实地调研，撰写论文提纲，各学习小组交流评析，推荐1篇优秀论文提纲进行班级展示交流，准确率85%~100%。评分要点：选题占5分，论文提纲占15分，小组评议情况占5分，共25分。	25%
	SUOC2	能够根据毕业论文写作要求，每位学生撰写毕业论文1篇，各学习小组内交流评析后进行论文修改。修改后每个学习小组推荐1篇优秀论文进行班级展示交流，准确率为60%~74%。评分要点：毕业论文写作规范性情况占35分、小组评议、修改情况占15分，共50分。	能够根据毕业论文写作要求，每位学生撰写毕业论文1篇，各学习小组内交流评析后进行论文修改。修改后每个学习小组推荐1篇优秀论文进行班级展示交流，准确率为75%~84%。评分要点：毕业论文写作规范性情况占35分、小组评议、修改情况占15分，共50分。	能够根据毕业论文写作要求，每位学生撰写毕业论文1篇，各学习小组内交流评析后进行论文修改。修改后每个学习小组推荐1篇优秀论文进行班级展示交流，准确率为85%~100%。评分要点：毕业论文写作规范性情况占35分、小组评议、修改情况占15分，共50分。	50%

（续表）

课程预期成果	单元预期成果	学生预期学习成果达成度			
		合格（60～74分）	良好（75～84分）	优秀（85～100分）	权重
SOC5	SUOC3	各学习小组内模拟论文答辩，交流评析。每个小组提交论文答辩记录，准确率为60%～74%。评分要点：模拟答辩占10分，毕业论文答辩记录规范性情况占15分，共25分。	各学习小组内模拟论文答辩，交流评析。每个小组提交论文答辩记录，准确率为75%～84%。评分要点：模拟答辩占10分，毕业论文答辩记录规范性情况占15分，共25分。	各学习小组内模拟论文答辩，交流评析。每个小组提交论文答辩记录，准确率为85%～100%。评分要点：模拟答辩占10分，毕业论文答辩记录规范性情况占15分，共25分。	25%

8）课程实施条件

(1) 授课教师要求

授课教师应具有中文或经管类专业学历背景，本科以上学历，讲师以上职称，具有3年以上企业相关工作经验优先。

(2) 理实一体化教材

本课程采用编写或选用理实一体化教材，使用效果良好。

(3) 实践教学条件

本课程采用编写或选用模拟实训教材，使用效果良好。本课程配备有相关模拟实训教学软件。建立紧密合作的产教融合，学生应定期深入企业了解产品生产工艺流程、企业的管理要求等。

9）预期学生需要付出的努力

(1) 完成课程标准中要求完成的学习成果

学生应在学校、教师的指导和支持下，积极主动地参与校内外课程学习和相关实践教学活动，按质按量地完成课程成果。

(2) 确保有足够的课内时间学习

学生不能随意缺课、旷课、迟到和早退，特殊情况先请假，应按照学校教学进

程的安排,完成课程标准中要求的相关理论课程和实训项目的学习。

(3) 确保足够的课外学习时间

学生按照课内学习与课外学习时间 1∶2 的比例配备课外学习,确保有足够的时间在课前、课后查阅相关资料,完成拓展的实训作品,参与企业实践和相关公益活动等。

10) 教材、参考文献和资料

(1) 教材及参考文献

［1］张德实.应用写作[M].北京:高等教育出版社,2003.
［2］陈子典,等.当代应用文书写作[M].3 版.广州:暨南大学出版社,2016.
［3］范文参考网 http://www.fwwang.cn/.
［4］公文写作网 http://www.gongwenx.com/.

(2) 其他说明

按照 1∶2 的比例,上课 1 小时,学生要进行 2 小时的学习活动,1 学分要求学生有 18 小时的学习,所以 1 学分学生所付出的总时间是 54 小时。

预期学生需要付出的努力及"教材、参考文献和资料"两项内容是引导学生课后自主学习的参考依据。

21. 毕业论文与答辩课程标准

1）课程基本信息

毕业论文与答辩课程基本信息见表 3-122。

表 3-122　毕业论文与答辩课程基本信息表

课程名称	毕业论文与答辩		课程代码	
课程类型	☐ 通识基础课程　☐ 通识拓展课程　☐ 专业基础课程 ☐ 专业核心课程　☑ 岗位综合课程　☐ 专业限选课程			
修读方式	☑ 必修课　☐ 专业拓展课　☐ 选修课			
先行课程	公共课程	专业(基础)课		集中实践课
后续课程	顶岗实习			
学　　时	96	学　分		4
理论学时		实践学时		96
教学场所	☐ 教室　☐ 多媒体教室　☐ 实训/实验室　☐ 理实一体化教室 ☑ 生产性实训基地　☐ 其他(　　　)			

2）课程培养目标

毕业论文是学生运用在校学习的基本知识和基础理论,去分析和解决一两个实际问题的实践锻炼过程,也是学生在校学习期间学习成果和毕业前综合实训的综合性总结,是整个教学活动中不可缺少的重要环节。撰写毕业论文对于培养学生初步的科学研究能力,提高其综合运用所学知识分析问题,解决问题能力有着重要意义。学生应在实事求是、深入实际的基础上运用所学知识,独立写出具有一定质量的毕业论文、案例分析报告、商业计划书等。通过本课程的学

习,学生应具备以下能力和素质:

通过 SOC1 的实施,培养学生的自主学习、文案写作和沟通交流等职业能力,培养学生耐心、细致和严谨的职业素质。

通过 SOC2 的实施,培养学生自主学习、信息技术应用、法律意识、会计职业判断、文案写作和沟通交流等职业能力,以及培养学生耐心、细致、严谨、诚实守信、客观公正和坚持准则的职业素质。

通过 SOC3 的实施,培养学生自主学习、文案写作、沟通协调等能力,以及耐心、细致、严谨、诚实守信和客观公正的职业素质。

3) 课程预期成果的分解及学分

将专业预期成果分解为课程预期成果和课程单元预期成果,具体见表 3-123。

表 3-123　课程预期成果与专业预期成果对应表

课程预期成果		课程单元预期成果		对应 POC	课程预期成果		课程单元预期成果		对应 POC
编号	学分	编号	学分		编号	学分	编号	学分	
SOC1	0.5	SUOC1	0.25	POC3.6	SOC3	0.5	SUOC1	0.5	POC3.6 POC5.1
		SUOC2	0.25				SUOC2	0.5	
SOC2	3	SUOC1	0.75	POC1.1 POC1.2 POC1.3					
		SUOC2	0.75	POC2.1 POC2.2 POC2.3					
		SUOC3	0.75	POC2.4 POC3.1 POC3.2					
		SUOC4	0.75	POC3.3 POC3.4 POC3.5 POC3.6 POC4.1 POC6.1					

4) 课程预期成果和课程单元预期成果内容

课程预期成果和课程单元预期成果内容与职业能力、素质对应关系见表 3-124。

表 3-124　课程预期成果和课程单元预期成果内容与职业能力、素质对应表

课程预期成果	课程单元预期成果	对应职业能力、素质
SOC1 内容：学生应在指导教师的指导下，了解毕业论文写作的相关知识与写作要求，理解与职业密切相关的文书写作能力要求，以适应社会实践的需要，为学生未来职业活动打下良好的基础。	SUOC1 内容：毕业论文撰写动员大会，包括指导老师分配、论文撰写注意事项；要求学生在指导教师的指导下，自主查找资料和范例，了解毕业论文写作的基本格式与写作要求。	HX01：自主学习。 TY01：沟通交流。 TY03：文案写作。
	SUOC2 内容：学生应在指导教师的指导下，熟悉毕业论文写作的方法和技巧，熟悉毕业论文答辩的基本程序，理解与从事的职业密切相关的文书写作能力要求。	
SOC2 内容：学生在教师指导下，开展论文写作。	SUOC1 内容：学生应在指导教师的指导下，依据毕业实习阶段的工作情况，以职业能力为核心，就专业领域的某一方面进行调查研究，有效地展开文献检索和资料搜集，完成开题工作。	TY03：文案写作。 TY04：创新创业。 TY04：职业安全。 HX01：自主学习。 HX02：信息技术应用。 HX03：法律意识与职业道德。 HX05：会计职业判断。 ZY01-ZY08：各专业能力。
	SUOC2 内容：学生在教师的指导下，搜集整理分析所取得的专业、职业资料，进行归纳总结，撰写文献综述。	
	SUOC3 内容：学生在教师的指导下，能独立地针对题目展开研究，正确地理解和应用相关理论，独立地运用理论和经验对实践中出现的问题进行分析，提出论点或问题。	
	SUOC4 内容：学生在教师的指导下，就题目开展逻辑思维与形象思维，收集有关数据和论据，有效地展开论述，归纳总结，提出有效的方法或措施等。	
SOC3 内容：学生在教师指导下，进行论文答辩，修改论文，资料归档。	SUOC1 内容：学生在教师指导下，进行论文答辩。	TY03：文案写作。 TY04：创新创业。 TY04：职业安全。 HX01：自主学习。 HX02：信息技术应用。 HX03：法律意识与职业道德。 HX05：会计职业判断。 ZY01-ZY08：各专业能力。
	SUOC2 内容：在 SUOC1 的基础上，修改论文，资料归档。	

5) 课程内容与学时安排

课程内容与学时安排见表 3-125。

表 3-125 课程内容与学时安排

项目名称	教学内容	学时	SOC
项目一 开题前准备	任务 1 毕业论文撰写动员大会,包括指导老师分配、论文撰写注意事项。 任务 2 毕业论文写作的基本格式与写作要求。 任务 3 毕业论文写作的方法和技巧。 任务 4 毕业论文答辩的基本程序。	4	SOC1
项目二 开题	任务 1 开展文献检索和资料搜集。 任务 2 确定题目,撰写论文提纲,交指导老师审阅。 任务 3 修改题目或论文提纲。	12	SOC2
项目三 资料归纳总结	任务 1 搜集整理并分析所取得的专业、职业资料,进行归纳总结,撰写文献综述,提交指导老师审阅。 任务 2 修改文献综述。	10	
项目四 提出问题	任务 1 针对题目开展研究,正确地理解和应用相关理论,独立地运用理论和经验对实践中出现的问题进行分析,提出论点或问题,提交指导老师审阅。 任务 2 修改论文。	30	
项目五 论述	任务 1 收集有关数据和论据,有效地展开论述,归纳总结,提出有效的方法或措施等,提交指导老师审阅。 任务 2 修改论文。	35	
项目六 答辩结题	任务 1 论文答辩。 任务 2 修改论文。 任务 3 资料归档。	5	SOC3
合 计		96	

6) 与预期学习成果匹配的教学方法

课程教学方法见表 3-126。

表 3-126　教学方法

预期学习成果	教学方法				
	讲授法	案例教学	直观演示	任务导向	角色扮演
SOC1	Y	Y	Y	Y	
SOC2	Y	Y	Y	Y	
SOC3	Y	Y	Y	Y	

7) 与预期学习成果匹配的考核评价标准

本课程实施"三合一"考核评价模式,即课程成绩＝平时考核＋成果考核＋能力测试,平时考核占 20%,成果考核占 60%,能力测试占 20%。考核主体为企业和学校专家组成的第三方考评小组,考核标准是课程考核评价标准。

平时考核重点考核学生的团队合作精神、沟通交流能力、文案写作能力和自主学习能力等,成果考核重点考核学生的职业素质和职业能力是否形成,能力测试主要考核学生是否掌握了必需的知识和技能。

课程预期学习成果成绩由 4 个课程预期学习成果成绩构成,权重分别为SOC1 占 10%,SOC2 占 75%,SOC3 占 15%,具体见表 3-127。

表 3-127　课程预期学习成果考核评价标准

课程预期成果	单元预期成果	学生预期学习成果达成度			权重
		合格(60~74 分)	良好(75~84 分)	优秀(85~100 分)	
SOC1	SUOC1	(1) 能基本正确地了解论文撰写注意事项。 (2) 能基本正确掌握论文写作的基本格式与写作要求。 评分要点:以上两项内容各占 25 分,共 50 分。	(1) 能较正确地了解论文撰写注意事项。 (2) 能较正确掌握论文写作的基本格式与写作要求。 评分要点:以上两项内容各占 25 分,共 50 分。	(1) 能正确地了解论文撰写注意事项。 (2) 能正确掌握论文写作的基本格式与写作要求。 评分要点:以上两项内容各占 25 分,共 50 分。	50%
	SUOC2	(1) 能基本正确地掌握毕业论文写作的方法和技巧。 (2) 能基本正确地了解毕业论文答辩的基本程序。 评分要点:以上两项内容各占 25 分,共 50 分。	(1) 能较正确地掌握毕业论文写作的方法和技巧。 (2) 能较正确地了解毕业论文答辩的基本程序。 评分要点:以上两项内容各占 25 分,共 50 分。	(1) 能正确地掌握毕业论文写作的方法和技巧。 (2) 能正确地了解毕业论文答辩的基本程序。 评分要点:以上两项内容各占 25 分,共 50 分。	50%

（续表）

课程预期成果	单元预期成果	学生预期学习成果达成度			权重
		合格（60～74分）	良好（75～84分）	优秀（85～100分）	
SOC2	SUOC1	（1）能基本按时按质地开展文献检索和资料搜集。 （2）能基本按时按质地确定题目，撰写论文提纲。 评分要点：以上两项内容各占12.5分，共25分。	（1）能较为按时按质地开展文献检索和资料搜集。 （2）能较为按时按质地确定题目，撰写论文提纲。 评分要点：以上两项内容各占12.5分，共25分。	（1）能按时按质地开展文献检索和资料搜集。 （2）能按时按质地确定题目，撰写论文提纲。 评分要点：以上两项内容各占12.5分，共25分。	25%
	SUOC2	（1）能基本按时按质地整理分析所取得的专业、职业资料，进行归纳总结，撰写文献综述，提交指导老师审阅。 （2）能基本按时按质地修改论文。 评分要点：以上两项内容各占12.5分，共25分。	（1）能较为按时按质地整理分析所取得的专业、职业资料，进行归纳总结，撰写文献综述，提交指导老师审阅。 （2）能较为按时按质地修改论文。 评分要点：以上两项内容各占12.5分，共25分。	（1）能按时按质地整理分析所取得的专业、职业资料，进行归纳总结，撰写文献综述，提交指导老师审阅。 （2）能按时按质地修改论文。 评分要点：以上两项内容各占12.5分，共25分。	25%
	SUOC3	（1）能基本按时按质地开展研究分析，提出论点或问题，提交指导老师审阅。 （2）能基本按时按质地修改论文。 评分要点：以上两项内容各占12.5分，共25分。	（1）能较为按时按质地开展研究分析，提出论点或问题，提交指导老师审阅。 （2）能较为按时按质地修改论文。 评分要点：以上两项内容各占12.5分，共25分。	（1）能按时按质地开展研究分析，提出论点或问题，提交指导老师审阅。 （2）能按时按质地修改论文。 评分要点：以上两项内容各占12.5分，共25分。	25%
	SUOC4	（1）能基本按时按质地展开论述，归纳总结，提出有效的方法或措施等，提交指导老师审阅。 （2）能基本按时按质修改论文。 评分要点：以上两项内容各占12.5分，共25分。	（1）能较为按时按质地展开论述，归纳总结，提出有效的方法或措施等，提交指导老师审阅。 （2）能较为按时按质修改论文。 评分要点：以上两项内容各占12.5分，共25分。	（1）能按时按质地展开论述，归纳总结，提出有效的方法或措施等，提交指导老师审阅。 （2）能按时按质地修改论文。 评分要点：以上两项内容各占12.5分，共25分。	25%

（续表）

课程预期成果	单元预期成果	学生预期学习成果达成度			权重
		合格（60～74分）	良好（75～84分）	优秀（85～100分）	
SOC3	SUOC1	能基本按时按质地进行论文答辩。 评分要点：以上内容占50分。	能较按时按质地进行论文答辩。 评分要点：以上内容占50分。	能按时按质地进行论文答辩。 评分要点：以上内容占50分。	50%
	SUOC2	（1）能基本按时按质地修改论文。 （2）能基本按时按质地进行资料归档。 评分要点：以上两项内容各占25分，共50分。	（1）能较为按时按质地修改论文。 （2）能较按时按质地进行资料归档。 评分要点：以上两项内容各占25分，共50分。	（1）能按时按质地修改论文。 （2）能按时按质地进行资料归档。 评分要点：以上两项内容各占25分，共50分。	50%

8）课程实施条件

(1) 授课教师要求

授课教师应具有企业相关工作经验，本科以上学历，讲师以上职称，具有会计师、注册会计师等职业资格证书者优先。

(2) 实践教学条件

建立紧密合作的产教融合，其中以制造业为主。学生应定期深入企业了解产品生产工艺流程、企业的管理要求等。

9）预期学生需要付出的努力

(1) 完成课程标准中要求完成的学习成果

学生应在学校、教师的指导和支持下，积极主动地参与校内外课程学习和相关实践教学活动，按质按量地完成课程成果。

(2) 确保有足够的课内时间学习

学生不能随意缺课、旷课、迟到和早退，特殊情况先请假，应按照学校教学进程的安排，完成课程标准中要求的相关理论课程和实训项目的学习。

(3) 确保足够的课外学习时间

学生按照自主学习与课外实践时间 1∶2 的比例配备自主学习,确保有足够的时间查阅相关资料,完成拓展的实训作品,参与企业实践和相关公益活动等。

10) 教材、参考文献和资料

(1) 教材及参考文献

[1] 吴秀明,李龙良,张晓燕.文科类学生毕业论文写作指导[M].2 版.杭州:浙江大学出版社,2013.

[2] 周开全.大学生毕业论文写作指南[M].2 版.成都:西南交通大学出版社,2015.

[3] 中华会计网校:http://www.chinaacci.com.

[4] 广东省财政厅会计信息服务平台:www.gdczt.gov.cn.

[5] 中国财会网:http://www.kj2000.com/.

[6] 中国注册会计师协会:http://www.cicpa.org.cn/.

[7] 财考网:http://www.ck100.com.

[8] 无忧考网:http://www.51test.net/kjz/.

(2) 其他说明

按照 1∶2 的比例,上课 1 小时,学生要进行 2 小时的学习活动,1 学分要求学生有 18 小时的学习,所以 1 学分学生所付出的总时间是 54 小时。

预期学生需要付出的努力及"教材、参考文献和资料"两项内容是引导学生课后自主学习的参考依据。

22. 顶岗实习课程标准

1）课程基本信息

顶岗实习课程基本信息见表3-128。

表3-128 顶岗实习课程基本信息表

课程名称	顶岗实习	课程代码	
课程类型	☐ 通识基础课程　☐ 通识拓展课程　☐ 专业基础课程 ☐ 专业核心课程　☑ 岗位综合课程　☐ 专业限选课程		
修读方式	☑ 必修课　☐ 专业拓展课　☐ 选修课		
先行课程	公共课程	专业（基础）课	集中实践课
后续课程			
学　　时	480	学　分	20
理论学时		实践学时	480
教学场所	☐ 教室　☐ 多媒体教室　☐ 实训/实验室　☐ 理实一体化教室 ☑ 生产性实训基地　☐ 其他（　　　）		

2）课程培养目标

顶岗实习旨在培养学生理论联系实际的能力，使学生熟悉顶岗企业的组织架构及整体运作模式，掌握出纳、会计核算、财务管理、审计助理等岗位的工作程序与专业技能，开阔学生视野，丰富学生的知识结构，培养良好的职业素质与团队精神，进一步提高学生分析问题和解决问题的能力，实现在学期间与企业、岗位零距离对接，为就业打下坚实的基础。通过本课程的学习，学生应具备以下能力和素质：

通过 SOC1 的实施,熟悉顶岗企业的组织架构、整体运作模式和岗位职责,完成实习岗位各项工作任务,撰写顶岗实习周记,培养学生自主学习、信息技术应用、法律意识、会计职业判断、文案写作和沟通交流等职业能力,以及耐心、细致、严谨、诚实守信、客观公正和坚持准则的职业素质。

通过 SOC2 的实施,完成实习总结报告撰写,提高总结分析和文案写作能力,培养学生耐心、细致和严谨的职业素质。

3) 课程预期成果的分解及学分

将专业预期成果分解为课程预期成果和课程单元预期成果,具体见表 3-129。

表 3-129　课程预期学习成果与专业预期成果对应表

课程预期成果		课程单元预期成果		对应 POC	课程预期成果		课程单元预期成果		对应 POC
编号	学分	编号	学分		编号	学分	编号	学分	
SOC1	18	SUOC1	2	POC1.1 POC1.2 POC1.3 POC2.1 POC2.2 POC2.3	SOC2	2	SUOC1	2	POC3.6
		SUOC2	14	POC2.4 POC3.1 POC3.2 POC3.3 POC3.4 POC3.5					
		SUOC3	4	POC3.6 POC4.1 POC5.1 POC5.2 POC6.1					

4) 课程预期成果和课程单元预期成果内容

课程预期成果和课程单元预期成果内容与职业能力、素质对应关系见表 3-130。

表 3-130　课程预期成果内容与职业能力、素质对应表

课程预期成果	课程单元预期成果	对应职业能力、素质
SOC1 内容:熟悉顶岗企业的组织架构、整体运作模式和岗位职责,完成实习岗位各项工作任务,撰写顶岗实习周记。	SUOC1 内容:熟悉顶岗企业的组织架构、整体运作模式和岗位职责。 SUOC2 内容:学生在指导老师帮助下,完成出纳、会计核算、财务管理、审计助理等实习岗位各项工作任务。 SUOC3 内容:学生在顶岗实习管理平台撰写实习周记。	TY01:沟通交流。 TY02:团队合作。 TY03:文案写作。 TY04:创新创业。 TY05:职业安全。 HX01:自主学习。 HX02:信息技术应用。 HX03:法律意识与职业道德。 HX04:外语应用。 HX05:会计职业判断。 ZY01-ZY08:各专业能力。
SOC2 内容:撰写实习报告。	SUOC1 内容:学生在指导教师的指导下,依据顶岗实习阶段的工作情况,在顶岗实习管理平台撰写实习总结报告。	TY03:文案写作。 HX01:自主学习。 ZY01-ZY08:各专业能力。

5)课程内容与学时安排

课程内容与学时安排见表 3-131。

表 3-131　课程内容与学时安排

项目名称	教学内容	学时	SOC
项目一　顶岗实习准备	任务 1　进行实习动员,明确顶岗实习的目的和要求,并进行安全教育和职业道德教育。	2	
项目二　顶岗实习	任务 1　熟悉顶岗企业的组织架构、整体运作模式和岗位职责。 任务 2　完成实习岗位各项工作任务。 任务 3　撰写实习周记。	470	SOC1
项目三　顶岗位实习总结	任务 1　撰写实习总结报告。	8	SOC2
合　计		480	

6)与预期学习成果匹配的教学方法

课程教学方法见表 3-132。

表 3-132　教学方法

预期学习成果	教学方法				
	讲授法	案例教学	直观演示	任务导向	顶岗实操
SOC1	Y			Y	Y
SOC2				Y	Y

7）与预期学习成果匹配的考核评价标准

本课程实施"三合一"考核评价模式，即课程成绩＝平时考核＋成果考核＋能力测试，平时考核占 20%，成果考核占 60%，能力测试占 20%，考核主体为企业和学校专家组成的第三方考评小组，考核标准是课程考核评价标准。

平时考核重点考核学生的团队合作精神、沟通交流能力、文案写作能力和自主学习能力等，成果考核重点考核学生的职业素质和职业能力是否形成，能力测试主要考核学生是否掌握了必需的知识和技能。

课程预期学习成果成绩由 2 个课程预期学习成果成绩构成，权重分别为SOC1 占 80%，SOC2 占 20%，具体见表 3-133。

表 3-133　课程预期学习成果考核评价标准

课程预期成果	单元预期成果	学生预期学习成果达成度			权重
		合格（60～74 分）	良好（75～84 分）	优秀（85～100 分）	
SOC1	SUOC1	基本掌握顶岗实习目的和相关要求，基本熟悉顶岗企业的组织架构、整体运作模式和岗位职责。	掌握顶岗实习目的和相关要求，熟悉顶岗企业的组织架构、整体运作模式和岗位职责。	熟练掌握顶岗实习目的和相关要求，熟悉顶岗企业的组织架构、整体运作模式和岗位职责。	10%
	SUOC2	能基本完成出纳、会计核算、财务管理、审计助理等实习岗位各项工作任务，企业指导老师评价合格。	能完成出纳、会计核算、财务管理、审计助理等实习岗位各项工作任务，企业指导老师评价良好。	能熟练完成出纳、会计核算、财务管理、审计助理等实习岗位各项工作任务，企业指导老师评价优秀。	50%
	SUOC3	在顶岗实习管理平台撰写 20 篇实习周记，每篇周记字数不少于 350字，周记内容基本完整、写作基本规范。	在顶岗实习管理平台撰写 20 篇实习周记，每篇周记字数不少于 350字，周记内容较为完整、写作较规范。	在顶岗实习管理平台撰写 20 篇实习周记，每篇周记字数不少于 350字，周记内容完整、写作规范。	40%

（续表）

课程预期成果	单元预期成果	学生预期学习成果达成度			权重
		合格（60～74分）	良好（75～84分）	优秀（85～100分）	
SOC2	SUOC1	在顶岗实习管理平台撰写不少于2 000字的实习总结报告，内容基本完整、写作基本规范，有一定的创新性与实际指导意义。	在顶岗实习管理平台撰写不少于2 000字的实习总结报告，内容较完整、写作较为规范，有较好的创新性与实际指导意义。	在顶岗实习管理平台撰写不少于2 000字的实习总结报告，内容完整、写作规范，非常具有创新性与实际指导意义。	100%

8）课程实施条件

(1) 指导教师要求

一是加强与实习单位的联系与沟通，稳定和巩固现有的学生顶岗实习基地和就业单位。二是加强对企业的调查与了解，促进教学改革和教材开发。三是加强与企业指导教师的联系与沟通，与企业指导教师相互配合，有效指导学生的顶岗实习，完成规定任务。四是通过网络、电话、短信以及现场等多种形式对学生进行授课与指导，了解学生实习表现情况，协调好实习单位与学生之间的关系，发现问题及时解决与上报。

(2) 实践教学条件

建立紧密合作的产教融合，涵盖生产制造、商品流通、服务、金融、会计师事务所等不同行业企业。学生应定期深入企业了解产品生产工艺流程、企业的管理要求等。

9）预期学生需要付出的努力

(1) 完成课程标准中要求完成的学习成果

学生应在学校、教师的指导和支持下，积极主动地参与顶岗实习相关实践教学活动，按质按量完成课程成果。

(2) 确保有足够的课内时间学习

学生应遵守顶岗企业各项规章制度，认真做好实习岗位的本职工作，不能随意缺勤、迟到和早退，特殊情况先请假，应按照学校教学进程的安排，完成课程标准中要求的相关理论课程和实训项目的学习。

(3) 确保足够的课外学习时间

学生按照自主学习与课外实践时间 1：2 的比例配备自主学习,确保有足够的时间查阅相关资料,完成拓展的实训作品,参与企业实践和相关公益活动等。

10) 教材、参考文献和资料

(1) 教材及参考文献

[1] 中华会计网校:http://www.chinaacci.com.
[2] 广东省财政厅会计信息服务平台:www.gdczt.gov.cn.
[3] 中国财会网:http://www.kj2000.com/.
[4] 中国注册会计师协会:http://www.cicpa.org.cn/.

(2) 其他说明

按照 1：2 的比例,上课 1 小时,学生要进行 2 小时的学习活动,1 学分要求学生有 18 小时的学习,所以 1 学分学生所付出的总时间是 54 小时。

预期学生需要付出的努力及"教材、参考文献和资料"两项内容是引导学生课后自主学习的参考依据。